KATJA ECKARDT

DIE FINANZ DIVA

REICH
GUT
AUSSEHEN

DEIN FINANZ-WORKOUT

FBV

Bibliografische Information der Deutschen Nationalbibliothek
Die Deutsche Nationalbibliothek verzeichnet diese Publikation in der Deutschen National-
bibliografie. Detaillierte bibliografische Daten sind im Internet über **http://dnb.d-nb.de**
abrufbar.

Für Fragen und Anregungen:
info@finanzbuchverlag.de

1. Auflage 2017

© 2017 by FinanzBuch Verlag,
ein Imprint der Münchner Verlagsgruppe GmbH
Nymphenburger Straße 86
D-80636 München
Tel.: 089 651285-0
Fax: 089 652096

Dieses Buch will keine spezifischen Anlage-Empfehlungen geben und enthält lediglich allgemeine Hinweise. Autor, Herausgeber und die zitierten Quellen haften
nicht für etwaige Verluste, die aufgrund der Umsetzung ihrer Gedanken und Ideen
entstehen.

Sämtliche Inhalte dieses Buchs wurden – auf Basis von Quellen, die Katja Eckardt
und der Verlag für vertrauenswürdig erachten – nach bestem Wissen und Gewissen recherchiert und sorgfältig geprüft. Trotzdem stellt dieses Buch keinen Ersatz
für eine individuelle Fitness-/Ernährungsberatung und medizinische Beratung
dar. Wenn Sie medizinischen Rat einholen wollen, konsultieren Sie bitte einen
qualifizierten Arzt. Der Verlag und Katja Eckardt haften für keine nachteiligen Auswirkungen, die in einem direkten oder indirekten Zusammenhang mit den Informationen stehen, die in diesem Buch enthalten sind.

Redaktion: Sonja Rose, Kathrin Schirmer | Kommunikation
Korrektorat: Hella Neukötter
Umschlaggestaltung: Manuela Amode
Bilder Seite 52/334: © Photogenika, www.photogenika.de
Sportfotografien Seite 55–136: © Alexander Seibt
Bild Seite 78: Fotolia/Syda Productions; Bilder Seite 18/140: Shutterstock/Ollyy
Satz: Röser MEDIA, Karlsruhe
Druck: GGP Media GmbH, Pößneck
Printed in Germany

ISBN Print 978-3-95972-035-9
ISBN E-Book (PDF) 978-3-96092-050-2
ISBN E-Book (EPUB, Mobi) 978-3-96092-051-9

Weitere Informationen zum Verlag finden Sie unter

www.finanzbuchverlag.de

Beachten Sie auch unsere weiteren Verlage unter www.m-vg.de

Für meine Tochter Emilia Marléne und meinen
liebevollen Mann Alexander, für meine Eltern Regina
und Hans-Dieter und meinen Bruder Kay

Inhaltsverzeichnis

Monat 3
Der Finanz-Check: Findet eure Lieblings-Disziplin . . 141

Die 90-Tage-Challenge

Monat 1: Der Mental-Check
Monat 2: Der Gehalts-Check
Monat 3: Der Finanz-Check

Lesezeit: 2 Stunden
Inhalt: 352 Seiten
Thema: Geldanlage

Leistung (zugegeben potenziell): 40.000 Euro plus
Gewicht: ca. 500 Gramm
Verbrauch: 60 Kalorien pro Kapitel
Preis: 16,99 Euro
Rendite: 40.000 Euro–16,99 Euro = 39.983,01 Euro

»Business-Kasper-Slang überlasse ich anderen.«

Katja Eckardt

Warm-up: Die 90-Tage-Challenge

»What you do with your time is what you do with your life.«

frei nach Benjamin Franklin

W as für ein schöner Gedanke: Gelassen durchs Leben zu gehen. Genug Geld haben für alles, was einem wichtig ist. Optimistisch in die Zukunft schauen. Beim Gedanken ans Rentenalter einfach lächeln.

Sich stark fühlen. Neugierig und offen sein. Ziele haben und verfolgen. Und dann auch noch gut aussehen! Wollt ihr das alles erreichen? Das verstehe ich gut. Wisst ihr was? Das ist möglich. Ihr könnt dieses Ziel erreichen!

Dieses Buch habe ich für alle geschrieben, die dieses Ziel noch nicht erreicht haben. Für alle Frauen, die noch Angst vor der Zukunft haben. Für diejenigen unter uns, die sich noch fragen, wie das Geld reichen soll – ob bis zum Monats- oder bis zum Lebensende. Oder ob sie je den A... hochkriegen und aus sich und ihrem Leben das machen werden, was in ihnen steckt.

Für alle also, die noch nicht so glücklich und gelassen sind, wie sie gerne wären. Und die auch nichts dagegen hätten, etwas besser auszusehen. Etwas fitter, wacher und energiegeladener zu sein.

Dieses Buch wird euch helfen, all das zu erreichen. Es bietet euch alle Informationen, die ihr braucht, um eure Fitness und eure Finanzen – und damit zwei zentrale Aspekte eures Lebens – in den Griff zu bekommen.

Finanzieller Erfolg und körperliches Wohlbefinden: Das sind zwei Ziele, die mehr miteinander zu tun haben, als ihr vielleicht glaubt. Denn seelische und körperliche Stärke bilden die Basis für ein zufriedenes und erfolgreiches Leben. Erreichen könnt ihr dies unter anderem durch Entschlossenheit und Disziplin. Große Worte? Stimmt. Interessanterweise genügen aber viele eher kleine Schritte, um beide Ziele im eigenen Leben zu verwirklichen.

Setzt euch nicht zu hohe Ziele, das entmutigt nur. Genießt lieber eure Erfolge in allen Lebensbereichen – und setzt dann noch einen drauf! Denn Reichtum ist mehr, als nur genug Geld zu haben. Reichtum hat viele Facetten: genug Freizeit, eine gerechte Bezahlung, Erfüllung im Beruf – und renditestarke Investments.

Ich zeige euch, wie ihr euch euren persönlichen Reichtum schafft. Es reicht allerdings nicht, dieses Buch zu lesen. Ihr müsst es anwenden.

Es ist voller kleiner und großer Challenges, die euch helfen werden, euch in Bewegung zu setzen – in Richtung des Lebens, von dem ihr träumt. »Challenge« ist in diesem Buch breit definiert: Das können neue Routinen sein, Fragen an euch, Denkanstöße und natürlich Herausforderungen und Aufgaben. Das Ziel aller Challenges ist, mit dem geringstmöglichen Zeitaufwand spürbare Ergebnisse zu erzielen.

Soll ich euch was verraten? Viele der Challenges in diesem Buch hätte ich noch vor einigen Jahren nicht schaffen können. Auch ihr müsst nicht alle auf einmal bewältigen! Sucht euch die Challenges heraus, die euch von dort, wo ihr genau jetzt steht, jeweils einen entscheidenden Schritt weiterbringen.

Ich habe mir gedacht, dass ihr das Buch als 90-Tage-Kurs in Sachen Reichtum und gutem Aussehen nutzt. Darum habe ich es in drei Monatsabschnitte unterteilt: Im ersten Monat geht es um die mentale Vorbereitung (und ziemlich viel Sport). Im zweiten schauen wir uns an, wie ihr euer Gehalt verdient (und wie es zu erhöhen wäre). Und im dritten Monat gehen wir im Finanzteil gemeinsam eure Investmentmöglichkeiten durch.

Ihr könnt natürlich jeden Abschnitt auch an einem Tag durchlesen. Oder sogar das ganze Buch ... Genauso gut könnt ihr aber jeden Tag nur ein paar Seiten lesen. Wichtig ist nur, dass ihr euch jeweils einen Monat Zeit gebt, um euch mit dem jeweiligen Abschnitt zu beschäftigen.

Macht möglichst viele Challenges. Lasst euch die Informationen in Ruhe durch den Kopf gehen: Es dauert seine Zeit, Gewohnheiten und Überzeugen zu überdenken und zu verändern. Im nächsten Monat ist dann der nächste Teil dran. Die Dinge, die ihr im Vormonat gelernt habt, nehmt ihr natürlich mit.

Probiert es einfach aus. Ich garantiere euch: Wenn ihr dieses Buch tatsächlich als 90-Tage-Challenge angeht, dann seid ihr in drei Monaten schon einen großen Schritt weiter in Richtung finanziellem Erfolg und Fitness. Und auch wenn ihr nur 10 Prozent des Buches verinnerlicht, gehört ihr ab sofort zu den Machern, die sich aktiv um ihre Zukunft kümmern.

Kommen wir nun zum Warm-up. Schließlich lest ihr ein Finanz-Workout. Da will man schon ein bisschen ins Schwitzen kommen, oder? Bitte sehr! Hier kommen ein paar Fakten aus den Nachrichten der letzten Zeit – samt Erklärung, was sie für unsere finanzielle Zukunft bedeuten.

Wenn euch danach noch nicht der Schweiß ausgebrochen ist, dann lauft noch eine Runde um den Block!

Es ist ein gutes Jahr her, seit mein erstes Finanzbuch erschienen ist. Seitdem ist viel passiert – aber leider wenig Gutes: Minuszinsen, Brexit, der Gina-Lisa-Skandal, die Bankenkrise in Italien und die VW-Abgas-Schummelei riefen Entsetzen hervor. Und Pleite-MC Hammer versucht sich als Priester unter dem neuen Namen »Man of Christ« und betet, dass er irgendwann wieder reich wird.

Während die Briten für den Brexit stimmten, gab es in Italien einen Bankenraubzug der Elite, von dem ein traditioneller Bankräuber nur träumen kann – und für den ganz Europa wird zahlen müssen. Volkswagen ist Deutschlands Sorgenkind Nummer eins. Die Aktie verlor massiv an Wert und damit das Vertrauen der Investoren. Aber immerhin wurde der Abgaswerte-Betrug endlich aufgedeckt – und das wird zu höheren Steuern für unsere fetten SUVs führen.

Auch viele andere Events machen uns zu Verlierern. »Wir haben doch gar nichts verloren«, denkt ihr, »wir Deutschen sind doch Exportweltmeister!« Richtig – und das ist sehr riskant. Denn wir hoffen, dass das Ausland irgendwann in der Lage ist, seine Rechnungen bei uns zu bezahlen. Abwarten, sage ich.

Und noch etwas: Schaut auf eure Gehaltsabrechnung, und zwar ganz oben. Der Staat kassiert euch knallhart ab. Das ist nichts Neues, sagt ihr? Ihr habt euch schon daran gewöhnt? Mag sein. Doch wenn ihr den Fernseher einschaltet, erfahrt ihr, dass der Staat mehr Steuern einnimmt denn je. Könnt ihr euch hingegen an Nachrichten darüber erinnern, dass die Staatsschulden tatsächlich abgebaut werden sollen? Ich nicht.

So, genug gemeckert! Ich will euch nicht deprimieren. Ich zähle diese unerfreulichen Fakten auf, um euch zu sagen: Ihr dürft nicht blind davon ausgehen, dass die Regierung eure Interessen schützt und die Unternehmen nur euer Wohl im Auge haben. Denn die Zukunft ist ungewiss. Und überall lauern Gefahren für unseren Wohlstand.

Sorry, aber so ist es!

Geld bietet zwar keine Lösung für alle Probleme, es hilft aber entspannter durchs Leben zu gehen. Ihr habt nur wenig Geld? Dann ist dieses Buch genau richtig für euch, denn wir ändern das! Ich zeige euch, wie ihr positive Energie tankt – und diese nutzt, um euren Kontostand langfristig in die richtige Richtung zu bewegen.

Ihr findet, dass es sich eigenartig anfühlt, ein Finanzbuch zu lesen? Kein Wunder – nur die wenigsten sind es gewohnt, über ihre Finanzen nachzudenken. Geschweige denn: darüber zu reden. Genau das sollten wir aber tun – dringend!

Sechs Gründe, warum euch Geld nicht ganz egal sein sollte

1. Euer aktueller Mann ist kein Profifußballspieler.
2. Das Auto ist seit Monaten kaputt.
3. Ihr hofft noch immer auf einen Lottogewinn.
4. Ihr kauft Nagellack, um eure Laufmaschen zu stoppen.
5. Ihr fragt euch, von wem ihr dieses Mal schwanger seid.
6. Ihr denkt, Sparschweine seien eine vom Aussterben bedrohte Tierart.

Und? Wie schaut's aus? Ich hoffe, ihr habt nicht alles auf einmal angekreuzt ...

Willkommen in einem Finanzbuch abseits des Alltäglichen! Es tut nicht weh. Na gut, ein bisschen Muskelkater könnte es geben ... Aber ansonsten ist »Reich gut aussehen« eine leichte Finanz-Lektüre – perfekt für Einsteiger.

Also entspannt euch ...

Ihr fragt euch, warum das Buch sich offensichtlich an Frauen richtet. Nun, ich dachte mir, dass Männer doch schon alles über Finanzthemen wissen! Kleiner Scherz. Der Grund ist: An Frauen geht das Thema Geld viel zu oft spurlos vorbei – jedenfalls bisher. Ich glaube, viele von uns haben sich bisher einfach nicht angesprochen gefühlt, wenn Finanzexperten den Mund aufmachen oder Bücher schreiben. Die Finanzwelt wurde uns nicht gerade interessant, aufregend und charmant präsentiert.

Es ist Zeit, das zu ändern. Mein Ziel ist es, euch fürs Geldanhäufen zu begeistern. Und fürs Fitwerden natürlich.

Monat 1
Der Mental-Check: Energie tanken!

»The best way to predict the future is to create it yourself.«

Alan Kay

Eure ersten Schritte zum Reichtum

Fühlt ihr euch überfordert, wenn es um euer Geld geht? Habt ihr das Gefühl, dass Geld ausgeben zwar Spaß macht, aber die Sorgen und Probleme dadurch nicht weniger, sondern eher mehr werden? Dann ändert das. Es ist nicht so schwer. Ihr müsst einfach nur in die Gänge kommen.

Ihr wollt doch nicht werden wie der selbsternannte »böseste Mensch des Planeten«, Mike Tyson, oder? Offenbar wollte er mit diesem Titel von seinen wahren Problemen ablenken. Er hätte sich besser »Mr. Pleite« nennen sollen: Seine 400 Millionen Dollar haben sich in Luft aufgelöst. Aktuell ist er mit 23 Millionen Dollar in den Miesen.

Sein Beispiel ist eine sehr nützliche Warnung. Denn: Immer mehr Menschen wissen nicht, wie sie ihr Geld beisammenhalten und vermehren sollen. Woher auch? Im Elternhaus oder in der Schule wurde uns nicht beigebracht, wie man mit Geld umgeht. Es hieß nur: Wer reich werden will, wird Arzt oder Anwalt.

Auch die Medien zeigen uns nicht, wie es geht: Schaltet man den Fernseher ein, bekommt man sofort Panik. China schwächelt. Europa wird durch den Brexit gespalten. Und Zinsen wurden praktisch abgeschafft: Unaufhaltsam frisst die Inflation das mühsam Ersparte auf.

Das bedeutet: Wer kein Geld investiert, kann es nicht vermehren.

Ich zeige euch darum, wie ihr nicht nur spart, sondern euer Geld für euch arbeiten lasst. Aber sparen ist der erste Schritt. Und dafür muss man erst einmal Ordnung schaffen. Im Hirn, in den Finanzen und in der Bude.

Ich habe euch Challenges versprochen – hier sind die ersten fünf:

Challenge 1: Ziel setzen: Schaltet den Fernseher aus und setzt euch ein klares Ziel: Überlegt, wofür ihr sparen wollt. Fürs Alter oder für das Häuschen im Grünen? Oder wollt ihr einfach für eine Weile abhauen und ferne Länder sehen? Schreibt auf, welchen Traum ihr euch erfüllen wollt und wie viel Geld ihr dafür benötigt.

Challenge 2: Kassensturz machen: Verschafft euch einen Überblick über eure monatlichen Einnahmen und Ausgaben. Schriftlich! Gebt ihr mehr aus, als ihr verdient? Seid ihr bereits in der Mitte des Monats immer pleite?

Challenge 3: Schwarze Löcher finden: Gibt es Versicherungen, die ihr nicht braucht? Dann weg damit! Kündigt überflüssige Verträge. Auch Abos ziehen euch jeden Monat das Geld aus der Tasche. Nutzt ihr sie wirklich? Nein? Weg damit! Vorsicht auch bei Online-Kleider-Swap-Shops: Hier tappt man schnell in die Abo-Falle.

Challenge 4: Bewusster leben: Auch Online-Shoppen ist nicht ungefährlich! Schnell macht es süchtig und pleite. Lebt einfacher und vor allem bewusster. Achtet beim Einkaufen darauf, was ihr kauft und ob ihr es wirklich braucht. Am besten zahlt ihr bar, denn dann fühlt sich Geld ausgeben real an. Wer mit EC-Karte zahlt, verliert schnell den Überblick über sein Ausgabeverhalten – von Kreditkarten ganz zu schweigen …

Challenge 5: Aufräumen: Ist in eurem Kleiderschrank kein Platz mehr? Das ist ein Warnsignal. Trennt euch von Dingen, die eure Wohnung zumüllen. Richtet euch einen eBay-Account ein. Kein

Mensch braucht überflüssigen Krempel. Sparen beginnt mit Aufräumen.

Weitere Spartipps findet ihr in meinem (Hör-)Buch »Reichtum ist Frauensache – Werde eine Finanz-Diva« und auf meiner Website: www.finanzdiva.de

Seid ihr fit genug für Bling-Bling?

Aufgepasst! Eine Herausforderung wartet auf euch. Nehmt sie sportlich!

Diese Mindestwerte erreicht ihr hoffentlich *langfristig (!)*, nachdem ihr dieses Buch gelesen und meine Tipps umgesetzt habt:

- ✓ **10** Liegestütze (Hände schulterbreit, auf die Knie gestützt) binnen zwei Minuten
- ✓ **1** Hobby – entdeckt etwas Neues! Euch fällt nichts ein? Wie wäre es mit Nordic Walking? Das wird ganz schön unterschätzt.
- ✓ **30** Sit-ups binnen zwei Minuten
- ✓ **5-Jahres-Plan** mit Top-3-Prioritäten: Wie viel Geld ist dafür notwendig?
- ✓ **10-Jahres-Plan** mit Top-3-Prioritäten: Wie viel Geld braucht ihr dafür?
- ✓ **30** Kniebeugen in zwei Minuten
- ✓ **30**-Jahres-Rentensparplan: Ermittelt hierfür das 25-Fache eurer Jahresausgaben.
- ✓ **5.000**-Euro-Notfallreserve für unerwartete Rechnungen
- ✓ **100**-Euro-Sparbetrag pro Monat (siehe Tabelle 4 auf Seite 162)
- ✓ **15.000 Euro**, die ihr auf drei Investments eurer Wahl aufteilt (Aktien, ETF oder Gold)

Halt! Stopp! War da gerade von Sport die Rede? In einem Finanzbuch? Allerdings. Das Buch soll ja Spaß machen – und darum ist es kein herkömmlicher »Wir machen aus einfach kompliziert«-Finanzschinken. Das überlasse ich anderen. Dieses Buch soll euch helfen, eure Speicher für positive Energie aufzufüllen – und da gehört Sport dazu.

Reich werden ist nun einmal viel einfacher, wenn ihr fit und happy seid!

Wie das genau zusammenhängt, erkläre ich auf den nächsten Seiten. Lest einfach alles in Ruhe durch – und bleibt mit ein paar Workouts zwischen den Kapiteln locker. Das Buch ist in drei große Abschnitte gegliedert. Am Ende des jeweiligen Teils findet ihr eine Übersicht mit verschiedenen Aufgaben.

Aufgaben? Ihr findet, das klingt anstrengend? Mag sein. Aber jede Herausforderung ist eine Riesenchance.

Eure größte Challenge wird es sein, euch durchzubeißen und dranzubleiben. Trainiert euch glücklich und reich. Dieses Buch fordert euch ab sofort heraus – manche Challenges erscheinen sinnvoll, andere doof. Ich habe nur eine Bitte: Probiert die Challenges einfach aus. Nur dann merkt ihr, was sie für euch tun können.

Die Challenge-Listen am Ende der drei Teile können euer Leben verändern. Ihr lernt, euren Alltag anders wahrzunehmen. Und ihr werdet erkennen, dass es möglich ist, den inneren Schweinehund zu zähmen.

Am Ende dieses Buches werdet ihr vor Elan und Energie sprudeln. Eure weiteren Challenges stellt ihr euch dann selbst zusammen. So wird jeder Tag zu einem kleinen Abenteuer.

Vielleicht denkt ihr jetzt:»Challenges schön und gut, aber müssen sportliche Herausforderungen dabei sein?« Ja, ich weiß: Es ist ungewohnt, mit Geld und Sport bringe ich zwei Themen zusammen, die auf den ersten Blick nichts miteinander zu tun haben. Ich mache das aus zwei Gründen:

1. Damit ihr versteht, dass die ersten Schritte in einem neuen Bereich sich immer seltsam anfühlen. Körper und Geist wehren sich. Wer nach einer langen Trainingspause wieder mit Sport anfängt, kennt das. Der Körper fragt wie Grönemeyer: »Was soll das?«
Doch jeder hat irgendwann angefangen. Und ihr könnt mehr, als ihr denkt: Die Routine macht's. Wem es gelingt, eine neue Tätigkeit, sei es Sparen oder Sporteln, in den Alltag einzubauen, denkt nicht mehr darüber nach. Irgendwann ist es einfach normal.
2. Weil Sport und gesundes Essen euch erfolgreich machen werden.

Und zwar dank dieser fünf Erfolgsbooster, die Sport uns schenkt:

1. Wer positiv denkt, gewinnt.
2. Jenseits der Komfortzone werdet ihr stärker.
3. Mit Kraft und Ausdauer besiegt ihr eure Ängste.
4. Sport hilft euch, euren Fokus zu halten.
5. Sport hilft beim Quickstart.

Im Folgenden erkläre ich die fünf Erfolgsbooster ausführlich – garniert mit ein paar Challenges!

Erfolgsbooster 1:
Wer positiv denkt, gewinnt.

Eure innere Einstellung entscheidet, ob ihr Erfolg habt oder nicht. Kennt ihr das Sprichwort »Wer wagt, gewinnt«? Diese Aussage gilt auch für Optimisten. Wer voller Elan und Tatendrang ist, gehört langfristig zu den Gewinnern, denn Erfolg kommt durch Einsatz. Also *nicht* durch Konzentration auf das Negative.

Daher: Hört auf zu lästern. Verteilt lieber Komplimente. Das fällt vielen hierzulande nicht leicht. Denn wir sind viel zu gerne Wutbürger, die jammern und anderen die Schuld an der eigenen Misere geben. Ändert das – zumindest für euch persönlich!

Vom passiven zum aktiven Menschen werdet ihr allerdings nicht über Nacht. Ihr müsst erst etwas im Leben vermissen, um ins Handeln zu kommen. Wenn wir einen Mangel empfinden, sind wir unzufrieden. Wir bekommen schlechte Laune und im schlimmsten Fall sogar Depressionen. Unser Selbstwertgefühl sinkt. Die Frage ist, was machen wir mit diesen schlechten Gefühlen?

Menschen vergleichen sich in der Regel gerne mit ihren Mitmenschen – besonders, wenn diese schlechter dastehen als man selbst. Schaltet man den Fernseher an, sieht man oft Sendungen, die sogenannte Verlierer zeigen. »The Biggest Loser« ist ein Beispiel – »Dschungelcamp« ein weiteres. Wir wollen gar nicht sehen, dass jemand gewinnt – wir wollen viel lieber sehen, dass es Menschen gibt, die dicker sind, schlechter aussehen und blöder dastehen als wir selbst. Dann fühlen wir uns besser.

Und für die Gebildeten bieten die Nachrichten die Gelegenheit, sich anzuschauen, wie schlecht es anderen Menschen geht. Zwei Jahre habe ich mir täglich die Fernsehnachrichten angesehen – und wurde immer ängstlicher. Ich sah tausende von Flüchtlingen vor meinem geistigen Auge, Straßenschlachten von links und rechts, ständige Bedrohung durch den Nahost-Konflikt – und ich bekam Angst. Dadurch wurde mir klar, wie negativ uns die Nachrichten beeinflussen, und ich beschloss, sie nicht mehr brav zu verfolgen, sondern öfter mal zu ignorieren. Das Ergebnis: Es gelingt mir, endlich wieder positiv zu denken und mich mit den Dingen zu beschäftigen, auf die ich selbst Einfluss habe – statt mich von meinem Fernseher verrückt machen zu lassen. Was für eine Erleichterung!

Eine negative Einstellung verhindert Erfolg. Es hilft daher nichts: Ihr müsst daran arbeiten, optimistisch und positiv durchs Leben zu gehen. Ihr findet das, was ihr sucht, indem ihr im allerersten Schritt positive Energie generiert – und dann auch ausstrahlt.

Ich war nach meinem Studienabschluss sehr negativ eingestellt. Plötzlich war meine heile Studentinnen-Welt nicht mehr da. Ich fühlte mich eiskalt von der Realität erwischt. Auf einmal war ich einem fremdbestimmten Dasein als Angestellte im Großraum-büro ausgeliefert, mit Vorgesetzten, täglich gleicher Routine und Kollegen, die wie ich nur das Mittagessen, den Feierabend und die Wochenenden herbeisehnten.

Um 8:30 Uhr sollte ich im Büro sein. 10:00 Uhr war jedoch eher die Zeit, die ich frühestens einrichten konnte. Denn ich schaffte es unter der Woche nicht aus dem Bett. Mir fehlten einfach Mo-tivation und Energie. Der Gedanke, mit dem ich aufwachte, war: »Ich hasse diesen Tag!« Ich lebte in der Vergangenheit und wein-te ihr innerlich hinterher.

Eines Tages hatte ich meinen absoluten Tiefpunkt erreicht und beschloss: Ich muss etwas ändern! Aber wie? Zunächst versuchte ich es mit Joggen. Es war hart, denn ich hasste Sport zutiefst. Nach dem ersten Versuch ging es mir sehr schlecht. Der Muskelkater war extrem. Jedoch war ich auch ein bisschen stolz auf mich und kaufte mir zusätzlich ein Fitnessmagazin.

Ein Artikel nach dem anderen über gesunde Ernährung – und ich konnte noch nicht einmal kochen! Ich beschloss, es erst einmal einfach anzugehen und kaufte einen Mixer. Morgens gab es nun täglich einen gesunden Joghurt-Smoothie mit Bananen, Äpfeln oder Beeren – und irgendwie fühlte ich mich schon besser. Ich musste jetzt zwar noch früher aufstehen, aber mein neues Vormittagsprogramm inklusive Joggingrunde wurde schon bald zur Normalität.

Zu meinem Erstaunen wurde ich nach einigen Wochen von Kollegen angesprochen: Ob ich Sport machte? Hurra! Erste Resultate waren sichtbar! Meine Freude war riesig. Es hatte sich also gelohnt, dass ich ein neues Hobby und neue Gewohnheiten in meinen Alltag integriert hatte. Mein Selbstvertrauen erwachte, ich fühlte mich großartig. Morgens kam ich plötzlich problemlos aus dem Bett und freute mich sogar aufs Workout. Durchs frühe Aufstehen war mein Tag sehr viel länger und ich hatte dennoch viel mehr Power.

Was das mit Finanzthemen zu tun hat, fragt ihr?

1. Investieren ist für viele Menschen neu und fremd – so wie Sport es für mich war. Sie kennen sich kaum mit Vermögensaufbau aus und beginnen bei null. Sie müssen sich Wissen aneignen, Seminare besuchen, mit Musterdepots aktiv lernen und Schritt für Schritt einen Plan ausarbeiten, nach dem sie handeln.

2. Dafür braucht man nicht nur Zeit, sondern auch sehr viel Energie – und zwar positive! Wenn ihr es nicht schafft, eure negative Einstellung zu eliminieren, wird es euch kaum gelingen, ein Vermögen aufzubauen. Wer keinen Sport macht, sich nicht bewegt und nur ungesundes Junk-Food isst, wird träge, schlecht gelaunt und hat in der Regel weniger Lust auf neue ungewohnte Dinge im Alltag. Also ist Sport auch eine Hilfe, wenn man seine Finanzen in den Griff bekommen möchte.

3. Ihr fragt immer noch, warum eure Energie positiv sein muss? Beim Investieren gilt: Wer fragt, gewinnt. Wenn ihr beispielsweise Seminare besucht, um Rat von Experten zu erhalten, diese Menschen aber mit einem misslaunigen Gesichtsausdruck ansprecht, werden sie euch sehr wahrscheinlich nur kurz und lieblos antworten oder euch einfach abweisen.

Challenge 6: Und jetzt ihr! So generiert ihr positive Energie:

Aufgabe 1: Neid bringt nichts und macht schlechte Laune. Lernt, euch mit anderen zu freuen. Kauft einen Kinogutschein für zwei Personen und ladet noch diese Woche jemanden ins Kino ein. Und? Fühlt sich gut an, oder?

Aufgabe 2: Notiert jetzt drei Eigenschaften, die ihr an euch schätzt.

Aufgabe 3: Notiert überdies mindestens zwei negative Eigenschaften.

Aufgabe 4: Das, was wir sagen, spiegelt klar und deutlich unsere Einstellung wieder. Es entscheidet letztendlich auch darüber, ob wir erfolgreich sein können. Achtet auf euren Wortschatz. Verwendet ihr häufig Wörter wie »Stress«, »Problem« oder »müssen«? Streicht das Wort »müssen« aus eurem Wortschatz und ersetzt es durch »dürfen«. Wer etwas tun muss, hat keine andere Wahl. Wer hingegen etwas tun darf, weiß, dass er die Freiheit der Entscheidung hat.

Aufgabe 5: Treffen folgende Assoziationen bezüglich Geld und Reichtum auf euch zu? Dann solltet ihr dringend daran arbeiten, eure innere Einstellung um 180 Grad zu ändern.

- ✓ »Der ist von Beruf Sohn.«
- ✓ »Reich wird man geboren.«
- ✓ »Geld macht nicht glücklich.«
- ✓ »Wenn du reich werden willst, solltest du Lotto spielen.«

Aufgabe 6: Überlegt, welche Menschen in eurem Umfeld charismatische Charakterzüge aufweisen. Notiert fünf Eigenschaften, die diese Personen von anderen unterscheiden. Notiert außerdem fünf Eigenschaften, die euch an ihnen begeistern.

Ihr fragt euch, was Charisma ist? Leute, die es verstehen, sich auf andere Menschen einzustellen, ihnen zuhören, sich in sie hineinversetzen und sich mit ihnen freuen, haben eine nahezu magische Wirkung: Sie besitzen Charisma (aus dem Griechischen »Gnadengabe« im Deutschen abgewandelt in »Geschenk (Gottes)«. Ich kenne nur sehr wenige charismatische Menschen. Sie alle haben eins gemeinsam: Sie wirken anziehend, man schenkt ihnen sehr gerne Aufmerksamkeit – perfekte Voraussetzungen für Erfolg!

Erfolgsbooster 2: Jenseits der Komfortzone werdet ihr stärker.

Jeder von uns liebt seine Komfortzone. Sie umfasst alle Tätigkeiten, die wir problemlos und ohne großen Aufwand in unseren Alltag integrieren. Sobald wir jedoch vor der Aufgabe stehen, etwas anders zu machen – also etwas zu ändern –, leuchtet innerlich eine rote Lampe auf und wir bekommen Angst.

Änderungen bedeuten Aufwand – und Risiken. Denn man weiß nicht, ob man sich womöglich blamiert. So ging es auch mir. Vor fast allem hatte ich Angst – vor Referaten in der Schule oder im Studium, vor Mannschaftssportarten wie Volleyball im Sportunterricht, davor, das falsche Outfit zu tragen, kurz gesagt: vor allen Gelegenheiten, mich zu blamieren. Und in Wirklichkeit: vor negativen Reaktionen, vor Kritik.

Was hatte ich davon? Nicht viel. Meine Angst erschwerte es mir, mich mit neuen und ungewohnten Dingen auseinanderzusetzen. Ich wurde träge und mein Alltag war so dermaßen langweilig, dass ich frustriert und genervt war und auch so auftrat.

Irgendwann konnte ich mich selbst in so einem weinerlichen Zustand kaum noch ertragen und beschloss, etwas zu ändern. Ganz vorsichtig natürlich. Es sollte nur eine kleine Änderung sein, die meinem Alltag etwas Abwechslung verleihen würde.

Sport war mein erster Gedanke. Wenigstens zehn Minuten am Tag – das sollte doch möglich sein. Das Problem war mein innerer Schweinehund. Zehn Minuten? Um Himmels willen ... Es war ein harter Kampf. Trotzdem, mein Wille war da und erstaunlich stark. Endlich! Ich wusste nicht, woher dieser innere Antrieb plötzlich kam. Heute denke ich, dahinter stand die Suche nach innerer Zufriedenheit.

Nachdem mich die ersten kleinen Fitnessversuche sehr viel Überwindung gekostet hatten, entstand irgendwann eine echte Leidenschaft. Beim Sport ist Ausdauertraining wichtig – aber man muss außerdem immer wieder einen neuen Reiz setzen, damit der Körper kräftiger, schneller und leistungsfähiger wird. Ich beschloss, mehr Sport zu machen, meldete mich in einem Fitnessstudio an und machte später sogar eine Ausbildung zur Fitnesstrainerin.

Mein neues Motto lautete: mit Vollgas durchstarten und aktiv sein. Ich erhoffte mir dadurch einerseits noch mehr positive Energie – und andererseits wollte ich mich kontinuierlich herausfordern. Klingt nach Kampf, oder? War es manchmal auch: Dann fragte ich mich, wieso ich das alles mache ...

Mein innerer Schweinehund ist natürlich noch da. Es gilt, ihn immer wieder zu besiegen. Nicht nur beim Sport – auch bei jeder anderen Tätigkeit, für die ich meine Komfortzone verlassen muss. Zum Beispiel, wenn ich mich an eine neue Investmentform wagen will.

Ich hatte Schritt für Schritt die mentale Stärke aufgebaut, die ich brauche, um die Grenzen meiner Komfortzonen immer weiter zu verschieben. Der Sport hat mir das ermöglicht.

Durch die Regelmäßigkeit habe ich auch einen besseren Draht zu meinem Körper. Das macht es mir leichter, mein Bauchgefühl richtig wahrzunehmen – das ist sehr wichtig beim Investieren. Und es hilft mir, mich nicht von Emotionen wie Angst, Gier oder Ungeduld überwältigen zu lassen. Auch das ist ein Muss beim Investieren. Ihr müsst lernen, eure Gefühle bei allem, was ihr macht, zu erkennen. Nur dann habt ihr die Kontrolle über euch selbst. Sport hilft, ihr werdet sehen.

Übrigens: Wenn ihr nur Bücher lest, werdet ihr nicht lernen, wie man mit Geld umgeht und es für sich arbeiten lässt. Bücher sind zwar eine sehr gute Motivationsgrundlage. Jedoch kommt Können auch durch Machen.

Fangt also an. Schritt 0: Hört auf zu jammern. Nicht die anderen sind schuld, sondern ihr selbst, wenn ihr unzufrieden seid. Ändert das! Ab jetzt seid ihr Macher. Macht Sport, bastelt euch ein Musterdepot und besucht ein Einsteigerseminar übers Geldverdienen. Und dann erweitert ihr Stück für Stück eure Komfortzone, bis ihr eines Tages Spielräume habt, von denen ihr jetzt höchstens träumen könnt!

Challenge 7: Finanzwissen aufbauen

Schritt 1: Denkt nach: Gibt es einen Mangel? Aus irgendeinem Grund lest ihr schließlich dieses Buch, oder? Hilft Geld, diesen Mangel zu beseitigen?

Schritt 2: Ziele definieren. Braucht ihr für euer Ziel mehr Geld?

Schritt 3: Sparen. Sparen. Sparen.

Schritt 4: Herausfinden, welche Finanzthemen euch interessieren.

Schritt 5: Wissen in einem Seminar vertiefen.

Schritt 6: Musterdepot aufbauen.

Schritt 7: Gleichgesinnte suchen, beispielsweise in einem Investmentclub.

Schritt 8: Investmentplan erstellen: Risiko bewerten – wie sehr schmerzt euch ein Verlust?

Schritt 9: Loslegen.

Auch wenn das etwas banal klingen mag: Diese Schritte sind sehr wichtig, denn die meisten Menschen sind in den Schritten 0 und 1 gefangen. Sie setzen keine neuen Reize: Sie bleiben stehen und lernen nicht dazu.

Ich kenne Menschen, die sich bereits Finanzwissen durch Einsteigerlektüre angeeignet haben und sich nun beschweren, dass weitere Bücher ihnen keine neuen Erkenntnisse bringen. Sie sind frustriert, weil sie schon viele Büche gelesen haben und trotzdem keinen Schritt weiter sind auf dem Weg zum Reichtum. Das liegt aber nicht an den Büchern – sondern daran, dass sie sich nicht auf den Weg machen!

Es gibt viele Wege, reich zu werden. Jeder muss den für sich geeigneten Weg selbst finden – und zwar Schritt für Schritt. Das macht vielen Menschen Angst. Sie sehen sich selbst lieber weiterhin als Einsteiger, die immer erst noch ein Buch lesen müssen. Statt endlich einen Fuß vor den anderen zu setzen.

Ich rate euch: Traut euch mehr zu! Besorgt euch Informationen – aber dann habt auch den Mut zu scheinbar schwierigen Schritten. Und ihr werdet feststellen, dass ihr bereits sehr viel gelernt habt.

Challenge 8: Abschussliste für eure Ängste

Besiegt die Angst! Ziel dieser Challenge ist, eure Ängste erst in den Blick zu nehmen – und sie dann zu beseitigen. An sich sind Ängste nichts Schlimmes – es sei denn, sie nehmen extreme Formen an. Aber auch ganz normale Ängste sind hinderlich: Sie schränken euch ein, solange ihr versucht, die mit Angst verbundenen Tätigkeiten zu vermeiden. Wenn Ihr es schafft, eure Ängste zu überwinden, werdet ihr emotional stärker und selbstbewusster. So macht ihr eure Schwächen zu Stärken!

Erstellt erst einmal eine Angst-Liste: eine Übersicht mit Dingen, vor denen ihr Angst habt. Dann überlegt, wie ihr vorgehen wollt, um die Angst zu besiegen. Vielleicht mit einem Seminar? Oder mit einem geeigneten Fachbuch?

Sobald ihr eure Ideen zur Angst-Beseitigung umgesetzt habt, erstellt ihr erneut eine Angst-Liste. Erscheint das alte Thema immer noch in der Liste? Oder macht es euch inzwischen sogar Spaß?

Genauso ging es mir – schaut euch meine Angst-Liste an!

Was mir Angst macht(e)	Warum?	Maßnahmen gegen die Angst
Vor Leuten reden	Angst vor Blamage und schwierigen Fragen	Mit Vlog-Kamera täglich zehn Minuten reden üben – auf Aussprache und Ausstrahlung achten und verbessern
		Hörbücher sprechen
Vlogs	Angst vorm Reden, Angst zu stottern, Angst, nicht professionell zu sein	Test-Vlogs drehen, immer und immer wieder üben
Probleme und Konflikte ansprechen	Angst, nicht die passenden Argumente zu finden	Kommunikationsseminar besuchen
Für andere kochen	Angst vor Kritik	Kochkurs buchen
Auto fahren (bin acht Jahre nicht gefahren!)	Nach einem Unfall bekam ich immer Panik, sobald ich fahren musste	Navi an und losfahren
Angst vor Armut	Eine meiner Urängste: meine Rechnungen nicht zahlen zu können, den Überblick über meine Finanzen zu verlieren	Sparen, investieren, Seminare besuchen, minimalistisch leben, Netzwerke schaffen, mehrere finanzielle Standbeine aufbauen, kontinuierlich lernen

Wer lernt, dass er seine Ängste besiegen kann, wird psychisch stärker und aktiver auftreten. Was man bisher unbedingt vermeiden wollte, wird nun zu einem Abenteuer. Das bringt Abwechslung ins Leben: Ihr werdet im positiven Sinne regelrecht süchtig danach, euch von einem Abenteuer ins nächste zu stürzen.

Und? Gibt es Dinge, die euch Angst machen? Falls die Ängste im erneuten Check immer noch auftauchen, sucht euch einen Trainer, der euch hilft, damit umzugehen. Oder ihr delegiert die Tätigkeiten – Hauptsache, ihr lasst euch nicht länger von euren Ängsten bremsen!

Schließt die Augen und denkt nach: Was wollt ihr ab jetzt in eurem Leben ändern? Fällt euch spontan nichts ein? Dann überdenkt diese Frage erneut, nachdem ihr dieses Buch gelesen habt.

Erfolgsbooster 3: Mit Kraft und Ausdauer besiegt ihr eure Ängste.

Ich wollte schon immer Snowboard fahren. Aber ich habe große Angst davor. Warum? Weil meine Mutter Angst davor hat: »Um Gottes willen! Mach das bloß nicht! Da bricht man sich so schnell was!« Ich finde es unbefriedigend, dass ich mich nicht auf die Piste traue. Denn eigentlich meine ich, dass es doch auch möglich sein muss, diesen Sport unbeschadet auszuüben. Wenn ihr jetzt denkt, ich sei ein Weichei, dann habt ihr vielleicht sogar recht.

Aber damit ist jetzt Schluss! Ich werde mir ein Beispiel an Stefan Raab nehmen. Bestimmt erinnert ihr euch noch an Sendungen wie »Schlag den Raab« oder »Raab in Gefahr«. Noch in diesem Jahr werde ich mich auf die Piste wagen, auch wenn das ultrapeinlich werden könnte ...

Lasst euch niemals von anderen von euren Vorhaben abbringen. Klar, sie meinen es meistens gut – besonders unsere Mütter. Aber ihr müsst entscheiden, was ihr erleben wollt. Viel zu oft beschränkt sich unser Umfeld darauf, unsere Ängste zu verstärken: Ich weiß noch, wie ich Freunden erzählte, dass ich an der Börse handeln wollte. Es hieß, die Börse sei gefährlich und man verliere dort sein Geld. Und als ich meine erste Wohnung kaufen wollte und im Bekanntenkreis Rat suchte, wiesen mich viele auf Mietnomaden hin, die Wohnungen zerstören und keine Miete zahlen.

Seitdem frage ich mich, warum die meisten so negativ denken. Ich glaube, ein Hauptgrund ist, dass die Schule uns zu Angsthasen erzieht. Wir lernen dort, dass Fehler etwas Negatives sind. Als Erwachsene meiden wir dann möglichst jedes Risiko, damit wir ja keinen Fehler machen. Wir stufen viele Aktionen von vornherein als zu gefährlich ein, verteufeln sie und gehen ihnen aus dem Weg – auch Handlungen, die uns weiterbringen könnten. Ein Großteil der Menschen hält es für vernünftiger, im Zweifel nichts zu unternehmen.

Vielleicht liegt hier der Grund, warum wir Deutschen Weltmeister im Sparen sind: Es gilt als sicher. Wir wollen keine Verluste riskieren, denn Verluste zeigen scheinbar, dass wir einen Fehler begangen haben. Lieber warten wir darauf, dass sich das Geld von allein vermehrt – und verzichten dadurch auf Gewinnchancen.

Die meisten erfolgreichen Menschen trauen sich jedoch Fehler zu machen. Denn Fehler gehören zu jedem Lernprozess dazu. Fragt Leute, die mit Erfolg ihr Geld vermehren! Fragt sie nach den Fehlern, die sie gemacht haben. Dann müsst ihr diese Fehler – vielleicht – selbst nicht mehr machen. Auf jeden Fall lernt ihr, dass Fehler nicht das Ende der Welt sind. Das motiviert. Und ihr lernt Risiken realistischer zu bewerten, wenn ihr vergleicht, wie unterschiedliche Menschen – Normalos und Experten – sie einschätzen.

Wichtig: Wir alle brauchen Vorbilder, um zu lernen, wie man nach vorn schaut. Ich bin beispielsweise ein großer Fan von Shaun T. Er war früher sehr unzufrieden mit seinem Gewicht. Diese Unzufriedenheit motivierte ihn, hart an sich selbst und seinem Körper zu arbeiten. Irgendwann beschloss er, Trainer zu werden – und machte eine tolle Karriere. Shauns Erfolge sind beeindruckend: Seine Leidenschaft für Sport und gesunde Ernährung hat schon viele Menschen angesteckt. Er hat einen ultradurchtrainierten Körper, ist als Trainer sehr gefragt, tritt in verschiedenen TV-Sendungen auf und verdient Millionen.

Was hat das mit eurem finanziellen Erfolg zu tun, fragt ihr euch? Sollt ihr euer Geld als Fitnesstrainer verdienen? Könnt ihr gern machen – aber das ist nicht der Punkt. Es geht darum, querzudenken und die Zusammenhänge zwischen verschiedenen Lebensbereichen zu erkennen. Eine positive Einstellung, die Bereitschaft, Ängste zu überwinden und immer wieder die Komfortzone zu verlassen, Fitness und finanzieller Erfolg hängen zusammen: Wer sich selbst und seine Ängste überwindet, wer ernsthaft an sich und seiner Einstellung arbeitet, wird immer besser. Er wirkt wie ein Magnet auf andere Menschen und zieht dadurch Möglichkeiten an: Projekte, Jobs, Erfahrungen. All das fließt Menschen zu, die gelernt haben, ihre Ängste zu besiegen.

Challenge 9: Lernt eure Ängste kennen

Aufgabe 1: Wovor habt ihr Angst? Warum habt ihr Angst davor?

Aufgabe 2: Notiert jetzt, was ihr schon immer einmal machen wolltet, wovon eure Angst euch jedoch abgehalten hat.

Erfolgsbooster 4: Sport hilft euch, euren Fokus zu halten.

Es ist nicht immer einfach, den komplexen Alltag zu regeln. Immer kommt irgendetwas dazwischen, tagelang schiebt man unliebsame Aufgaben vor sich her.

Hier hilft ein klarer Fokus. Wie kriegt ihr den? Ihr müsst den Sinn hinter eurem Vorhaben erkennen! Menschen, die wissen, warum sie etwas machen, sind fokussiert. Sie sehen das gewünschte Ergebnis bildlich vor sich – und dadurch kommen sie ständig auf neue Ideen, die ihnen weiterhelfen.

Eine Vision gibt jeder Handlung einen Sinn. Genauso ist es bei der Geldanlage. Auch hier ist es wichtig, dass ihr zunächst euer Ziel kennt. Wollt ihr einfach nur fürs Alter vorsorgen oder träumt ihr von einer Auszeit? Wenn ihr wisst, was ihr wollt, dann kommt der innere Antrieb automatisch.

Aber Antrieb ist nicht alles. Ihr müsst durchhalten. Und hier kommt Sport ins Spiel. Damit ihr euren Antrieb nie mehr verliert, sondern im Gegenteil immer mehr verstärkt, rate ich euch dringend zu einer gesunden Lebensweise. Sport macht glücklich und stark. Euer Training hilft euch, auch in anderen Lebensbereichen am Ball zu bleiben. Denn ihr lernt, dass ihr Widerstände überwinden könnt – zum Beispiel Muskelbrennen während eines Workouts.

Das ist die beste Voraussetzung, um mentale Stärke zu erlangen. Und glaubt mir – jemand, der sich um seine Finanzen kümmert, muss lernen, Grenzen zu überwinden. Also Mädels, kommt in den Trainingsmodus!

Challenge 10: Habt euer Ziel vor Augen

Aufgabe 1: Schreibt auf, warum ihr dieses Buch lest. Welches Bild erscheint als Erstes in eurem Kopf? Besichtigt ihr einen indischen Tempel? Seht ihr euch von Kopf bis Fuß in die tollsten Klamotten gekleidet? Seid ihr auf einem Schiff unterwegs zum Schutz der Wale? Liegt ihr gemütlich am Strand? Oder was ist eure Vision?

Aufgabe 2: Könnt ihr aus dieser Vision ein Ziel ableiten? Was braucht ihr konkret, um die Vision wahrzumachen? Das ist euer Ziel.

Aufgabe 3: Notiert die Maßnahmen, mit denen ihr an euer Ziel gelangen könnt, und bringt sie in die richtige Reihenfolge. Kleiner Tipp: 1. Kassensturz …

Erfolgsbooster 5: Sport hilft beim Quickstart.

Dieses Buch ist ein A...tritt an alle Finanzmuffel unter euch. Ich möchte euch motivieren, es genauso zu machen wie ich. Warum? Weil es funktioniert!

Fangt an. Lebt vielseitig. Macht regelmäßig Sport, sucht euch Hobbys und vereinfacht euer Leben im finanziellen Bereich, indem ihr unnötige Abos und Versicherungen kündigt. Denkt in kleinen Schritten. Spart und übt euch in Geduld. Indem ihr ein facettenreiches Leben führt und aktiv bleibt, lernt ihr neue Leute kennen, baut ein Netzwerk auf und entwickelt euch in vielen Bereichen weiter.

Probiert es aus! Geht auf Menschen zu. Traut euch.

Im Fitnessstudio könnt ihr das üben. Fragt andere Menschen, wie ihr Trainingsplan aussieht, wie oft sie trainieren und ob sie auf ihre Ernährung achten. Indem ihr diesen Schritt wagt, erkennt ihr, dass ihr sehr viel von anderen lernen könnt. Ihr baut Vorurteile ab und denkt weniger in Schubladen. Ihr werdet offener, selbstbewusster und schult Soft Skills, die euch entscheidende Vorteile bringen können.

Challenge 11: Den Schweinehund zähmen

Aufgabe 1: Glaubt nicht länger an den Spruch »Schweigen ist Gold«! Lernt, eure Angst vor dem Fragen zu überwinden: Stellt jeden Tag mindestens eine Frage. Fangt schon heute damit an, wenn ihr Angst vorm Fragen habt. In dem Fall, fragt eine fremde Person nach der Uhrzeit oder dem Weg.

Aufgabe 2: »An apple a day keeps the doctor away.« Überlegt, ob ihr eure Ernährung in Kombination mit einem täglichen Workout verbessern könnt. Grundsätzlich gilt: Wer sich bewusst ernährt, lebt gesünder und länger.

Aufgabe 3: Kommt aus der Komfortzone raus und zähmt euren inneren Schweinehund. Werdet aktiv! Ich bin fest davon überzeugt, dass man Stärke zunächst von außen trainiert und sich damit automatisch innere Stärke und ein besseres Selbstwertgefühl einstellen. Schwierige Situationen meistert ihr dann mit links.

Startet jetzt mit einem Basis-Krafttraining – einem guten Plan für euren Tag.

Heute schon was vor?

»Es ist schlauer, einen Tag über Geld nachzudenken,
als einen Monat dafür zu arbeiten.«

Rockefeller

Die meisten Menschen fühlen sich gestresst. Der Tag – immerhin 24 Stunden – erscheint ihnen viel zu kurz. Das Problem: Es geht sehr viel Zeit für ganz simple Dinge drauf. Zum Beispiel:

24 Stunden:

    8 Stunden Schlaf
    8 Stunden Arbeitszeit
    2 Stunden Haushalt und Fahrt zur Arbeit
    2 Stunden fürs Essen
= 4 Stunden Freizeit

Zeit ist knapp. Und sie ist das Wertvollste, das wir haben. Wir können unsere Zeit so investieren, dass sie uns Rendite bringt. Diese Rendite muss nicht direkt in Zahlen zu messen sein. Macht ihr zum Beispiel Sport, verbessert sich eure Ausdauer, ihr fühlt euch besser, seht besser aus und werdet selbstbewusster. Mehr Geld habt ihr dadurch noch nicht. Aber bessere Voraussetzungen, um zu Geld zu kommen.

Viele Dinge, die wir ganz automatisch machen, verfolgen ein Renditeziel, auch ohne dass uns das bewusst ist: Wir gehen zur Schule und lernen fleißig, damit wir gute Noten schreiben und irgendwann einen gut bezahlten Arbeitsplatz finden. Die Schulzeit ist also eine Investition, genau wie der Sport. Sie kosten uns sehr viel Zeit. Und wie jede Investition sind sie mit Risiken verbunden. Was, wenn wir es nicht schaffen, uns durch Sport besser zu fühlen, und umsonst geschwitzt haben? Was, wenn wir trotz guter Noten keinen Job finden?

Wir können nicht in die Zukunft blicken und müssen lernen, mit dem Unvorhergesehenen umzugehen. Das macht das Leben schließlich interessant und spannend, oder nicht? Und letztlich rentiert sich eben doch jede Investition: Je mehr wir wissen, je fitter wir sind, desto besser kommen wir mit dem Unvorhergesehenen klar.

Challenge 12: Lernt zu planen. Und zwar Tag für Tag. Ich mache den Anfang. Danach seid ihr dran!

Das nehme ich mir für morgen vor:

- ✓ 5:30 Uhr Aufstehen: Baby wickeln, füttern
- ✓ 6:00 Uhr ins Sportstudio mit den Öffentlichen: 20 Minuten in der U-Bahn Buch lesen und auf dem Rückweg – macht 40 Minuten lesen
- ✓ 6:30–8:30 Uhr Fitnessstudio und Sauna – mein Wellnessstart in den Tag
- ✓ 9:00 Uhr Baby füttern, spazieren gehen, einkaufen
- ✓ 12:00 Uhr Baby schläft, zumindest zwei Stunden – Zeit für mich: Ich arbeite an neuen Projekten oder schreibe Artikel oder bereite Termine vor
- ✓ Nach 19:00 Uhr schaue ich mir ein oder zwei Vorträge auf YouTube von Menschen an, die mich inspirieren
- ✓ Ab 20:00 Uhr schauen mein Partner und ich einen Film oder eine Serie (ich bin ein Serienjunkie).

Ich plane sehr gerne. Die Wochenplanung und auch die ständige Reflexion darüber gibt meinem Leben Struktur und hilft mir, aktiv zu bleiben. Am Sonntag überlege ich, was die nächste Woche bringt, und freue mich auf meine Aufgaben. Früher hatte ich sonntags schlechte Laune, weil der Montag bevorstand. Es war harte Arbeit, bis ich es geschafft habe, dass sich jeder Tag wie ein Feiertag anfühlt.

Ein Tagesplan verhilft euch zu mehr Lebensfreude. Denn mit einem Plan habt ihr nicht nur anstrengende Aufgaben vor Augen, sondern auch die kleinen Freuden des Tages. Für mich ist das mein Wellnessprogramm am Vormittag. Diese Alltagsroutine schenkt mir sehr viel Energie und Lebensfreude.

Viele denken vielleicht: Krass, steht die früh auf! Aber es ist nicht so schlimm, wie es klingt. Zum einen weckt mich jeden Morgen ein Baby (also habe ich eh keine Wahl), zum anderen gewinne ich durch das frühe Aufstehen Zeit – Tag für Tag. Das verschafft mir Spielräume und die Möglichkeit, jeden Tag Dinge zu machen, die ich mag. Ein Glücksrezept!

Ihr seid dran! Das nehmt ihr euch für heute vor:

✓ _____

✓ _____

✓ _____

✓ _____

✓ _____

...

Identifiziert zwei Zeitfresser und überlegt, wie ihr Zeit gewinnen könnt.

✓ _____

✓ _____

Ihr findet keine Zeitfresser? Kleiner Tipp:

Euer Handy! Als WhatsApp auf den Markt kam, war ich so fasziniert davon, dass ich gefühlt jede freie Minute damit verbrach-
te, Nachrichten zu versenden. Irgendwann rechnete ich aus,
wie viel Zeit das kostete. Das Resultat war erschreckend: Jeden
Tag verlor ich durch WhatsApp etwa zwei Stunden. Das macht
728 Stunden pro Jahr – also 30 Tage, die ich nur mit meinem
Handy verbringe!

Hinzu kam, dass es mir schwerfiel, mich auf Wesentliches zu
konzentrieren. Denn sobald eine Nachricht eintraf, hatte ich
keine Ruhe, bis ich nachsah, wer mir was geschrieben hat. Die
Lösung war hart – ein eiskalter Handyentzug. Die ersten Tage
waren sehr anstrengend. Aber inzwischen checke ich nur einmal am Tag meine Nachrichten und entscheide dann bewusst,
wann ich wem schreibe. Wenn es euch nicht gelingt, eure Handy-
gewohnheiten zu kontrollieren, bedenkt bitte, dass ihr anderen
erlaubt, eure wertvolle Zeit zu stehlen.

Challenge 13: Eine Stunde früher aufstehen

Gehört ihr zu den Eulen, die lieber lange ausschlafen? Habt ihr
keine Zeit für ein Hobby, ein Buch oder ein bisschen Sport?
Dann stelle ich euch nun vor eine harte Herausforderung: Bitte
steht schon morgen früh eine Stunde eher auf!

Ich weiß, ihr wollt so etwas nicht lesen. Vielleicht fällt euch diese Aufgabe etwas leichter, wenn ihr überlegt, was euch das frü-
here Aufstehen schenkt: Zeit. Ja, Zeit ist ein Geschenk! Wenn
ihr schlaft, könnt ihr dieses Geschenk nicht bewusst genießen.

Ihr fragt, was ihr mit der zusätzlichen Stunde anfangen sollt?
Und ob eine Stunde mehr oder weniger überhaupt einen Unterschied macht? Rechnet aus, wie viele Stunden ihr gewinnt, wenn

ihr eine Stunde früher aufsteht: sieben Stunden pro Woche, aufs Jahr gerechnet 364 Stunden. Ihr gewinnt also 14 wertvolle Lebenstage pro Jahr.

Überzeugt? Dann mache ich euch einen Vorschlag. Probiert es einfach für 30 Tage aus. So lange braucht es in der Regel, bis sich eine neue Gewohnheit gefestigt hat. Schreibt einmal in der Woche auf, wie ihr euch mit der neuen Gewohnheit fühlt. Wenn ihr nach dem ersten Monat noch immer die gute alte Langschläferzeit vermisst, kehrt ihr einfach dahin zurück.

Eine Stunde mag zunächst nicht viel erscheinen. Doch das täuscht!

Überlegt, wie ihr die Zusatzstunde jeden Tag nutzen könnt:

✓ _____

✓ _____

✓ _____

...

Keine Ideen? Mein Vorschlag:

Macht morgens nach dem Aufstehen zehn Minuten Sport. Ihr braucht dafür nur eine Fitnessmatte. Hey – nur zehn Minuten. Und nach eurem morgendlichen Sportprogramm entspannt ihr euch auf der Couch: Gönnt euch 15 Minuten Stille.

Trinkt eine Tasse Tee oder Kaffee, schließt die Augen und stellt euch den Tag, der vor euch liegt, bildlich vor. Geht die einzelnen Aufgaben und Ereignisse in Gedanken durch. Achtet darauf, auf was ihr euch besonders freut und auf was weniger. Konzentriert euch bewusst auf das, was euch Freude bereitet.

Jetzt sind noch 35 Minuten von der Zusatzstunde übrig. Wie wäre es mit ein wenig Lektüre? Ich liebe es, meinen Tag mit einem guten Buch zu starten, am liebsten einem inspirierenden Ratgeber. Im Laufe des Tages lasse ich das Gelesene auf mich wirken und durchdenke es.

Eine Stunde erscheint recht kurz. Wenn ihr aber bewusst verschiedene Tätigkeiten in diese 60 Minuten einbaut, gewinnt euer Tag sofort an Abwechslung.

Hier kommt euer Trainingsplan

Ich habe jetzt eine gute und eine schlechte Nachricht für euch – welche wollt ihr zuerst? Die schlechte? Ihr dürft von nun an regelmäßig trainieren, auf eine ausgewogene Ernährung achten und sorgsam mit eurem Geld umgehen.

Ihr seid schockiert? Dann folgt jetzt die gute Nachricht: Eine Stunde am Tag reicht völlig, um auf allen drei Gebieten tolle Ergebnisse zu erzielen.

Euer neues Ziel heißt: Stärke trainieren
Trainieren: durch systematisches Üben auf etwas vorbereiten, in gute Kondition bringen
Zeitvorgabe: eine Viertelstunde täglich
Mantra: Ein starker Körper macht einen starken Geist.
Motto: »Es ist sinnlos, mehr zu tun, wenn etwas mit weniger erreicht werde kann.«
(Wilhelm von Ockham (1288–1348))
Bereiche: Ernährung, Fitness, Finanzen
Ziel: Gesund und sorgenfrei leben durch Veränderung
Erfolgsgeheimnis: Kontinuität und Variation

Challenge 14: Hört auf, Kalorien zu zählen, und werft die Waage weg

Das überrascht euch jetzt vielleicht. Aber wenn ihr euren Traumbody haben wollt … dann hört auf, Kalorien zu zählen. Denn erstens macht ihr euch damit das Leben schwer – und vergesst womöglich, euch auf die wirklich wichtigen Dinge zu konzentrieren. Zweitens: Kalorien zählen nervt und macht unglücklich. Drittens: Ihr wollt ja nicht nur dünn sein, sondern gut aussehen und euch gut fühlen. Das erreicht ihr nicht übers Kalorien zählen.

Werft auch die Waage weg (oder besser: vertickt sie bei eBay). Die Top-Figur kommt, wenn ihr euch regelmäßig bewegt und euch gesund ernährt. Der Blick in den Spiegel verrät euch, ob ihr mit euch und eurem Körper zufrieden seid. Wenn ihr mit dem Bein fest auf den Boden auftretet, seht ihr, ob es straff ist oder nicht. Zudem verrät euch eure Lieblingsjeans, ob ihr in Form seid.

Die meisten Menschen, die schlanker werden wollen, machen den Fehler zu hungern. Dadurch bauen sie jedoch Muskeln ab, denn der Körper holt sich aus diesen seine Notfallenergie. Mit weniger Muskeln sieht man im Allgemeinen nicht besser aus und ist auch nicht gesünder. Es sind nun einmal die Muskeln, die durch regelmäßiges Training Kalorien verbrennen und unseren Körper verschönern. Außerdem steigt durch den Muskelschwund das Verletzungsrisiko. Irgendwann geben die meisten die Diät sowieso auf, weil es einfach keinen Spaß macht, sich nur von Salat zu ernähren.

Also Schluss mit Diäten! Sie bringen langfristig nichts außer Frust. Überdies verlangsamt unser Körper durch Diäten den Stoffwechsel, weil er sich auf Hungerperioden vorbereitet. Abnehmen durch weniger Essen wird dadurch immer schwerer, und nach dem Ende der Diät nimmt man bald wieder zu: Der Jo-Jo-Effekt zeigt, dass wir die Kontrolle verloren haben, weil wir zu streng zu unserem Körper waren.

Plant lieber das extra Stück Käsekuchen oder eine Pizza pro Woche ein, trainiert regelmäßig und macht euch keinen unnötigen Stress!

Challenge 15: Holt die Fitnessmatte raus

»Wir machen uns entweder unglücklich oder wir machen uns stark. Der Arbeitsaufwand ist derselbe.«

Carlos Castaneda

Habe ich eure Leidenschaft fürs Trainieren schon geweckt? Nein? Dann wird es aber Zeit! Bitte holt die Fitnessmatte raus und los geht's! Drei Trainingseinheiten pro Woche sind nicht zu wenig – aber auch nicht zu viel. Und vor allem: Sie sind machbar.

Ich habe auch einen Fitnesscoach für euch. Hey, hier kommt – Nein. Nicht Alex. Besser! Euer neuer Trainer heißt: Christoph Müller.

Er wird euer Begleiter bei eurer neuen Fitnessroutine sein und euch Tipps zur richtigen Ausführung und zur gesunden Ernährung geben. Habt ihr Fragen? Dann zögert nicht und schreibt ihm auf www.aspiretherapy.de.

Gespannt? Dann fangen wir jetzt an. Ihr findet im Folgenden:

✓ Warm-up-Übungen
✓ Traumbody-Übungen
✓ Wöchentliche Erfolgskontrolle
✓ Christophs Ernährungstipps

Wichtig ist, dass ihr euch auf alles, was ihr macht, konzentriert, also die Aufmerksamkeit gezielt auf das richtet, was ihr im Moment macht. Haltet bei jeder Übung den Kopf frei von Gedanken, die mit dem Training nichts zu tun haben. Damit ihr euch bei den Übungen nicht alleine fühlt, sucht euch einen Trainingspartner oder schaut einfach auf meiner YouTube-Seite vorbei.

Wenn ihr trotz allem keine Lust auf die Fitnessmatte habt, könnt ihr den folgenden Teil überspringen und direkt auf Seite 71 bei »Noch mehr Tipps?« weiterlesen.

1. Workout

1. Warm-up-Übungen

Vergesst nie, euch vor dem Training ordentlich aufzuwärmen. Zur Verletzungsvermeidung und Vorbereitung auf das Training gehört ein kurzes Aufwärmprogramm einfach dazu. Los geht's!

A)

✓ Hampelmann
✓ Auf der Stelle joggen
✓ Schulterkreisen

B)

✓ (imaginäres) Seilspringen
✓ Schattenboxen
✓ Armkreisen

C)

✓ Ausfallschritt mit Oberkörperrotation
✓ Standwaage
✓ Sprints auf der Stelle

Abb. 1: Hampelmann, Ausgangsposition

Abb. 2: Hampelmann, Bewegung

Abb. 3: Ausfallschritt, Ausgangsposition

Abb. 4: Ausfallschritt mit Oberkörperrotation

Abb. 5: Standwaage

Super! Jetzt zum Muskeltraining:

2. Traumbody-Übungen

Übung 1: Beine, Po, unterer Rücken

Abb. 6: Kniebeuge, Ausgangsposition

Abb. 7: Kniebeuge, Bewegung

Kniebeuge

Füße deutlich über Hüftbreite stellen. Die Füße zeigen leicht nach außen. In die Hocke gehen. Rücken gerade, Rumpf leicht vorgeneigt. Knie nicht über die Fußspitzen.

Ich mache drei Durchgänge mit jeweils: 10- bis 15-mal, 60 Sekunden Pause.

Übung 2: Brust, Arme, Schulter, Bauch

Abb. 8: Liegestütz auf einer Treppe, Ausgangsposition

Abb. 9: Liegestütz auf einer Treppe, Bewegung

Abb. 10: Leicht variierter Liegestütz, Ausgangsposition

Abb. 11: Leicht variierter Liegestütz, Bewegung

Liegestütz auf den Knien (Leicht veränderte Variante)

Körperstreckung: Aus der Bauchlage auf den Knien in die Liegestützposition gehen. Arme nicht ganz durchstrecken, Oberschenkel und Rumpf etwa auf einer Linie. Unterschenkel kreuzen. Die Fingerspitzen zeigen nach vorn, den Kopf haltet ihr in Verlängerung der Wirbelsäule. Senkt den Körper ab, bis er fast den Boden berührt. Wichtig: Die Abwärtsbewegung führt ihr langsam aus. Versucht die Aufwärtsbewegung kraftvoll und explosiv durchzuführen. Variiert diese Übung, indem ihr den Abstand der Hände verändert.

Ich versuche 10-mal, danach 30 Sekunden Pause. Drei Durchgänge.

Übung 3: Arme, Schultern, Bauch

Abb. 12: Bergsteiger, Ausgangsposition

Abb. 13: Bergsteiger, Bewegung

Bergsteiger

Knie im Wechsel anziehen

Geht in die Stützposition, Hände sind unterhalb der Schultern. Beine und Rumpf bilden eine Linie. Kopf ist in Verlängerung der Wirbelsäule, Blick geht Richtung Boden. Zieht explosiv das rechte Knie nach vorn. Danach streckt ihr schnell das rechte Bein nach hinten, während ihr nun das linke Knie nach vorne zieht.

Ich mache 30 Sekunden zügig im Wechsel, danach 30 Sekunden Pause. Drei Durchgänge sind ideal.

Übung 4: Arme, Bauch, Po

Abb. 14: Unterarmstütz, Ausgangsposition

Abb. 15: Unterarmstütz mit angehobenem Bein

Unterarmstütz & Beinheben

Geht am Boden in die Stützstellung. Für die leichte Variante lehnt ihr einfach an einer Wand oder an einer Treppe. Die Unterarme liegen auf, Beine und Po bilden eine Linie. Spannt den Po bewusst an und löst das linke Bein gestreckt vom Boden. Wichtig: Legt den Kopf nicht zurück in den Nacken. Haltet den Kopf in Verlängerung der Wirbelsäule.

Bein noch höher. Hebt nun das Bein noch weiter an. Bewegt es nun 30 Sekunden lang auf und ab. Danach wiederholt ihr mit dem rechten Bein die Übung. Zieht die Schulterblätter bewusst zusammen. Vermeidet ein Hohlkreuz.

Ideal: Drei Durchgänge pro Seite.

Übung 5: Bauch, Taille, Arme

Abb. 16: Seitstütz, Ausgangsposition

Abb. 17: Seitstütz mit angehobenem Bein

Seitstütz & Beinheben

Ausgangsposition Seitstütz. Körpergewicht auf dem linken Unterarm und der linken Fußaußenkante. Nun das rechte Bein leicht anheben – kleine Auf- und Ab-Bewegungen.

Ich versuche die Übung 10-mal, danach Seitenwechsel, drei Durchgänge.

Schon nach einigen Minuten intensiven Trainings beginnt ihr, euren Stoffwechsel anzukurbeln. Muskeltraining ist übrigens das beste Mittel, um langfristig eine Top-Figur zu formen. Also konzentriert euch auf ein ausgewogenes Ganzkörpertraining statt langweiliger Ausdauersportarten.

Gibt es irgendwelche Bewegungen, die ihr nicht schmerzfrei ausüben könnt? Viele Menschen klagen über Knie- und Rückenschmerzen. Falls ihr Schmerzen bei einer Übung habt, lasst sie weg und fragt Christoph, ob es eine schonende Variante gibt.

Bei Fragen schreibt einfach eine E-Mail an: chris@aspire-therapy.de

3. Wöchentliche Erfolgskontrolle

In der untenstehenden Tabelle tragt ihr wöchentlich die Ergebnisse eures Fünf-Minuten-Fitnesstests ein! Pro Übung habt ihr eine Minute Zeit. Notiert, wie viele Wiederholungen ihr schafft. Wiederholt den Test jede Woche und seht anhand der Ergebnisse, wie sich eure Kondition verbessert.

Zeit pro Übung: 1 Minute	Wiederholungen Woche 1/Montag	Wiederholungen Woche 2/Montag	Wiederholungen Woche 3/Montag	Wiederholungen Woche 4/Montag
Liegestütz light (auf Knien)				
Kniebeuge				
Bergsteiger				
Unterarmstütz mit Beinheben				
Seitstütz mit Beinheben				

Tabelle 1: Ergebniskontrolle des Fünf-Minuten-Fitnesstests

Ich hoffe, ihr seid an dieser Stelle ordentlich ausgepowert und auch ein kleines bisschen hungrig. Denn Christoph hat euch einige Ernährungstipps zusammengestellt. Gespannt?

4. Christophs Ernährungstipps – getestet und empfohlen von Kat€

- ✓ Der wichtigste Rat: Wer abnehmen möchte, muss essen. Hungern und strenge Diäten werden nur kurzfristig Erfolge bringen, aber keinen Traumbody.
- ✓ Euren Traumbody hättet ihr am liebsten schon seit gestern? Warum dann erst morgen die Ernährung ändern? Startet gleich heute damit.
- ✓ Es gibt keine »guten« oder »bösen« Lebensmittel. Aber schlechte Ernährungsweisen gibt es sehr wohl. Wie immer macht die Dosis das Gift. Versucht Fertiggerichte zu vermeiden und bereitet eure Mahlzeiten aus frischen Lebensmitteln zu.
- ✓ Um Langeweile zu vermeiden, esst abwechslungsreich. So stellt ihr auch sicher, dass euer Körper mit allen notwendigen Nährstoffen versorgt wird.
- ✓ Auch wenn es euer Alltag nicht immer zulässt, solltet ihr versuchen, regelmäßig zu essen und längere Hungerperioden zu vermeiden. Schon vergessen? Wer abnehmen will, muss essen.
- ✓ Kalorien zählen zum Abnehmen? Das ist eine Möglichkeit – aber eher umständlich. Einfacher: Hört auf zu essen, wenn ihr satt seid. Nicht erst, wenn euer Magen voll ist! Das ist ein wichtiger Unterschied.
- ✓ In euren Kühlschrank – und euren Körper – gehören nur hochwertige Produkte. Billige Nahrungsmittel werden so billig wie möglich produziert, nicht so gut wie möglich. Beim Fleisch zum Beispiel bedeutet das Massentierhaltung. Die Tiere leiden, werden künstlich mit Medikamenten und Chemikalien am Leben gehalten – und das ganze Gift landet am Ende im Körper der Menschen, die diese Tiere essen.
- ✓ Ja, ja, trinken ist wichtig, da der Körper zu 55 bis 60 Prozent aus Wasser besteht, aber wir müssen lediglich die 2,5 Liter pro Tag zu uns nehmen, die wir über die Haut, die Ausat-

mung und den Urin verlieren. Über Nahrung und Einatmung nehmen wir aber schon 0,9 beziehungsweise 0,3 Liter zu uns. Bleiben lediglich 1,3 Liter, die wir trinken müssen, um das Gleichgewicht wiederherzustellen. Natürlich müssen wir bei Hitze oder beim Sport mehr trinken. Aber wer zu viel trinkt, riskiert, dass sein Körper beim Versuch, den Wasserüberschuss loszuwerden, wichtige Mineralstoffe gleich mit hinausspült. Daher der Tipp: Trinkt, wenn ihr durstig seid.

✓ Keine Angst vor Versuchungen! Ein einziger Fehltritt macht nicht eure ganzen Bemühungen zunichte. Ausnahmen sind erlaubt, solange es Ausnahmen bleiben.

✓ Und noch etwas: Habt Freude am Essen. Niemand muss in Askese leben, gönnt euch ab und an was Unvernünftiges.

Challenge 16: Checkt eure Essgewohnheiten

Überprüft in den nächsten Tagen, wie ihr euch ernährt. Tragt alles in eine Tabelle ein und identifiziert ungesunde Nahrungsmittel (ihr wisst schon: zu viel Fett, zu viel Zucker, zu viel Salz, zu viel Chemie). Gelingt es euch, die eine oder andere ungesunde Angewohnheit abzugewöhnen?

	Frühstück	Snack	Mittag-essen	Snack	Abend-essen
Montag					
Dienstag					
Mittwoch					
Donnerstag					
Freitag					
Samstag					
Sonntag					

Tabelle 2: Ernährungsübersicht

Genug für heute! Ich bin sehr stolz auf euch, dass ihr es bis hierhin geschafft habt. Nun heißt es, erst einmal ausreichend Wasser trinken – und das gute Gewissen genießen.

Noch mehr Tipps?

Okay:

Ihr wollt glücklich sein?

- ✓ Es ist an euch, die Realität zu erschaffen, die ihr euch wünscht. Dafür müsst ihr eure Ängste überwinden und aktiv werden.
- ✓ Seid ständig auf der Suche nach neuen Dingen, die eurem Leben Spannung und Herausforderungen schenken. So könnt ihr euer Leben bunter gestalten und mehr genießen.
- ✓ Vorbilder sind nützlich – aber es bringt nichts, sich mit anderen zu vergleichen. Lasst das hinter euch und fragt euch, was euch wirklich wichtig ist.
- ✓ Traut euch und werdet aktiv und kreativ. Was andere darüber denken, spielt keine Rolle.
- ✓ Erfolgreiche Menschen geben mehr, als sie bekommen. Macht euch frei von einseitiger Konzentration aufs Geld. Helft anderen! Dann bekommt ihr einen neuen Blickwinkel – und mehr Zufriedenheit.
- ✓ Das Kostbarste im Leben ist Zeit. Nehmt sie bewusst wahr. Lernt jeden Tag zu schätzen, seid aufmerksam: Jeder Tag ist etwas Besonderes und bietet neue Chancen.
- ✓ Bereits eine Viertelstunde Training am Tag verbessert nicht nur das Wohlbefinden, sondern das ganze Leben.
- ✓ Setzt euch regelmäßig Ziele: Was wollt ihr erreichen? Was wollt ihr verbessern?
- ✓ Euch fällt kein Ziel ein? Lest jede Woche ein Fachbuch – damit meine ich Bücher über Rhetoriktraining, Verkaufs- und Verhandlungstechniken, NLP – oder Biografien. So findet ihr Vorbilder und lernt neue Denkweisen.

✓ Euch fällt immer noch kein Ziel ein? Dann hört auf euer Bauchgefühl. Ihr schult es, indem ihr aktiv werdet und viele Erfahrungen sammelt.

Ihr wollt ganz schnell reich werden?

✓ Nur die Ruhe! Niemand wird über Nacht reich. Reich werden bedeutet harte Arbeit und die Fähigkeit, aus Fehlern zu lernen und immer wieder aufzustehen.

✓ Die meisten, die einfach und schnell, beispielsweise durch Lottospielen oder eine Erbschaft zu Reichtum gelangen, sind bald wieder arm. Lernt rechtzeitig, mit Geld umzugehen!

✓ Geld ist wichtig, aber nicht alles: Geld alleine macht uns nicht glücklich.

✓ Reich wird man, indem man aktiv wird und bleibt.

✓ Rendite kommt durch Handeln, nicht durch den Fokus auf Geld.

Ihr wollt noch mehr Energie?

✓ Werdet aktiv – euer Körper und euer Geist sind eure wichtigsten Energiequellen.

✓ Gibt es Dinge, die euch Angst machen? Auch hier gilt: Einfach machen. Traut euch.

✓ Seht Herausforderungen positiv: Es ist niemals leicht, erfolgreich zu werden. Erfolg erfordert Ausdauer, Fokus auf die eigenen Ziele und die Bereitschaft, sich stetig weiterzuentwickeln.

Ihr wisst nicht, wo und wie ihr anfangen sollt?

- ✓ Raus aus der Komfortzone! Erweitert euer Netzwerk: Wer erfolgreich sein will, muss sich mit erfolgreichen Menschen austauschen – besucht ihre Seminare und findet Leute, die so denken wie ihr.
- ✓ Findet eure wahre Leidenschaft und macht das, was euch Spaß macht.
- ✓ Lernt Entscheidungen zu treffen: Es gibt nur »ja« oder »nein«. Denn »vielleicht« bedeutet »nein«.
- ✓ Hört auf, euch zu viele unnötige Gedanken zu machen.

Ihr wollt andere mit euren Ideen begeistern?

- ✓ Hört auf, euch zu fragen, ob euch die anderen mögen.
- ✓ Umgebt euch nur mit Menschen, die sich mit und für euch freuen können. Sortiert alle Negativlinge aus Eurem Freundeskreis aus. Sie bringen euch nicht weiter.
- ✓ Besucht Kommunikationsseminare. Wer gut reden kann, weiß den Umgang mit sich und anderen besser zu steuern. Und wer optimal präsentieren und argumentieren kann, kann Menschen begeistern.
- ✓ Teilt eurem Arbeitgeber mit, dass ihr regelmäßige Weiterbildungen in Sachen Kommunikation wollt. Er weigert sich? Macht ihm klar, dass ihr durch Fortbildungen die Firma besser repräsentieren könnt. Er weigert sich noch immer? Haltet Ausschau nach einem neuen Arbeitgeber, der eure Fähigkeiten fördert!

Zu faul zum Suchen?

- ✓ Bitte schön – Rhetorik-Seminare findet ihr beispielsweise auf **www.haufe-akademie.de**

Schlechte Erfahrungen gemacht?

✓ Gebt nicht anderen die Schuld, wenn die Dinge nicht wie erwartet laufen. Auch wenn ihr euch Rat holen solltet, am Ende müsst ihr auf euch selbst hören – und die Verantwortung für eure Entscheidungen übernehmen!

✓ Stellt euch immer auf Komplikationen ein: Dadurch begegnet ihr negativen Ereignissen gelassener: Wer sich im Vorfeld auf das Unerwartete einstellt, den haut es nicht um.

✓ Betrachtet Probleme als Herausforderung.

✓ Schlechte Erfahrungen gehören zum Leben dazu: Überlegt konkret, was ihr aus ihnen lernen könnt. Fehler sind Teil jedes Lernprozesses.

✓ Aufgeben ist keine Option. Wer aufgibt, kann nicht gewinnen, sondern bleibt stehen. Und Stillstand bedeutet verlieren.

Noch ein letzter Tipp?

✓ Auch die richtige Kleidung ist ein Schlüssel zur erfolgreichen Kommunikation. Und ja, auch Schuhe sagen sehr viel über euch aus. Jetzt schnell auf **www.knigge.de** checken, worauf ihr achten müsst.

Auf zu großen Taten!

Wenn ihr die Übungen in diesem Kapitel macht, ist das wie eine kleine Reise in euer neues Leben. Ein erster kurzer Ausflug zu eurem aktiven Ich von morgen. Ihr werdet überrascht sein, dass ihr durch die winzigen Änderungen dieses Kurztrips schon bald in der Lage seid, immer neue Aufgaben anzupacken – und immer größere Zufriedenheit zu erleben.

Und – nein, es geht hier nicht primär um Geld. Denn Geld allein macht wirklich nicht glücklich. Aber es gehört zum Überleben dazu – und zu einem schönen Leben! Es hilft euch dabei, die Dinge zu tun, die euch Spaß machen. Daher gebe ich euch in den nächsten Kapiteln wertvolle Tipps, wie ihr Schritt für Schritt mehr als nur eine finanzielle Basis schaffen könnt.

Glaubt an euch! Jeder Mensch ist etwas ganz Besonderes und zu Großem in der Lage. Derjenige, der an sich arbeitet, sich Ziele setzt und sie im Blick behält, wird seinem Leben einen besonderen Glanz geben. Das verleiht ihm nicht nur eine magische Ausstrahlung, sondern auch die Fähigkeit, Hürden zu überwinden.

Euer neues Motto lautet: Bewusst leben! Das ermöglicht euch eine unglaubliche Entwicklung. Von hier ans Ziel – und das mit Spaß!

Monat 2
Der Gehalts-Check:
So werdet ihr stark!

»The nicer and more agreeable women are at work, the less she's likely to be paid.«

European Journal of Work and Organizational Psychology

Die Reichtums-Formel

Generell gebe ich gerne Interviews. Allerdings fällt mir auf, dass die Fragen oft ähnlich sind. Eine Frage war bisher in fast jedem Interview dabei: Was verstehen Sie unter Reichtum?

Falls euch das auch interessiert – das ist die Reichtums-Formel:

Ersparnisse und Barvermögen
+ Cashflow (Aktiendividenden, Mieteinnahmen);
aber keine Gehaltszahlung

= Reichtum

Ich habe aber auch eine Definition zu *relativem* Reichtum: Ein Mensch ist schon relativ reich, wenn seine Einnahmen höher als seine Ausgaben sind. Reich *und finanziell frei* ist er, sobald sein Geld so hart für ihn arbeitet, dass es automatisch seine monatlichen Ausgaben deckt. Um reich und frei zu sein, müsst ihr also ein Vermögen anhäufen, das euch regelmäßige Einnahmen beschert.

Die meisten Leute assoziieren mit dem Wort »Reichtum« einfach zu große Summen, also 1 Million Euro und mehr. Es erscheint ihnen daher unmöglich, aus eigener Kraft zu Reichtum zu gelangen. Kein Wunder, dass sich nur wenige mit Finanzthemen befassen möchten! Vor einigen Jahren beschloss ich, das zu ändern und zu zeigen, dass es erstens möglich ist und zweitens Spaß macht, reich zu werden.

In meinem ersten Buch *Reichtum ist Frauensache* habe ich verschiedene Möglichkeiten des Investierens vorgestellt. In diesem Buch nun geht es in erster Linie darum, wie ihr finanziell vorsorgen könnt. Darin steckt das Wort »Sorgen«. Wer vorsorgt, der sollte sich jedoch langfristig keine Geldsorgen machen müssen.

Ich möchte euch motivieren, mit Eigeninitiative ein finanzielles Polster zu bilden. Die Dicke des Polsters bestimmt ihr selbst. Denn jeder Mensch ist anders und hat unterschiedliche Bedürfnisse und Ziele. Dadurch benötigt der eine mehr und ein anderer weniger Geld. Reichtum ist somit nichts anderes als eine Illusion.

Damit meine ich, dass jeder Mensch seine persönliche Definition von Reichtum hat – und jeder sollte versuchen, diese in seinem Leben zu verwirklichen. Geld allein macht nicht glücklich, sondern der Weg, auf dem man an sein Ziel gelangt. Denn dieser Weg ist voller großer Herausforderungen – und vieler kleiner Glücksmomente.

Arnold Schwarzenegger hat einmal gesagt, er habe jetzt 50 Millionen, sei aber nicht glücklicher, als zu dem Zeitpunkt, als er noch 48 Millionen gehabt habe. Was ich euch damit sagen möchte? Erst wer seine Ziele kennt, versteht, was für ihn wahrer Reichtum bedeutet. In meinen Augen sind wir reich, wenn wir unsere Ziele erreicht haben.

Ihr merkt das daran, dass sich in euch eine gewisse Zufriedenheit eingestellt hat. Ihr habt euch nicht ohne Grund für dieses Buch entschieden. Innere Unzufriedenheit ist oftmals eine Motivation, Bücher zu lesen: Wir empfinden irgendeinen Mangel, den wir beseitigen möchten. Auf der Suche nach Lösungen schauen wir in das eine oder andere Buch.

Die Frage, die ich euch jetzt stelle, ist: Warum lest ihr dieses Buch? Ihr solltet euch täglich Gedanken machen, was euch antreibt und welche Unklarheiten euch innerlich zermürben. Die meisten Menschen sind vom Alltag so eingenommen, dass sie vergessen, sich auch einmal Zeit für sich zu nehmen. Aber wenn wir uns selbst zu wenig Aufmerksamkeit schenken, ist es schwer, eigene Ziele zu setzen.

Challenge 17: Schreibt auf, was ihr unter Reichtum versteht

Reichtum bedeutet für mich: _____

Reichtum hat in meinen Augen übrigens viele Gesichter, nicht nur ein finanzielles, sondern auch ein emotionales, immaterielles. Heute früh – es ist Montag – dachte ich mir, dass ich mich superglücklich schätzen kann. Ich muss nicht hungern, habe ein schönes, gemütliches Zuhause, ein niedliches Baby und einen fürsorglichen Mann. Zudem bin ich in Elternzeit, habe viel Freizeit und verbringe jeden Tag so, wie ich es mir wünsche. Das ist für mich Glück und Freiheit in einem: wahrer Reichtum.

Vergesst bitte nicht, dass ihr bereits zum reichsten Prozent der Menschheit zählt, wenn ihr über ein Nettojahreseinkommen von 30.000 Euro verfügt. Die Mehrheit der Menschen hat nicht einmal ein eigenes Bett zum Schlafen. Reichtum ist ein sehr relativer Begriff!

Challenge 18 bis 27: Zehn Lehren für Finanzmuffel

Gebt es doch zu: Auch ihr habt schon einmal davon geträumt, Millionär zu sein. Ihr habt euch vorgestellt, wie ihr kein Angestellter im Hamsterrad mehr seid, sondern in einem ewigen Urlaub euer Leben in vollen Zügen genießt. Schöne Vorstellung, oder?

Auch ihr würdet gerne reich ..., nein, nicht werden, sondern einfach sein. Der Weg dahin erscheint allerdings sehr anstrengend. Aus diesem Grund habt ihr den Gedanken bislang schnell wieder verdrängt und euch nicht eine Minute mit eurer Altersvorsorge auseinandergesetzt.

Die folgende Challenge-Liste soll euch dabei unterstützen, euren inneren Schweinehund handzahm zu machen. Gleichzeitig serviere ich euch die zehn wichtigsten Lehren für Finanzmuffel:

<u>Challenge 18/Lehre 1:</u> Fangt in Gedanken beim Ziel an!

Das Ziel ist ganz entscheidend. Die wenigsten Menschen machen sich wirklich Gedanken darüber, was sie in den nächsten Wochen, Monaten und Jahren erreichen möchten.

Nehmt einen Stift und tragt hier ein, welches Ziel ihr bis nächstes Jahr verfolgen wollt. Welches Ziel in fünf, und welches in zehn Jahren?

✓ Ein-Jahres-Ziel: _____

✓ Fünf-Jahres-Ziel: _____

✓ Zehn-Jahres-Ziel: _____

<u>Challenge 19/Lehre 2:</u> Kennt eure Bedürfnisse

Ein detaillierter Plan ist wichtig, aber man muss natürlich flexibel sein. Denn Befindlichkeiten und Ziele können sich ändern. Dann muss man sich wieder neu entscheiden können.

Ein (Börsenhandels-)Tagebuch hilft euch dabei. Tragt im Folgenden ein, wie viel Geld ihr benötigt, um euer Ein-, Fünf- und Zehn-Jahres-Ziel zu realisieren:

✓ geschätzte Kosten: Ein-Jahres-Ziel in €: _____

✓ geschätzte Kosten: Fünf-Jahres-Ziel in €: _____

✓ geschätzte Kosten: Zehn-Jahres-Ziel in €: _____

Challenge 20/Lehre 3: Sprecht euch aus

Klingt banal. Aber falls ihr immer noch planlos seid, dann fragt doch mal die anderen. Redet mit euren Freunden darüber, was sie sich für Ziele gesetzt haben. Träumen macht gemeinsam viel mehr Spaß. Und sinnvoll ist es allemal: Es entstehen Visionen. Fragt: Was möchtest du in den nächsten fünf Jahren erreichen? Brauchst du Geld dafür? Wie viel Geld?

Träumt ihr vielleicht von einem Abenteuer? Wie wäre es von einem Aufstieg auf den Mount Everest? Über 60 Jahre liegt die Erstbesteigung zurück, doch der Mythos des Berges verzaubert noch immer die Menschen. Ungefähr 75.000 Euro kostet die achtwöchige Reise: Euch entstehen nicht nur Kosten durch Verdienstausfall, sondern ihr müsst auch Expedition (62.000 Euro), Flug (1.500 Euro), Training (2.500 Euro) und Ausrüstung (5.000 Euro) wie Schlafsack und Anzug einkalkulieren. Natürlich kann man die Tour um fast ein Drittel günstiger bekommen, allerdings mit erheblichen Sicherheitseinbußen.

Das Beispiel zeigt, dass eine Vision Menschen dazu motiviert, Geld beiseitezulegen, um ihren Traum zu verwirklichen. Ruft eine Freundin an und sprecht mit ihr darüber, wovon ihr träumt.

Challenge 21/Lehre 4: Schließt Freundschaft mit dem Risiko

Streicht erst einmal das Wort »Sicherheit« aus eurem Wortschatz. Sicherheit ist nichts weiter als eine Erfindung der Werbeindustrie, um Angst zu schüren. Banken und Versicherungen können dadurch ihre Produkte wie Sparbücher oder Versicherungen viel einfacher an ihre ängstlichen Kunden verkaufen. Wer Sicherheit sucht, gehört leider oftmals zu den Verlierern. Wer vorankommen will, muss Wagnisse eingehen und Risiken bewerten können. Überlegt, ob ihr Risiken aus dem Weg geht –

oder sie euch nichts ausmachen: Seid ihr risikoscheu oder risikofreudig?

<u>Challenge 22/Lehre 5:</u> Lernt von Profis

Umgebt euch mit Könnern. Besucht ihre Seminare. Nutzt ihre Erfahrungen, indem ihr sie so viel fragt, wie ihr könnt. Fragt auch nach Misserfolgen beim Investieren. Ihr werdet staunen, wie einfach es ist, aus den Fehlern anderer zu lernen. Und das Beste an Seminarbesuchen ist, dass ihr Leute mit den gleichen Interessen kennenlernt. Wie wäre es beispielsweise mit einem Trading-Partner?

<u>Challenge 23/Lehre 6:</u> Wartet nicht länger

Je früher ihr erste Börsenerfahrungen sammelt, desto besser. Nur so verliert ihr die Angst vor dem Verlieren oder lernt sie zumindest zu kontrollieren. Denn ihr lernt, wie ihr unter bestimmten Situationen am besten reagiert. Fallen die Kurse, bekommen manche Menschen ganz schnell Panik. Wie hoch ist der Verlust, den ihr maximal verkraftet?

Tragt hier die Summe ein, die euch auch nachts noch schlafen lässt: _____ Euro

Tragt nun eine Summe ein, deren Verlust euch richtig schmerzt: _____ Euro

Nun tragt ihr hier ein, welches Seminarthema euch interessiert.

_____

Und? Schon Ideen, mit wem ihr hingeht?

Challenge 24/Lehre 7: Fangt an zu spielen

Eröffnet ein Konto bei einer Direktbank. Dort sind die Order-
Gebühren niedrig und die Handelsplattform ist in der Regel
supereinfach strukturiert. Ihr findet im Online-Menü der Direktbanken ein Musterdepot, in dem ihr euch spielerisch erste Börsenerfahrungen aneignet. Die Spielregeln lauten: Einfach
Aktien auswählen und kaufen. Natürlich ist alles nur ein Spiel.
Es wird kein Geld abgebucht.

Challenge 25/Lehre 8: Entwickelt einen Investmentplan!

Arbeitet einen detaillierten Plan aus mit einem Kurz,- Mittel-
und Langfristziel. Welche Werte möchtet ihr euch ins Depot holen? Wie sollen die Werte prozentual verteilt sein? In jedem Depot ist ein Bargeldanteil von 20 Prozent sinnvoll, um flexibel
reagieren zu können. Überlegt auch, wie viel Geld ihr für eure jeweiligen Depots monatlich zur Seite legen könnt? Oder möchtet
ihr nur in ein Depot zur allgemeinen Altersvorsorge einzahlen?
Welcher Risikotyp seid ihr? Seid ihr eher ängstlich? Oder mögt
ihr Dynamik und seht Risiken als besondere Herausforderung?
Ihr müsst zudem herausfinden, welche Beträge ihr monatlich investieren möchtet und welches Investment für euch geeignet ist.
Könnt ihr Verluste problemlos verkraften? Oder könnt ihr schon
bei einem Verlust von 5 Euro nachts nicht schlafen?

Challenge 26/Lehre 9: Akzeptiert Grenzen

Manchmal läuft es an der Börse nicht wie erhofft. Es gibt dort
leider keine Rückspulfunktion. Dann drohen Kursverluste. Viele Menschen sind schlechte Verlierer. Sie hoffen auch bei plötz-
licher Talfahrt, dass der Trend bald wieder umkehrt. Sie greifen
sozusagen ins fallende Messer. In diesem Fall helfen Stop-Loss-
Orders. Ich selbst steige beispielsweise bei 20 Prozent Kursver-

lust automatisch aus. Wer an der Börse hofft, verliert. Definiert bereits bei der Order-Eingabe den Ausstiegskurs.

Challenge 27/Lehre 10: Bleibt aktuell

Wer Plan A hat, muss auch Plan B haben. Wer hätte gedacht, dass Nokia vom Top-Handyhersteller zum Schlusslicht auf dem Mobilfunkmarkt wird? Selbst Microsoft wollte das nicht akzeptieren – und machte sehr hohe Verluste mit seiner Beteiligung an Nokia. Der Markt ist dynamisch. Veränderungen gehören dazu. Was vor fünf Jahren angesagt war, ist in fünf Jahren vielleicht schon längst vergessen. Nutzt die Zeit der sommerlichen Ruhe an der Börse und überprüft euer Depot auf Aktualität.

50–20–30 – die perfekten Maße für euren Haushaltsplan

Wie ihr sicher schon gemerkt habt, liebe ich Regeln. Jeder von euch sollte sich selbst Regeln erstellen, die in den Alltag mit einfließen. Nach der 50-20-30-Regel kontrolliere ich selbst meine Ausgaben. Ihr entscheidet, ob ihr diese Regel anwendet oder ob ihr eure Ausgaben anders aufteilt.

Jedenfalls wird aus einer Regel, die man konsequent befolgt, schnell Routine. Hurra! Man muss nicht mehr darüber nachdenken. Tipp: Die meisten Direktbanken führen euch mit wenigen Klicks euer Ausgabeverhalten vor Augen. So wird es ganz einfach, einen Haushaltsplan aufzustellen.

50 Prozent für lebenswichtige Ausgaben

- ✓ Miete/Hypothek
- ✓ Lebensmitteleinkäufe
- ✓ Autokreditraten
- ✓ Versicherungen

20 Prozent für Freizeitausgaben

- ✓ Restaurantbesuche
- ✓ reisen
- ✓ shoppen

30 Prozent sparen und investieren

- ✓ Notfallreserve
- ✓ Altersvorsorge

✓ Schulden vermeiden und vorhandene Konsumschulden schnellstmöglich abbauen

Und nun ein Beispiel:

Angenommen, ihr verdient jeden Monat 3.000 Euro netto (zugeben – 3.000 Euro sind hoch gegriffen, aber ein einfaches Zahlenbeispiel). Teilt euren Verdienst in drei Kategorien: Indem ihr eure Einnahmen getrennt voneinander betrachtet, gewinnt ihr die Kontrolle über eure Einnahmen und Ausgaben:

✓ € 3.000 × 0.50 = € 1.500 für lebensnotwendige Ausgaben (Fixkosten)

✓ € 3.000 × 0.20 = € 600 für Freizeitausgaben

✓ € 3.000 × 0.30 = € 900 für Ersparnisse und Investments

Wie würde die 50-20-30-Regel bei euch aussehen? Tragt im Folgenden euer Einkommen ein und ermittelt die monatliche Aufteilung in den drei Kategorien:

✓ € _____ × 0.50 = € _____ für lebensnotwendige Ausgaben (Fixkosten)

✓ € _____ × 0.20 = € _____ für Freizeitausgaben

✓ € _____ × 0.30 = € _____ für Ersparnisse und Investments

Seid ihr mir böse, dass ich 3.000 Euro netto im Beispiel angegeben habe? Dann macht jetzt einen Gehalts-Check. Vielleicht gibt es noch Spielraum nach oben?

Gehalts-Check: Seid ihr unterbezahlt?

»Ich rate Frauen, die weniger verdienen als ihre männlichen Kollegen, die Firma zu verlassen. Niemand gibt gern auf – aber warum sollte man seine Energie unnötig verschwenden? Besser ist ein Umfeld, wo die Menschen eure Fähigkeiten schätzen.«

Helena Morrissey, Geschäftsführerin von Newton Investment Management und Mutter von neun (!) Kindern

Ihr fragt euch sicherlich, warum ich nun ein Thema anspreche, das doch eigentlich in der Personalabteilung angesiedelt ist. Was hat das Gehalt mit Investments zu tun?

Nun: Um ein Vermögen zu bilden, könnt ihr eure Ausgaben reduzieren oder euer Einkommen erhöhen. Noch schneller geht das Ganze, wenn ihr beides gleichzeitig macht. Einnahmen hoch – Ausgaben runter –, und ihr könnt als Investorin durchstarten.

Klingt supersimpel, oder? Gäbe es da nicht folgendes Problem: Viele Frauen wissen nicht, wie sie ihr Einkommen erhöhen können. Männer haben auf dieser Welt das Sagen – gerade hierzulande spürt man in Unternehmen die stark ausgeprägte Rollenverteilung der Geschlechter sehr stark. Viele Frauen stellen es sich tausendmal einfacher vor, im Lotto zu gewinnen oder einen reichen Mann zu heiraten, als einen erfolgreichen Smalltalk mit ihrem Chef zu halten zwecks einer Gehaltserhöhung.

Alleine der Gedanke an ein solches Gespräch bereitet uns Bauchschmerzen und wir verdrängen ihn gleich wieder. »Der zahlt mir doch eh nicht mehr. Schließlich sind die Kollegen doch viel besser«, denkt ihr womöglich. Mit dieser negativen Denkweise wäret ihr nicht allein: Von klein auf wurden wir Frauen zu braven Mädchen herangezogen, die nie lernten, ordentlich auf den Tisch zu hauen. »So was macht man nicht!«, hören wir Mama sagen und bleiben auch als Erwachsene lieber im Hintergrund.

Ich möchte das ändern. Denn ihr seid mehr wert, als ihr denkt. Glaubt mir.

Zeit für eine Gehaltserhöhung?

Wir Frauen scheitern nicht selten daran, mehr Gehalt zu fordern. Und das schon im Vorstellungsgespräch. Vielleicht kommen euch solche Gedankengänge bekannt vor:»Sei froh, dass du den Job bekommst. Stelle verdammt nochmal nicht so hohe Forderungen. So gut bist du nicht. Andere können doch eh alles besser. Und pass ja auf, dass du alles zur vollsten Zufriedenheit des Chefs erledigst.«

Forderungen zu stellen, ist doch eher etwas für Männer, oder? Uns macht der Gedanke, unsere Bescheidenheit aufzugeben, in der Regel Angst. Dabei ist ein höheres Gehalt der beste Weg, um zusätzliche Liquidität zu schaffen, die wir investieren können!

Challenge 28: Die Stunde der Wahrheit in Sachen Gehalt

Wenn ihr mehr als zwei der folgenden Fragen mit»ja« beantwortet, ist es an der Zeit, etwas zu ändern. Dann braucht ihr entweder ein höheres Gehalt oder einen neuen, besser bezahlten Job:

- ✓ Mein Kollege verdient mehr als ich, obwohl wir die gleiche Tätigkeit ausüben.
- ✓ Ich bin bereits über drei Jahre im gleichen Job und werde kaum gelobt. In meinen Zielgesprächen bekomme ich stets eine super Bewertung. Ein höheres Gehalt stand aber nie zur Debatte.
- ✓ Ich habe meinen Chef schon einmal auf meine herausragenden Resultate angesprochen. Aber als ich das Thema Gehalt angesprochen habe, wurde ich fragend angesehen. Ich habe seitdem Angst, erneut darauf zu sprechen zu kommen.

Ladys – so wird das nichts!

Es gibt zahlreiche Ansätze, das unterschiedliche Gehaltsniveau zwischen Männern und Frauen zu erklären. Ein Hauptgrund soll sein, dass Männer mehr arbeiten und Frauen wegen der Kinder gezielt nach Jobs suchen, die eine geringere Wochenarbeitszeit fordern. Auch belegen viele Studien, dass Frauen schlechter bezahlte Berufe ergreifen, die ihren Lifestyle-Vorlieben entsprechen, und dass ihnen bei der Arbeitsplatzwahl die Atmosphäre oft wichtiger ist als das Gehalt.

Das mag alles zutreffen. Aber ich kenne viele Frauen, die ihre Karriere in den Vordergrund stellen und dafür auf Kinder verzichten. Die sich Jobs aussuchen, die auch bei Männern beliebt sind. Die sich nicht sonderlich dafür interessieren, wie angenehm das Arbeitsumfeld ist. Die auch ein hohes Arbeitspensum haben. Trotzdem gelingt es längst nicht allen, ein ebenso hohes Gehalt herauszuschlagen, wie es ihre männlichen Kollegen haben. Und damit sind sie nicht allein: Frauen verdienen bei gleicher Tätigkeit durchschnittlich über 20 Prozent weniger als Männer.

Vielleicht, weil Frauen nicht so risikofreudig sind wie Männer? Es kann sein, dass sie das Risiko einer hohen Gehaltsforderung scheuen. Aber Ladys – daran führt kein Weg vorbei, wenn ihr anständig verdienen wollt!

Wie wäre es mit einem Jobwechsel?

Wenn die Chancen für eine Gehaltserhöhung im alten Job schlecht erscheinen, bleibt immer noch der Jobwechsel. Hier liegen die besten Chancen für ein besseres Gehalt. Leider bleiben Frauen auch bei den Gehaltsforderungen im Vorstellungsgespräch hinter den Männern zurück. Fast jeder zweite Mann verhandelt überdies seine ursprüngliche Forderung nach und erreicht in der Regel damit ein noch besseres Ergebnis.

Was ich euch damit sagen möchte? Traut euch! Seid nicht bescheiden, wenn es um euer Gehalt geht, denn es geht um eure wertvolle Zeit und Arbeitsleistung.

In Gehaltsverhandlungen gilt: Wer wenig fordert, kann nicht viel gewinnen.

<u>Challenge 29:</u> Dreht ein Vorstellungs-Video

Dabei ist natürlich wichtig, wie ihr auf euren Gesprächspartner wirkt. Macht euch zunächst ein eigenes Bild, indem ihr ein kurzes Video von euch macht. Keine Panik – es ist nicht für andere gedacht, sondern nur für euch. Es ist erstaunlich, wie einfach es ist, sich selbst anhand eines Videos zu reflektieren. Ihr lernt souveräner aufzutreten, da ihr gesehen habt, wie überzeugend ihr auf andere Menschen wirkt.

Notiert euch vorher noch einmal kurz eure Ziele für die nächsten fünf bis zehn Jahre und welche Maßnahmen ihr dafür ergreifen wollt. Überlegt auch, welche Hürden ihr in den letzten Jahren gemeistert habt. Gibt es Eigenschaften, die ihr zu euren großen Stärken zählt? Welchen Traum habt ihr schon seit eurer Kindheit? Denkt ihr, dass ihr ihn eines Tages verwirklichen könnt?

Und nun fasst ihr das alles in einem Fünf-Minuten-Video zusammen. Wenn ihr es euch anschaut, überprüft auch eure Körpersprache. Schaut euch auch auf YouTube das Gespräch zwischen Oprah Winfrey und J.K. Rowling an – es hilft euch zu verstehen, was Körpersprache aussagt.

Erfolg von der Seite: Quereinstieg

Wie jetzt? Ihr glaubt, dass ihr aufgrund eures bisherigen Werdegangs nicht für einen anderen, besseren Job geeignet seid? Hört auf, an euren Fähigkeiten zu zweifeln! Glaubt an euch und versucht es doch einfach mit einem Quereinstieg.

Ich wollte beispielsweise immer in der Bankenbranche arbeiten. Einmal wurde ich sogar bei einer bekannten Bank zu einem Vorstellungsgespräch eingeladen. Doch es passierte etwas, womit ich nicht gerechnet hatte: Ich wurde gefragt, ob meine Finanzen geordnet seien. Das war 2005 – also direkt nach dem Studium. Wie sollen denn bitte schön die Finanzen eines Berufseinsteigers geordnet sein?

Ich arbeitete also erst einmal nicht in der Bank, sondern im Marketing und anschließend im Einkauf eines großen internationalen Unternehmens. Ich wollte aber immer noch am liebsten im Finanzbereich arbeiten – zumal ich mittlerweile selbst erfolgreich das Investieren gelernt hatte. Also beschloss ich, ein Finanzbuch für Frauen zu schreiben. Bingo! Der Plan ging auf. Es folgten Interviews mit Finanzmedien – und viele Gesprächstermine, unter anderem mit Vorständen von Banken und Finanzdienstleistern.

Macht es anders als die Masse und ihr werdet ans Ziel gelangen. Wer lernt, sich vom Mainstream abzuheben, holt einen entscheidenden Vorsprung heraus.

Vielseitigkeit siegt – der Dominoeffekt

Wann habt ihr das letzte Mal euren Lebenslauf aktualisiert? Die wenigsten sind scharf darauf, dieses schnöselige Dokument zu bearbeiten. Der Studienabschluss scheint ewig her. Und die letzte Weiterbildung klingt irgendwie dämlich.

Ich musste beispielsweise mal in ein Telefonseminar und dort lernen, wie man mit Menschen verhandelt. Es war mir sehr peinlich und für mich stand fest: Im Lebenslauf durfte dieses Seminar nicht erscheinen. Stattdessen hob ich gern hervor, dass ich am Seminar »Strategischer Einkauf« teilnehmen durfte. Klingt doch super, oder?

Und dann die Vorstellungsgespräche! Spätestens dann wird klargemacht, wer das Sagen hat und haben wird. Wir selbst sind es leider nur selten. Ich kann mich noch gut erinnern, wie blöd ich in meinem letzten Vorstellungsgespräch in einer Ingolstädter Firma aussah. Da fragte mich eine Personalreferentin allen Ernstes, was ich zwischen April und Juni 2002 gemacht habe. Ich lehnte mich zurück, schaute auf die Uhr und stellte fest, dass das fast 15 Jahre zurücklag. Mein Gedächtnis reicht aber in der Regel nur ein paar Monate zurück.

Für mich stand spätestens in dieser Situation fest, dass das Angestelltendasein mich nicht langfristig glücklich machen wird.

Zeit für ein Interview!

Es gibt heute so viele Möglichkeiten, etwas zu machen, das auf den ersten Blick verrückt aussieht – auf Konventionen und Regeln zu pfeifen und sich selbst in den Mittelpunkt zu rücken. Das Spannende: Euer Marktwert steigt, weil ihr vielseitig und aktiv seid und aus der Masse herausragt.

Hier kommt ein Interview mit einem Menschen, der den Mut hat, alles anders zu machen:

Nick Martin (NM), Weltreisender, über Träume – und darüber, was man braucht, um seine Träume zu leben.

Den Mut zur Lücke im Lebenslauf hat Deutschlands gefragtester Weltreisender bewiesen. Nick Martin fesselt seine Fans mit Geschichten von seinen abgefahrenen Abenteuer-Weltreisen. Wie gerne würden wir uns auch so etwas trauen – einfach abhauen –, loslassen und das Abenteuer suchen. Geht aber nicht! Denn unser Hang zu Sicherheit verbietet uns, neue Dinge auszuprobieren und Risiken einzugehen. Nick revolutioniert diese eingerostete Denke.

»Woher nimmt der Junge bloß den Mut? Und woher hat er so viel Geld, um in Dauerurlaub zu gehen?« Das fragt ihr euch, oder? Es wird Zeit, dass ihr Nick kennenlernt!

Kat€: Nick, wie viel Geld braucht man zum Träumen?

NM: Zum Träumen, gar nichts! Träumen, spinnen, Ideen schmieden ist immer kostenlos und ohne Zinseszins. Wenn man seine Träume dann wahr werden lässt (bei mir also das Reisen), würde ich sagen, so knapp 40 Euro am Tag. Das ist eine sehr individuelle Angabe, denn dieser Kostenpunkt gilt sehr spezifisch für mich.

Durch meine Reiseerfahrung bin ich sehr minimalistisch geworden und habe meine Prioritäten für mich gesetzt: möglichst viel reisen! Als Low-Budget-Backpacker habe ich von Anfang an gelernt, mit Geld umzugehen und das Maximum an Abenteuer aus jeder Situation rauszuholen. Generell würde ich sagen, wenn jemand reisen geht, um das Abenteuer zu suchen, die Welt kennenzulernen und mit offenem Gemüt die große, weite Welt zu bereisen, dann ist das Leben »on the road« billiger, als wenn man zuhause einen Nine-to-five-Job hat, Miete und Auto zahlt und am Wochenende seinen Arbeitsfrust in der Bar betäubt.

Kat€: Wovon träumst du aktuell?

NM: Die Nordlichter von Island aus zu sehen! Mit der Transsibirischen Eisenbahn durch Russland, die Mongolei und China zu fahren und nochmal zurück nach Südamerika zu gehen. Dann noch eine Motorradtour von Alaska bis zu den Feuerinseln zu machen. Afrika will ich auch noch für mich erkunden. Also eigentlich habe ich ziemlich viele Träume. Das Schöne dabei ist, ich weiß: Ich werde meine Träume auch wahr werden lassen!

Kat€: Du tourst derzeit durch die Heimat – was ist deine Message an uns Deutsche?

NM: Den Stock aus dem Arsch ziehen und endlich anfangen, selbst Verantwortung zu übernehmen. Ich wünsche mir, dass es mehr Menschen gibt, die aufhören, ein Leben zu leben, das andere für sie ausgesucht haben. Einfach mal den eigenen Träumen folgen und das kostbare, einzigartige Leben, das wir haben, voll ausnutzen! In meiner Show versuche ich den Menschen auf meine eigene Art und Weise zu erläutern, dass es nie den perfekten Zeitpunkt für einen »Ausstieg« gibt. Man muss sich diesen Moment selbst erschaffen. Dazu braucht man ein bestimmtes Mindset. Aber viele werden nur von (Geld-)Sorgen, Ängsten und Zukunftsfragen geleitet. Ich versuche den Besuchern meiner Show zu zeigen, was es heißt, im Hier und Jetzt zu leben – und warum es keinen Sinn hat, sich Sorgen zu machen.

Kat€: Nick, wie oft hast du Fernweh?

NM: An regnerischen Tagen, wenn ich zuhause sitze und durch bestimmte Musik, Geschmäcker oder Bilder an die Abenteuer erinnert werde, die ich in den letzten sechs Jahren erlebt habe. Ich nutze dieses Gefühl, um meine nächsten Reisepläne zu schmieden, und dann wird das Fernweh in Vorfreude umgewandelt.

Kat€: Ist es schwer für jemanden, der so viel erlebt hat, neue Ziele zu setzen? Wie geht's jetzt bei dir weiter?

NM: Schwer ist das absolut nicht! Wenn man einmal anfängt seine »Bucketlist abzuarbeiten«, merkt man schnell, dass die Liste nicht kürzer wird, sondern dass immer mehr Orte, Plätze, Abenteuer darauf Platz finden. Aktuell sieht der Plan so aus, dass ich meine Roadshow über Deutschland, die Schweiz und Österreich hinaus in das englischsprachige Ausland erweitere, um noch mehr Menschen zu inspirieren. Zwischendurch werde ich ein paar Kurztrips (Marokko, Island, Finnland ...) machen. Die Transsibirische Eisenbahn wird dann vielleicht schon im nächsten Sommer drankommen! Zu viel will ich eigentlich gar nicht planen, denn das Leben hält immer ein paar Überraschungen parat, die deinen Weg in eine andere Richtung lenken. Sonst wäre das Leben ja auch irgendwie langweilig, oder?

Kat€: Du führst in deinem Leben selbst Regie. Hilft das, sich eine langfristige Karriere zu sichern?

NM: Karriere verbinden wir oft mit erfolgreichen Jobs, gutem Einkommen, Status, Ansehen und Sicherheit. Aber ich persönlich glaube nicht an Sicherheit. Mein Ansehen und Status sind mir ehrlich gesagt total egal. Mich interessiert es nicht, was andere über mich denken. Ich bin der Einzige, der mit meinem Leben zufrieden sein sollte. Wenn man das begriffen hat, ist das Leben viel einfacher. Daher bin ich auch der Meinung: Wenn man in seinem eigenen Leben Regie führt, kommt man automatisch zu einem Job, den man liebt. Diese Leidenschaft führt auch dazu, dass man in diesem Job erfolgreich ist. Daher – ja: Eigenregie hilft und ist Pflicht für jeden, der sein Leben leidenschaftlich leben will.

Kat€: Du bist nicht der einzige Weltreisende, der im Netz von seinen Abenteuern berichtet. Wie lange kann man sich als Blogger halten?

NM: Bloggen kann man ein Leben lang. Ob es wirtschaftlich sinnvoll ist, ist eine andere Frage. Mancher Blogger hat sich daraus einen Fulltime-Job aufgebaut. Da gehört eine verdammt große Menge Disziplin und Geduld dazu. Wer das wirklich mit Leidenschaft durchzieht, sich weiterbildet und auf Veränderungen reagiert, kann sich auf jeden Fall halten. Aber man verändert sich ja auch mit den Jahren, hat andere Prioritäten und entwickelt sich weiter. Eine Konstante im digitalen Zeitalter gibt es nicht.

Kat€: Was machst du, um dein Abenteuer langfristig am Leben zu halten?

NM: Ich höre auf mein Herz! Hört sich jetzt vielleicht etwas »abgedroschen« an, aber es ist so: Solange ich auf mein Herz höre, das mache, was mich glücklich macht, und mit Leidenschaft mein Leben genieße, lebe ich auch mein Abenteuer weiter. Wer weiß, vielleicht ändern sich meine Prioritäten in ein paar Jahren. Vielleicht werde ich aber auch noch zehn Jahre durch die Welt reisen. You never know ... Aber solange man aufsteht und das Herz einem imaginär ein »High-five« gibt, bist du auf dem richtigen Weg.

Kat€: Hast du Angst, dass du auf den Mars reisen musst, wenn der erste Blogger auf dem Mond war?

NM: Nope! Ich vergleiche mich nicht mit anderen. Ich nehme andere Blogger als Inspirationsquelle. Außerdem würde ich nicht nur über den Mond bloggen, sondern eine »Crazy Crab« dort veranstalten – schaut's euch auf YouTube an.

Kat€: Danke, Nick, für das Interview!

Und nun zu euch!

Challenge 30: Die Stunde der Wahrheit in Sachen Träume

Beantwortet folgende Fragen schriftlich. Seid ehrlich, auch wenn's hart ist. Wenn ihr merkt, dass ihr derzeit nicht das erlebt, wovon ihr träumt – dann lest einfach den Rest des Buches und geht Schritt für Schritt auf eure Träume zu!

Wovon träumt ihr aktuell?

_____

Seid ihr mit eurem Job zufrieden oder sehnt ihr euch nach einer Veränderung?

_____

Seid ihr mit eurem Gehalt zufrieden?

_____

Traut ihr euch, euren Chef nach mehr Gehalt zu fragen?

_____

Mehr Geld, Boss!

Falls ihr gern ein höheres Gehalt hättet – ich helfe euch dabei. Geht einfach Schritt für Schritt die folgende Anleitung durch.

Schritt 1: Übliches Gehalt recherchieren

Findet heraus, was Menschen im gleichen Beruf verdienen. Im Entgeltatlas der Bundesagentur für Arbeit könnt ihr einfach und schnell recherchieren – einfach googeln!

Notiert eure Erfolge und Stärken. Das sind eure besten Argumente, um mehr Gehalt zu rechtfertigen. Denn euer Chef will eine Gegenleistung sehen für ein höheres Gehalt. Als Gegenleistung zählen beispielsweise neue Kunden, höhere Absatzzahlen, Kosteneinsparungen, die ihr im Idealfall in Zahlen beziffern könnt. Ein absolutes No-Go ist das Argument, dass man privat hohe Kosten hat. Das ist nicht das Problem eures Chefs, sondern euer eigenes.

Schritt 2: Das Gespräch üben

Für alle, die sich mehr Gehalt wünschen, aber nicht wissen, wie sie in so einem Gespräch auftreten können, habe ich ein Mustergespräch vorbereitet. Trainiert mit einem Freund oder einer Freundin die Verhandlung. Filmt euch im nächsten Schritt dabei und überlegt anschließend, was euch gut gefallen hat und inwiefern ihr anders auftreten möchtet. Tragt bereits während der Aufnahme professionelle Kleidung. Das kostet Überwindung, aber es macht Spaß, wenn man es sich im Nachgang anschaut. Und euer Selbstvertrauen wächst.

Schritt 3: Gesprächstermin vereinbaren

Fallt nicht mit der Tür ins Haus. Vereinbart einen »Feedback-Termin« im Kalender, damit sich euer Chef auf das Gespräch vorbereiten kann. Dann fühlt er sich nicht überrumpelt. Fragt ihn am besten persönlich wegen des Termins. Dann steht es bereits 1:0 für euch. Denn ihr habt Mut und Stärke bewiesen. Dadurch setzt ihr ihn unter Zugzwang.

Haltet schon vor der Verhandlung eine Gehaltsspanne im Hinterkopf bereit. Ihr werdet damit sicherer auftreten und die Spanne im Gedächtnis verankern. Trainiert in Gedanken die Formulierung: »Mein Gehaltswunsch liegt zwischen 68.000 und 72.000 Euro.« Wichtig ist, dass ihr von vornherein ein höheres Gehalt nennt, damit ihr auch zufrieden seid, falls der Kompromiss niedriger ausfällt. Wichtig ist, dass ihr das Angebot macht, nicht euer Boss. Wer das Angebot abgibt, führt.

Schritt 4: Gehaltsalternativen überlegen

Überlegt im Vorfeld, welche Kompromisse ihr eurem Chef vorschlagen wollt, falls er der Gehaltserhöhung nicht zustimmt. Ihr dürft die Alternativen ruhig nennen. Das zeigt, dass ihr hartnäckig seid und überlegt vorgeht. Firmenwagen, flexible Arbeitszeiten, mehr Urlaubstage, Provisionen oder eine zusätzliche jährliche Weiterbildung sind interessante Zusatzleistungen, die ihr vorschlagen könnt.

Schritt 5: Das Gespräch führen (im Folgenden das versprochene Muster)

Ich: »Seit zwei Jahren arbeite ich jetzt für Sie/in Ihrer Abteilung/ Ihrer Firma. Ich bin sehr engagiert, erbringe hervorragende Ergebnisse, werde aber für meine Leistung nicht angemessen bezahlt.«

Chef:»Wie kommen Sie darauf?«

Ich:»Meine Aufgaben wurden Schritt für Schritt erweitert. Das zeigt, dass Sie mir einiges zutrauen.«

Chef:»Das stimmt. Aber Sie verdienen doch schon sehr gut.«

Ich:»Ich glaube, dass ein höheres Gehalt begründet ist, weil meine Ergebnisse die Zielvorgaben bei weitem übertroffen haben.«

Chef:»Inwiefern?«

Ich:»Beispielsweise konnte ich im aktuellen Projekt Einsparungen in Höhe von 250.000 Euro erzielen. Zweitens ist es mir gelungen, die Kundenzufriedenheit mit externen Kunden nachhaltig zu verbessern, indem ich den Bestellprozess und die Rechnungsstellung im System katalogisiert und automatisiert habe. Dadurch mindern wir die jährlichen Prozesskosten um rund 100.000 Euro.«

Chef:»Und wie sieht Ihr Gehaltswunsch aus?«

Ich:»Mein Zielgehalt liegt bei 66.500 Euro brutto und ich benötige zudem einen Firmenwagen der Mittelklasse-Kategorie, da ich dienstlich sehr häufig unterwegs bin.«

Chef:»Hm, lassen Sie mich eins klarstellen. Ein Firmenwagen ist nicht drin.«

Ich:»Dann überdenken Sie bitte die Gehaltsoption mit einer Homeoffice-Regelung.«

Chef:»Ich werde zunächst einen Termin mit der Personalabteilung ansetzen und intern klären, welche Gehaltsstufen in Frage kommen. Sie bekommen dann von mir in den nächsten Tagen Bescheid, wie wir weiter verfahren.«

Ich:»Vielen Dank. Bitte sagen Sie mir, bis wann ich spätestens mit einer Rückmeldung rechnen kann.«

Chef:»Nächste Woche Donnerstag.«

Ich:»Ich möchte gerne einen Folgetermin für nächsten Freitag ansetzen.«

Chef:»Machen Sie das.«

Schritt 6: Hartnäckig bleiben

Falls euer Gespräch euch keine Gehaltserhöhung eingebracht hat, bittet um einen erneuten Termin in sechs Monaten. Damit setzt ihr euren Vorgesetzten erneut unter Zugzwang und er wird die Forderung erneut überdenken.

Challenge 31 bis 35: Neue Geldquellen erschließen

Wenn ihr auf keinen Fall eine Gehaltsverhandlung führen wollt, gibt es zumindest einen Trost: Ihr könnt auch ohne Gehaltserhöhung monatlich 380 Euro mehr zum Investieren zur Verfügung haben, indem ihr spart, fast ohne es zu merken, und euch auf diese Weise ein kleines Zusatzeinkommen erschließt.

Was ihr mit dem zusätzlichen Geld machen könnt, erfahrt ihr in Monat 3 – Finanz-Check.

Challenge 31/Geldquelle 1: Schluss mit Coffee-&-Co.-to-go (80 Euro im Monat)

Bis vor einiger Zeit habe ich mir manchmal morgens bei McDonald's einen Milchkaffee geholt. Manchmal? Na gut – täglich. Es blieb zudem nicht beim Kaffee. Spätestens um 9:00 Uhr packt mich der Heißhunger, also kaufte ich mir beim Bäcker ein Sandwich. Am Ende der Woche hatte ich so 20 Euro ausgegeben, fast ohne es zu merken. Seit ich Kaffee und Sandwich von daheim mitnehme, spare ich 80 Euro pro Monat. Die stecke ich jetzt in meinen Vermögensaufbau. Das könnt ihr auch.

Challenge 32/Geldquelle 2: Selbst Kochen statt Restaurantbesuche (100 Euro im Monat)

Zu meinen schlimmsten Zeiten ging ich wöchentlich dreimal ins Restaurant. Mein hart erarbeitetes Geld wurde im wahrsten Sinne aufgefressen! Inzwischen koche ich lieber gemeinsam mit Freunden. Dann kann jeder etwas zum Essen beitragen, die Mahlzeit ist in der Regel gesünder, die ganze Aktion macht happy. Und ich spare 100 Euro. Jetzt seid ihr dran. Macht es einfach genauso.

Challenge 33/Geldquelle 3: Klamotten verkaufen statt kaufen (100 Euro im Monat)

Ich liebe es zu shoppen. Als Studentin habe ich mich stundenlang in Kaufhäusern aufgehalten und vor dem Lernen gedrückt. Die Schnäppchen verschwanden häufig ungetragen im Schrank. Seit Monaten versuche ich sie nun bei eBay zu verkaufen. Das bringt wenigstens einen kleinen Teil der unnötigen Ausgaben zurück. Da ich nach wie vor so viele Klamotten besitze, dass ich ganze Modeläden damit ausstatten könnte, werde ich meine Shopping-Touren auf das Notwendige (!) beschränken. 100 Euro mehr im Geldbeutel. Wäre auch was für euch, oder?

Challenge 34/Geldquelle 4: Daheim trainieren statt Fitnessstudio zahlen (rund 60 Euro im Monat)

In Monat 1 habt ihr gelernt, warum bereits eine Viertelstunde Sport am Tag ausreicht, um euch fit und ausgeglichen zu fühlen. Fitnessstudios sind sinnvoll, wenn ihr es nicht schafft, euch allein zum Training zu motivieren. Aber wenn das kein Problem ist, dann könnt ihr euer Workout daheim machen und 60 Euro im Monat sparen. Probiert es zumindest eine Woche lang aus.

Challenge 35/Geldquelle 5: Babysitten, Hundesitten (40 Euro pro Monat)

Ich mag Babys und Haustiere. Darum stehe ich in meiner Freizeit gerne als Baby- oder Hundesitter zur Verfügung. Nehmt euren Bekannten ab und zu ihre Haustiere oder Kinder ab und verdient ein kleines Taschengeld dazu.

Wie? Ihr findet meine Spartipps banal? Kein Problem! Dann lest einfach noch einmal das Mustergespräch zur Gehaltsverhandlung. Danach heißt es: Termin mit dem Chef vereinbaren und dranbleiben. Verkauft euch niemals unter Wert!

So optimiert ihr den Umgang mit eurem Gehalt in zehn Schritten

1. **Sparen muss sein!** Sogar Warren Buffett hat anfangs eisern gespart. Fangt so früh wie möglich damit an. 50 Euro kann jeder beiseitelegen. Euch fehlt die Motivation? Versucht es mit Spar-Apps wie Savedroid oder Money Box. Ihr merkt dadurch nicht einmal, dass ihr regelmäßig Geld spart. Auch Apps wie iBillionaire solltet ihr ausprobieren.

2. **Ziel eins ist eine Notfallreserve in Höhe von 5.000 Euro.** Ihr rührt das Geld nicht an. Notfall bedeutet, dass ihr auf extreme Situationen vorbereitet seid und eine finanzielle Durststrecke überbrücken könnt. Aber ihr solltet erst gar nicht in so eine Situation kommen. Wer schlimme, unvorhergesehene Dinge einplant, kann den Schaden meistens ganz gut begrenzen.

3. **Nutzt eure Zeit:** Denkt immer daran: Zeit ist Geld. Und eure Zeit ist das Wertvollste, das ihr besitzt. Ihr Wert steigt, je älter ihr werdet (weil ihr dann weniger davon habt). Unser Gehalt zeigt uns, wie viel Wert wir uns selbst beimessen. Daher ist es ein absolutes Muss, dass ihr euch Gedanken über euren wahren Wert macht.

4. **Schafft euch mehrere Standbeine.** Ich selbst arbeite in einem Job im Einkauf – und parallel erziele ich Einkommen als Autorin, gebe Seminare und berate Medien in Sachen Finanzmarketing. Ich nenne es den Kat€-Dominoeffekt. Eine Aktivität löst eine andere aus. Mit jedem finanziellen Zusatzstandbein werdet ihr freier. Irgendwann entscheidet nur noch ihr, für wen, mit wem und wie oft ihr arbeitet.

5. **Folgt euren Interessen:** Wenn ihr mein erstes Buch gelesen habt, wisst ihr bereits, welche Themen euch besonders viel Spaß machen. Genau diese Anlagen gehören in euer De-

pot. In diesem Buch nun stelle ich euch drei Depots für verschiedene Altersgruppen vor. Sie dienen aber nur dazu, euch Denkanstöße zu geben. Allein ihr entscheidet, welche Ziele ihr habt und wann ihr was in euer Depot legt.

6. **Vertraut auf eure Kenntnisse:** Warren Buffetts Erfolg basiert auf Aktien. Er investierte vorrangig in Firmen wie McDonald's oder Coca-Cola. Alles krisensichere Firmen, deren Geschäftsmodelle er versteht und deren langfristige Aussichten ihn überzeugen. André Kostolany hingegen wurde mit russischen Anleihen reich. Denkt in Ruhe darüber nach, womit ihr euch auskennt – und vertraut darauf.

7. **Begrenzt eure Verluste:** An der Börse gilt: Wer hofft, verliert. Ich bin der Meinung, dass ein Depot mit einem Trading-Tagebuch verknüpft sein sollte. Schreibt euch immer zuerst auf, wie viele Werte ihr ins Depot holt, wann und warum. Nennt den Einstiegskurs des jeweiligen Wertes – und legt zugleich den Ausstiegskurs fest! Ich trenne mich beispielsweise bei einem Verlust von 20 Prozent automatisch von allen Investments.

8. **Reichtum ist nur ein Wort.** Es erzeugt bei den meisten Menschen einen hohen Erwartungsdruck. Aus diesem Grund haben die meisten Menschen erst gar keine Lust, über Geld nachzudenken. Überdies macht ihnen der Begriff große Angst – Angst, Gewohnheiten zu ändern. Angst zu scheitern – zumal es unmöglich erscheint, mit harter Arbeit und der damit verbundenen hohen Steuerlast reich zu werden. Aber eines ist klar: Wenn ihr euch von der Angst lähmen lasst, dann werdet ihr garantiert nicht reich.

9. **Investiert in euren Kopf!** Plant jeden Tag und überlegt, wie viel Zeit ihr fürs Sparen und Investieren benötigt. Ich lese beispielsweise wöchentlich Wirtschafts- und Finanzmagazine, halte mich mit Bloomberg TV auf dem Laufenden und lese regelmäßig Finanzbücher.

Falls ihr Bauchschmerzen bei der Vorstellung bekommt, regelmäßig in Business-Kasper-Medien nachzulesen, habe ich eine gute Nachricht für euch. Es gibt sie wirklich: Finanzmedien für Frauen. Checkt die folgenden Seiten:

- ✓ **oprah.com** (im Menü einfach auf Home & Finance klicken)
- ✓ **goldengirlfinance.com**
- ✓ **theeverygirl.com**
- ✓ **frauenfinanzseite.de**
- ✓ **finanzdiva.de** (räusper)

10. **Sparen muss sein!** Moment – war das nicht schon Punkt 1? Stimmt! Aber es ist so wichtig, dass ich es euch noch einmal ans Herz legen möchte. Wenn ihr nicht sowieso schon spart, weil ihr das von euren Eltern so gelernt habt, dann könnt ihr es nicht oft genug hören. Denn die Werbung erzählt euch jeden Tag das Gegenteil. Denkt immer daran, dass man an zwei Stellschrauben drehen kann, um Vermögen zu bilden. Entweder man reduziert die Ausgaben, oder man erhöht die Einnahmen. Ideal wäre beides.

Monat 2 geht zu Ende – Zeit für ein kurzes Workout.

Wer aktuell keine Lust auf die Fitnessmatte hat, kann den folgenden Teil überspringen und direkt auf Seite 140 weiterlesen.

Monat 2 geht zu Ende – Zeit für ein kurzes Workout

»Tun Sie so wenig wie nötig,
nicht so viel wie möglich.«

Henk Kraaijenhof, Trainer der »Königin der Aschenbahn«, der
20-fachen Olympiasiegerin/Weltmeisterin Joyce Ottey

Holt die Fitnessmatte raus. Euer Fitnesscoach Christoph Müller hat noch ein paar Tipps für euch – und dann geht's los.

- ✓ Die Zeit des Nicht-Trainieren-Wollens war gestern! Es gibt keinen Grund, damit zu warten. Übernehmt die Verantwortung für eure Gesundheit *jetzt* und fangt an.
- ✓ Um Verletzungen vorzubeugen, müsst ihr auf die korrekte Technik der Übungen achten. Dann stellen sich auch die Erfolge schneller ein.
- ✓ Es ist besser, mit freien Gewichten zu trainieren als an Geräten, da mit freien Gewichten mehr Muskeln über einen längeren Weg beansprucht werden als beim isolierten Training an der Maschine.
- ✓ Auch wenn es nicht immer leicht fällt, trainiert regelmäßig. Drei bis vier Einheiten pro Woche sind die optimale Trainingsfrequenz, um den Muskelaufbau und die Fettverbrennung zu fördern.
- ✓ Bei intensivem Training reichen 45 bis 60 Minuten pro Einheit aus.
- ✓ Auch wenn die technische Bewegungsausführung das A und O sind, müsst ihr dennoch einen angemessenen Reiz setzen. Das bedeutet: Ihr müsst euch anstrengen.

- ✓ Nicht das Krafttraining an sich macht euch fitter, sondern die darauffolgende Erholungsphase. Jetzt regeneriert der Körper und baut Muskeln auf. Zur Erholung gehören ausreichend Schlaf und eine ausgewogene Ernährung.
- ✓ Solltet ihr doch einmal eine Verletzung erleiden, heißt das nicht unbedingt, dass ihr mit dem Sport pausieren müsst. Besprecht mit einem Orthopäden, ob es reicht, wenn ihr bestimmte Körperregionen ruhen lasst.
- ✓ Seid konsequent und bleibt dran! Erfolge kommen nicht über Nacht. Die ersten Veränderungen, die ihr verspüren werdet, sind mehr Energie, Wohlbefinden und Selbstbewusstsein.
- ✓ Habt Spaß! Ihr könnt gerne in einer Gruppe trainieren, wenn ihr das lieber mögt. Fitnessstudios bieten die verschiedensten Kurse an. Sucht euch ein paar raus und probiert sie aus.

Challenge 36: Ihr könnt es euch schon denken ... Zieht das folgende Programm durch!

2. Workout

Die Grundübungen des Krafttrainings

✓ Kniebeuge
✓ Ausfallschritt
✓ Becken heben
✓ Liegestütz
✓ Rudern
✓ Unterarmstütz
✓ Seitstütz
✓ Schwimmer

Euer Wochentrainingsplan

Warm-up

A)

✓ Hampelmann
✓ Sprint (auf der Stelle)
✓ Schulterkreisen

B)

✓ (imaginäres) Seilspringen
✓ Joggen auf der Stelle
✓ Armkreisen

C)

✓ Ausfallschritt mit Oberkörperrotation
✓ Standwaage
✓ Schattenboxen

Das Training beginnt

Für jede Übung nehmt ihr euch eine Minute Zeit. Ich selbst nutze übrigens den Runtastic Timer. Probiert drei Durchgänge und versucht so viele Wiederholungen wie möglich zu schaffen. Ihr entscheidet über Intensität und Wiederholungszahl. Saubere Ausführungen sind wichtiger als eine hohe Anzahl von Wiederholungen.

1. Montag		2. Dienstag
Kniebeugen	leicht oder fortgeschritten	Sprints auf der Stelle
Stütz	leicht oder fortgeschritten	Hampelmann
Liegestütz	leicht oder fortgeschritten	Unterarmstütz mit Knieranziehen
Becken heben	leicht oder fortgeschritten	Ausfallschritt Treppe
3. Mittwoch		**4. Donnerstag**
Unterarmstütz	leicht oder fortgeschritten	Joggen auf der Stelle
Liegestütz	leicht oder fortgeschritten	Dips
Seitstütz	leicht oder fortgeschritten	Ausfallschritte mit Oberkörperdrehen
5. Freitag		**6. Samstag**
Kniebeugen	leicht oder fortgeschritten	Schattenboxen
Unterarmstütz mit Beinheben		Standwaage
Liegestütz (auf Knien oder klassisch)		Sprünge (probiert's mit Treppe)
Bergsteiger		Klimmzüge (ein Partner macht's möglich)
7. Sonntag		
Pause		

Die Erklärungen zu den Übungen

Tag 1: Montag

Übung 1: Beine, Po, unterer Rücken

Klassische Kniebeuge (Für Fortgeschrittene)

Füße deutlich über Hüftbreite stellen (siehe Abb. 6 und 7, Seite 58/59). Die Füße zeigen leicht nach außen. In die Hocke gehen. Rücken gerade, Rumpf leicht vorgeneigt. Knie nicht über die Fußspitzen (das kann zu Knieschmerzen führen). Die Fersen bleiben am Boden.

Ich mache drei Durchgänge mit jeweils: 10- bis 15-mal, 60 Sekunden Pause.

Variante 1: Kniebeuge mit Hilfsmittel (Für Einsteiger)

Für Anfänger ist die Übung einfacher, wenn sie sich an einem hüfthohen Gegenstand (z. B. einem Stuhl) festhalten, um das Gleichgewicht zu halten und sich leichter wieder nach oben zu drücken.

Variante 2: Kniebeuge mit Hilfsmittel (Für Einsteiger)

Abb. 18: Kniebeuge mit Hilfsmittel, Ausgangsposition

Abb. 19: Kniebeuge mit Hilfsmittel, Bewegung

Füße deutlich über Hüftbreite stellen. Die Füße zeigen leicht nach außen. In die Hocke gehen, bis euer Gesäß kurz das Hilfsmittel (z. B. den Stuhl) berührt. Dann kommt ihr wieder nach oben. Rücken gerade, Rumpf leicht vorgeneigt. Knie nicht über die Fußspitzen (das kann zu Knieschmerzen führen). Die Fersen bleiben am Boden.

Variante 3: Kniebeuge mit Gewicht (Für Fortgeschrittene)

Abb. 20: Kniebeuge mit Gewicht, Ausgangsposition

Abb. 21: Kniebeuge mit Gewicht, Bewegung

Die Übung wird intensiver, wenn ihr einen Medizinball oder eine (große gefüllte) Wasserflasche dicht vorm Körper haltet. Für ultra Fortgeschrittene: Alternativ könnt ihr einen schweren Rucksack bei der Übung tragen.

Variante 4: Einbeinige Kniebeuge (Für Fortgeschrittene)

Abb. 22: Einbeinige Kniebeuge

Das ist mein Favorit, denn schneller bekommt man keinen knackigen Hintern und feste Oberschenkel. Darüber hinaus trainiert ihr Koordination, Balance und kräftigt gezielt eure Muskulatur. Stellt euch auf den rechten Fuß und hebt das linke Bein gestreckt nach vorn.

Indem ihr euch zum Beispiel an einem Stuhl festhaltet, wird die Übung einfacher. Beugt nun das rechte Bein und geht so tief, bis der rechte Oberschenkel parallel zum Boden ist. Neigt dabei den Oberkörper nach vorn und schiebt die Schultern über die Knie hinaus. Den Rücken haltet ihr dabei gerade.

Übung 2: Arme, Bauch, Po

Unterarmstütz

Die Übung ist einfach und effektiv. Geht am Boden in die Stützstellung (siehe Abb. 14, Seite 64). Verschränkt die Hände. Für
die leichte Variante lehnt ihr einfach an einer Wand oder an einer Treppe. Die Unterarme liegen auf, Beine und Po bilden eine
Linie. Spannt den Po bewusst an und haltet diese Position. Wichtig: Legt den Kopf nicht zurück in den Nacken. Haltet den Kopf
in Verlängerung der Wirbelsäule.

Variante 1 (Für Fortgeschrittene):

Haltet einfach die Ausgangsposition eines Liegestützes mit ge-
streckten Armen. Dann trainiert ihr nicht nur Bauch, sondern
auch Arme, Schulter und Brustmuskeln.

Variante 2 (Für Fortgeschrittene):

Abb. 23: Variation des Unterarmstützes

Versucht diese Übung auf einem instabilen Untergrund, wie beispielsweise einem Ball.

Übung 3: Brust, Arme, Schulter, Bauch

Liegestütz

Variante 1: Leichte Variante – erhöhte Fläche

Wenn ihr nicht bereit für den klassischen Liegestütz seid, könnt ihr die Hände an einer erhöhten Fläche abstützen, etwa einer Treppe, einem Tisch oder der Armlehne eines Sofas, oder lehnt an einer Wand (siehe Abb. 8 und 9, Seite 60). Je höher die Fläche, desto einfacher ist die Übung.

Variante 2: Leichte Variante auf Knien

Körperstreckung: Aus der Bauchlage auf den Knien in die Liegestützposition gehen. Arme nicht ganz durchstrecken, Oberschenkel und Rumpf etwa auf einer Linie. Unterschenkel kreuzen. Die Fingerspitzen zeigen nach vorn, den Kopf haltet ihr in Verlängerung der Wirbelsäule. Senkt den Körper ab, bis er fast den Boden berührt. Wichtig: Die Abwärtsbewegung führt ihr langsam aus. Versucht die Aufwärtsbewegung kraftvoll und explosiv durchzuführen. Variiert diese Übung, indem ihr den Abstand der Hände verändert.

Ich versuche 10-mal, danach 30 Sekunden Pause. Drei Durchgänge.

Variante 3: Klassischer Liegestütz (Für Fortgeschrittene)

Aus der Bauchlage in die Liegestützposition gehen (siehe Abb. 10 und 11, Seite 61). Arme nicht ganz durchstrecken, Oberschenkel und Rumpf etwa auf einer Linie. Schließt die Füße und stellt die Zehenspitzen auf. Die Hände sind direkt unter den Schultern. Drückt euch vom Boden hoch. Euer Körper sollte eine gerade Linie bilden – von der Ferse bis zum Nacken. Senkt nun die Brust ab, bis eure Oberarme mindestens parallel zum Boden sind. Spannt während der Übung die Muskeln der Körpermitte fest an, damit eure Hüfte nicht durchhängt. Die Ellbogen zeigen möglichst nach hinten. Ideal führt man die Übung durch, indem man den Boden mit der Brust berührt. Nutzt Griffe, falls ihr Schmerzen in den Handgelenken bei der Übung habt.

Versucht die Abstände der Hände zu variieren: Platziert die Hände mehr als schulterbreit auf den Boden. Dann werden die Brustmuskeln intensiver trainiert.

Variante 4: Liegestütz auf Ball (Für Fortgeschrittene)

Abb. 24: Liegestütz auf Ball, Ausgangsposition

Abb. 25: Liegestütz auf Ball, Bewegung

Fortgeschrittene intensivieren diese Übung auf einem instabilen Untergrund (Ball).

Variante 5: Liegestütz auf Ball

Abb. 26: Variation des Liegestützes auf dem Ball, Ausgangsposition

Abb. 27: Variation des Liegestützes auf dem Ball, Bewegung

Drückt noch mehr auf die Tube, indem ihr im Liegestütz eine Hand auf den Ball setzt und dann den Körper absenkt. Nach dem Hochdrücken den Ball auf die gegenüberliegende Seite schieben und den Liegestütz mit der anderen Hand auf dem Ball wiederholen.

Übung 4: Bauch, Beine, Po

Beckenheben

Variante 1: Beckenheben am Boden (Für Einsteiger)

Legt euch mit dem Rücken auf den Boden und winkelt die Beine so an, dass die Füße mit den Fußsohlen auf dem Boden stehen. Die Arme legt ihr neben den Körper. Beim Ausatmen hebt ihr das Becken nach oben an, bis Oberschenkel und Oberkörper eine gerade Linie bilden. Um mehr Intensität zu erzeugen, haltet ihr diese »Brücken«-Position für einige Sekunden. Beim Einatmen senkt ihr das Becken wieder langsam nach unten bis fast auf den Boden.

Variante 2: Beckenheben auf Bank (Für Fortgeschrittene)

Abb. 28: Beckenheben auf einer Bank

Legt euch so auf eine Bank, dass nur die oberen Schultern die Kante der Bank berühren. Ihr dürft die Arme für mehr Stabilität links und rechts auf die Bank legen. Positioniert die Beine so, dass ein 90-Grad-Winkel zwischen Waden und Oberschenkel entsteht. Das ist eure Ausgangsposition. Spannt den Po an. Drückt die Hüfte nach oben. Haltet die Position und spannt weiter kräftig den Po an. Senkt die Hüfte wieder in die Ausgangsposition.

Variante 3: Beckenheben auf Bank mit Beinanheben (Für Fortgeschrittene)

Abb. 29: Beckenheben auf einer Bank mit angehobenem Bein

Legt euch so auf eine Bank, dass nur die oberen Schultern die Kante der Bank berühren. Ihr dürft die Arme für mehr Stabilität links und rechts auf die Bank legen. Positioniert die Beine so, dass ein 90-Grad-Winkel zwischen Waden und Oberschenkel entsteht. Das ist eure Ausgangsposition. Spannt den Po an. Drückt die Hüfte nach oben. Haltet die Position und hebt nun das rechte Bein, dann das linke abwechselnd an. Spannt dabei weiter kräftig den Po an. Senkt die Hüfte wieder in die Ausgangsposition.

Tag 2: Dienstag

Übung 1: Beine, Arme, Po

Hampelmann

Die Übung hilft für ein gutes und schnelles Warm-up. Mit einem Sprung in die Grätsche hebt ihr leicht vom Boden ab, während ihr die Hände ausgestreckt über dem Kopf zusammenführt. Achtet darauf, dass euer Körpergewicht auf den Zehenspitzen bleibt.

Variante: Hampelmann (Für Fortgeschrittene)

Geht bei den Sprüngen weiter in die Hocke, neigt den Oberkörper dabei etwas nach vorne – die Übung wird anstrengender (siehe Abb. 1 und 2, Seite 55).

Übung 2: Arme, Bauch, Po

Unterarmstütz mit Knieanziehen

Die Übung ist einfach und effektiv. Geht am Boden in die Stützstellung (siehe Abb. 14, Seite 64). Verschränkt die Hände. Für die leichte Variante lehnt ihr einfach an einer Wand oder an einer Treppe. Die Unterarme liegen auf, Beine und Po bilden eine Linie. Spannt den Po bewusst an und haltet diese Position. Wichtig: Legt den Kopf nicht zurück in den Nacken. Haltet den Kopf in Verlängerung der Wirbelsäule. Zieht nun abwechselnd erst das rechte, dann das linke Knie ran.

Übung 3: Beine, Po

Ausfallschritt

Stellt euch mit hüftbreit geöffneten Füßen aufrecht hin. Legt die Hände in die Hüfte. Macht mit dem linken Fuß einen großen Schritt nach vorn. Beugt dabei das Knie. Senkt eure Hüfte so tief, bis das hintere Knie fast den Boden berührt. Beide Knie sollten am tiefsten Punkt 90 Grad gebeugt sein. Jetzt stoßt ihr euch mit dem linken Bein wieder ab und kommt zurück in die Ausgangsposition. Wechselt nun die Seite.

Variante 1: Ausfallschritt mit Seitrotation

Bringt die Hände vorm Körper zusammen. Macht mit dem linken Fuß einen großen Schritt nach vorn. Beugt dabei das Knie (siehe Abb. 3 und 4, Seite 56). Senkt eure Hüfte so tief, bis das hintere Knie fast den Boden berührt und dreht den Oberkörper dabei zur Seite. Beide Knie sollten am tiefsten Punkt 90 Grad gebeugt sein. Jetzt stoßt ihr euch mit dem linken Bein wieder ab und kommt zurück in die Ausgangsposition. Wechselt nun die Seite.

Variante 2: Ausfallschritt auf Treppe

Abb. 30: Ausfallschritt auf Treppe, Ausgangsposition

Abb. 31: Ausfallschritt auf Treppe, Bewegung

Die Übung wird einfacher, wenn ihr sie auf einer Stufe oder einem niedrigen Tisch ausführt. Stellt euch mit hüftbreit geöffneten Füßen aufrecht hin. Legt die Hände in die Hüfte. Macht mit dem linken Fuß einen großen Schritt nach vorn. Beugt dabei das Knie. Senkt eure Hüfte so tief, bis das hintere Knie fast den Boden berührt. Beide Knie sollten am tiefsten Punkt 90 Grad gebeugt sein. Jetzt stoßt ihr euch mit dem linken Bein wieder ab und kommt zurück in die Ausgangsposition. Wechselt nun die Seite.

Variante 3: Ausfallschritt nach vorne gehend

Statt das linke Bein wieder zurück nach hinten zur Ausgangsposition zu führen, könnt ihr mit dem rechten Bein einen Schritt nach vorn machen, so dass ihr wieder aufrecht steht. Dann beginnt ihr mit dem rechten Bein den Ausfallschritt.

Tag 4: Donnerstag

Übung: Arme, Schulter

Dips (Barrenstütz)

Variante 1: Für Einsteiger

Am einfachsten führt ihr diese Übung an einer Erhöhung durch. Eine Treppe, ein kleiner Hocker oder zwei aufeinandergestellte Steps eignen sich hervorragend. Platziert die Hände etwa schulterbreit voneinander entfernt an der Kante. Zieht die Füße halb an, Kniewinkel 90 Grad. Die Arme werden gebeugt und das Gesäß Richtung Boden abgesenkt, aber nicht aufgesetzt. In der Endposition beträgt der Armwinkel ungefähr 90 Grad. Die Ellbogen zeigen nach hinten. Zieht die Schultern nicht hoch.

Variante 2: Für Fortgeschrittene

Abb. 32: Variation des Dips, Ausgangsposition

Abb. 33: Variation des Dips, Bewegung

Am einfachsten führt ihr diese Übung an einer Erhöhung durch. Eine Treppe, ein kleiner Hocker oder zwei aufeinandergestellte Steps eignen sich hervorragend. Platziert die Hände etwa schulterbreit voneinander entfernt an der Kante. Streckt die Beine nach vorn aus. Die Arme werden gebeugt und das Gesäß Richtung Boden abgesenkt, aber nicht aufgesetzt. In der Endposition beträgt der Armwinkel ungefähr 90 Grad. Die Ellbogen zeigen nach hinten. Zieht die Schultern nicht hoch. Am obersten Punkt sind die Arme gestreckt und die Schultern werden bewusst nach vorne unten gezogen.

Tag 6: Samstag

Übung 1: Beine, Arme

Standwaage

Die Übung ist gut zum Aufwärmen geeignet. Vom sicheren Stand hebt ihr abwechselnd ein Bein nach hinten oben (siehe Abb. 5, Seite 57). Die Arme haltet ihr seitlich. Der Blick ist nach vorn gerichtet.

Übung 2: Beine

Sprünge

Beim Aufwärmen sind Sprünge eine einfache und effektive Möglichkeit, um euren Puls nach oben zu treiben und euren Körper in den Aktiv-Modus zu bringen. Ihr könnt die Sprunghöhe und die Sprünge variieren, indem ihr z.B. auf Treppenstufen springt. Lasst eine Stufe dazwischen aus und versucht, vielleicht sogar zwei Stufen zu überspringen.

Abb. 34: Sprünge, Ausgangsposition

Abb. 35: Sprünge, Bewegung

Variante: Einbeinige Sprünge (Für Fortgeschrittene)

Einbeinige Sprünge setzen ein gewisses Maß an Kraft voraus. Ihr solltet sehr geübt sein, um euch an diese Übung zu wagen.

Übung 3: Rücken, Arme

Klimmzüge

Diese Übung ist nicht einfach. Daher empfehle ich euch, ein stabiles Gummiband so an der Klimmzugstange anzubringen, dass ihr eine Schlaufe erhaltet. Zieht euch nun mit Unterstützung des Gummibands nach oben. Ideal ist, wenn ihr euch so weit nach oben zieht, bis euer Kinn über die Stange ragt. Ich mache die Übung 8- bis 10-mal, dann 30 Sekunden Pause. (Drei Durchgänge)

Abb. 36: Klimmzüge, Ausgangsposition

Abb. 37: Klimmzüge, Bewegung

Euer Ernährungsplan

	Frühstück	Mittagessen	Snack	Abendessen
Montag	Rührei (3 Eier) mit Bacon	Hähnchenbrust mit Süßkartoffeln und Brokkoli	Naturjoghurt mit Blaubeeren	Chili con Carne mit Reis
Dienstag	Haferflocken mit Apfel und Zimt	Rindfleischbällchen in Tomatensauce und Reis	Skyr mit Himbeeren	Schollenfilet mit Speckbohnen und Bratkartoffeln
Mittwoch	Erdbeershake	Bulgursalat	Pistazien (eine Handvoll)	Kabeljaufilet mit Babyspinat, Parmesan und dazu Reis
Donnerstag	Omelett mit Gemüse	Garnelen in Limettensauce und Reis	Studentenfutter (eine Handvoll)	Steak mit Ofenkartoffel und Sour Cream
Freitag	Rührei mit Avocado und Räucherlachs	Puten-Gemüse-Pfanne	Karottenstreifen mit Humus	Pilzrisotto
Samstag	Reisflocken mit Himbeeren	Hähnchen Thai Curry	Hüttenkäse mit Mandeln und Honig	Gefüllte Paprikaschoten
Sonntag	Quark mit Haferflocken und Früchten	Thunfisch mit Bandnudeln	American Pancake mit Früchten	Carpaccio

Monat 3
Der Finanz-Check: Findet eure Lieblings-Disziplin!

»Don't tell me where your priorities are. Show me where you spend your money and I'll tell you what they are.«

James W. Frick

Jetzt lassen wir euer Geld arbeiten!

Das Leben steckt voller Überraschungen. Darauf müsst ihr mental und finanziell vorbereitet sein. Was, wenn ihr euren Job verliert? Was, wenn ihr euch von eurem Mann trennen möchtet oder ihr eine Auszeit braucht, weil ihr euch ausgebrannt fühlt? Geld ist keine Lösung für alle Probleme, aber es kann ihre Folgen lindern. Es macht das Leben leichter, wenn die finanzielle Vorratskammer gefüllt ist. Kommen wir daher zum Eingemachten: euren Geldanlagen und wie ihr sie aufbauen könnt.

Genau wie beim Skifahren, Segeln oder Surfen sind auch in der Finanzwelt Erfahrungen superwichtig. Meine Erfahrung ist zum Beispiel: Wer mit hochriskanten Hebelprodukten wie Futures, Optionsscheinen oder CFDs (Contract for Difference) wettet, ist auf dem Holzweg. Auch ich habe bei meinen ersten Gehversuchen an der Börse schmerzhafte Fehler gemacht. Dadurch ist es mir jedoch gelungen, meinen persönlichen Leitfaden für langfristiges Investieren zu entwickeln. Davon profitiert ihr jetzt.

Ich werde öfters gefragt, wer die besseren Anleger sind: Männer oder Frauen? Anfangs war ich irritiert über diese Frage, denn unterm Strich ist das doch total egal! Am Wichtigsten ist, dass man sich um seinen Vermögensaufbau aktiv kümmert. Unterm Kopfkissen vermehrt sich unser Geld keinesfalls.

Aber wenn ich schon gefragt werde: Männer sind durchschnittlich risikofreudiger. Und ich sehe das nicht als Vorteil. Die clevere Alternative zum hyperaktiven Trading-Verhalten vieler Männer ist systematisch vorzugehen und langfristig Vermögen aufzubauen. Und darin sind Frauen ganz hervorragend! Wer hingegen an der Börse vorschnell handelt, ist in der Regel gestresst, altert schneller und verbrennt sein Geld durch Gebühren und Abgaben. Lasst euch daher niemals von Behauptungen, Frauen seien für die Finanzwelt ungeeignet, aus der Ruhe bringen. Denkt lieber darüber nach, wie ihr selbst reich werdet!

Ich persönlich möchte in meinem Depot spektakuläre Werte haben, von deren langfristigem Erfolg ich überzeugt bin. Ich werde euch erläutern, mit welchen Fragestellungen ich mir die Auswahl erleichtere. Auch auf ETFs werde ich eingehen, obwohl sie mich persönlich ehrlich gesagt langweilen.

Ein ETF bildet einen Börsenindex ab, zum Beispiel den DAX 30 der wichtigsten deutschen Industrieunternehmen. Jetzt stellt euch vor, euer Papa präsentiert euch 30 Männer aus eurem Ort und sagt: »Diese Typen waren in der Vergangenheit immer treu, sind alle aus unserem Viertel, reich und daher eine gute Partie, also sind sie geeignete Ehemänner für dich, mein Kind.« Keine Ahnung, wie ihr das seht – aber ich suche mir gerne alles selbst aus, Männer und Finanzprodukte. Und die Auswahl von Männ..., äh, Einzelaktien kann so viel Spaß machen!

Sie ist auch gar nicht kompliziert. Diese Behauptung werde ich beweisen: Ich zeige euch mithilfe von Screenshots, wie Traden funktioniert. Und ich fordere euch auf, mitzumachen. Macht es mir nach – und dann macht es einfach noch besser!

Einmal im Jahr überprüfe ich übrigens mein Depot ganz grundsätzlich und optimiere es. Am liebsten im Sommer: Im Juli und August tut sich an den Börsen im Allgemeinen nicht viel, der ideale Zeitpunkt, um in Ruhe alles zu überdenken. Dann sind die Kurse eher niedrig, also perfekt, um noch ein paar Aktien dazuzukaufen.

Das Wichtigste ist natürlich: Machen. Vielleicht haben einige von euch mein erstes Buch gelesen und sagen sich trotzdem noch immer: »Morgen ist auch noch ein Tag.« Von meiner Freundin Rebekka höre ich seit über zwei Jahren: »Ich muss auch mal ein Depot eröffnen.«

Nicht gut!

Dieses Buch ist euer persönlicher Drill-Instructor. Es kennt keine Gnade. Es heißt ab jetzt machen, nicht aufschieben. Seid ihr bereit für einen weiteren Ausflug in die Finanzwelt? Ich wünsche euch viel Spaß beim Lesen und freue mich schon jetzt auf euer Feedback.

Es geht los:

Aktienauswahl im wahren *Leben*

Es ist Sonntagabend, 19:00 Uhr – Zeit für einen Kinobesuch, gäbe es da nicht ein kleines Problem: Ich bin kurz vorm Platzen. Stündlich lagert mein Körper noch mehr Wasser ein und ich bereite mich mental auf den großen Knall vor. Die Waage zeigt neue Rekordwerte: 80 Kilo – hui! Würde mich nicht wundern, wenn mein Mann mich spätestens jetzt verlassen würde. Ich habe in den letzten sieben Monaten fast 30 Kilo zugenommen. Wie auch immer. Mein Blutdruck steigt über 200 und ich beschließe: Das Baby muss raus.

Schnell sage ich meine Teilnahme am Münchner Börsentag ab, zu dem ich mich hintragen lassen wollte, und lege mich in den Kreißsaal. Wusstet ihr, dass das Wort von »Kreischen« kommt? Ich spreche ein kurzes Gebet, schließe meine Augen und lausche dem Klatsch und Tratsch meines Mannes und des Anästhesisten, die sich von früher kennen. Die beiden haben sich viele Jahre nicht gesehen und jede Menge zu erzählen. Irgendwie habe ich das Gefühl, als würde ich stören. Kaffee und Kuchen gibt es auch nicht. Mir ist ziemlich langweilig und ich denke die ganze Zeit an Coca-Cola. Hm, den Chart sollte ich mir unbedingt genauer anschauen, wenn ich schon beim Kinderkriegen an nichts anderes denken kann ...

Abb. 38: Aktienkursentwicklung Coca-Cola AG von 1990 bis 2016, Quelle: ariva.de

Der Kurs hat sich seit 1990 verzehnfacht, zuzüglich Dividenden. Nicht schlecht.

Nur wenig später kam endlich das Baby zur Welt. Seitdem wurde mein Leben auf den Kopf gestellt und ich habe viele neue Fragen. Würde ich es schaffen, eine liebevolle und tolerante Mama zu sein? Würde ich in der Lage sein, auch einmal »nein« zu sagen? Die Kleinen bekommen ja immer, was sie wollen. Sie sind aber auch zu niedlich ...

Nebenbei überlege ich, wie ich meine Tochter zu einer Finanz-Diva erziehen kann. Vielleicht sollte ich einen Multiple-Choice-Test für Finanzbabys erfinden?

Frage 1)
Wie wird ein Mini-Sparschwein ganz groß?

a) mit Schokolade
b) mit einem Goldesel
c) mit Aktien vom Zoo
d) mit einem Baumhaus, das es vermietet?

Ich weiß, ihr fragt euch jetzt bestimmt, was das mit euch zu tun hat. Folgendes: Ich fange bei meiner Tochter bei null an, erstelle einen simplen, langfristigen Plan – und ich lade euch herzlich ein, gemeinsam mit mir und dem Finanzbaby finanziell durchzustarten! Vielleicht wollt ihr einen ähnlichen Plan für euch erstellen.

Ich gebe übrigens keine Aktienempfehlungen! Ich werde aber im Rahmen dieses Buches einige meiner persönlichen Top-Favoriten vorstellen. Mein Fokus wird auf den Antworten b) und c) liegen: Wir beschäftigen uns vorrangig mit den Themen Gold und Aktien.

Alle, die lieber a) ankreuzen möchten, sollten sich aber auch einmal den Chart der Firma Mondelēz International anschauen. Der Aktienkurs hat sich seit 2010 vervierfacht. Und obendrauf zahlt die Firma regelmäßig Dividende an ihre Aktionäre. Respekt!

06.02.2017 - Kurs: 44,01

244,35%HL   Intervall: 1 Tag   Hoch: 46,94   Tief: 13,6314

Abb. 39: Aktienkursentwicklung Mondelēz International von 2002 bis 2016, Quelle: comdirect.de

Keine Angst! Mondelēz ist kein mexikanischer Drogenbaron, sondern der drittgrößte Nahrungsmittelhersteller der Welt. Die Kombination von Zucker und international bekannten Marken ist sehr mächtig, krisensicher und gewinnbringend.

Nicht nur Mondelēz profitiert von unserer Vorliebe für Milka und andere Süßigkeiten, sondern auch Firmen wie Hershey, General Mills und Smucker. Diese Unternehmen sind schon viele Jahre dick im Geschäft. Warum sollten sie in Zukunft nicht erfolgreich Süßigkeiten vertreiben? Ihr könnt euch also ruhig überlegen, ob ihr diese Werte in euer Depot holen wollt.

Die Depot-Zusammenstellung ist gar nicht so einfach, denn es gibt eine riesige Auswahl an Werten: Nahrungsmittel-, Pharma-, Automobil-, Bau-, Medien-, und Finanzindustrie ... Viele Menschen können und wollen sich nicht auf Einzelwerte festlegen, was die große Beliebtheit von Fonds und ETFs erklärt. Nichts dagegen! Ich werde euch jedoch zeigen, dass euch die Aktienauswahl kein Kopfzerbrechen machen muss. Es gibt für jeden die passenden Depot-Werte.

Das KatE-Modell für die Aktienauswahl

Merkt euch das KAT€-Modell. Wenn ihr dessen vier Grundsätze immer im Hinterkopf behaltet, dann habt ihr beste Chancen, die richtigen Aktien für euer Depot zu finden (und euch rechtzeitig von denjenigen zu trennen, die sich nicht so entwickeln, wie sie sollen). Erstaunlicherweise kann man gerade durch abstraktes Denken die Dinge gewaltig vereinfachen.

K = Klarheit: Ihr müsst wissen, wo ihr steht und was eure Bedürfnisse sind.

A = Analyse: Durchleuchtet mögliche Investments ganz genau (ich zeige euch, wie).

T = Trends: Schaut euch um! Was finden die Menschen toll? Was konsumieren sie?

E = Exit: Von Verlierern muss man sich trennen – und zwar rechtzeitig.

Noch einmal Geld und das wahre Leben

Das Baby kam viel zu früh. Wochenlang lag es im Brutkasten und ich hoffte, dass es bald nach Hause durfte. Das Problem war allerdings, dass ich wegen der Frühgeburt nicht vorbereitet war. Ich hatte noch keinen Kinderwagen, und als ich die überteuerten Preise in den Kinderfachgeschäften sah, verlor ich schnell die Lust auf diese Läden. Bei Amazon kann man stressfreier einkaufen, während man gemütlich daheim auf der Couch sitzt. Und man spart Geld: Ich habe 550 Euro für einen neuen Kinderwagen gezahlt – in Münchens Shops fand ich nicht einmal einen Gebrauchten in dieser Preislage.

So oder so fragte ich mich in diesen Wochen, warum man zur Geburt kein Bargeld bekommt. Stattdessen gab es Dutzende von Strampelanzügen, alle in der gleichen Größe, diverse Spielsachen, ein niedliches Namenskissen vom netten Versicherungsberater und selbst gestrickte Socken. Nach dem 15. Paar Socken habe ich aufgehört zu zählen.

Übrigens bekam das Baby auch eine Käthe-Kruse-Puppe. Ich wusste erst gar nicht, wer Käthe Kruse (1883–1968) ist. Überrascht fand ich heraus, dass sie zu den weltweit bekanntesten Puppenmacherinnen gehört, deren Produkte zu sehr hohen Preisen als Sammlerstücke gehandelt werden. Ich hätte sie zu gerne interviewt. Denn sie hat aus ihrer Leidenschaft ein Produkt geschaffen, das viele Generationen erfreut. Hier ist ein tolles Zitat von Käthe Kruse: »Die Hand geht dem Herzen nach. Nur die Hand kann erzeugen, was durch die Hand wieder zum Herzen geht.«

Von einer Freundin bekam ich ein superschönes Geschenk. Ja, ihr liegt richtig: Geld! Ein Sparschwein mit 70 Euro. Und von der Verwandtschaft gab's eine Goldmünze der Wiener Philharmoniker. Die Bank ums Eck bewarb diese Goldmünze als lohnenswertes Investment und sagte ihr eine große Preissteigerung voraus. Das klang für mich eher spekulativ, aber ich war neugierig geworden auf das Edelmetall und möchte mit euch gemeinsam durchdenken, ob Gold ein sinnvoller Bestandteil eines Depots ist.

Jedenfalls möchte ich meiner Tochter zum 30. Geburtstag ein kleines Vermögen schenken, damit sie als junge Erwachsene eine solide Finanzbasis hat. Dieses Vermögen soll ohne großen Aufwand entstehen. Jeden Monat spare ich nun einen Betrag in Höhe von 100 Euro nur für das Finanzbaby. Das Sparschwein im Kinderzimmer ist Mamas neues Haustier. Ihm soll es an nichts fehlen: Es wird regelmäßig gefüttert.

Ich weiß. 100 Euro pro Monat: Das klingt nicht viel, wenn man an einen Begriff wie Vermögen denkt. Aber habt ihr schon einmal etwas vom Zinseszinseffekt gehört? Er bringt kleine Beträge ganz groß raus. Denn auch die Zinserträge werden mit angelegt. Alles, was man braucht, ist Zeit und Geduld.

Nach einem Jahr werden aus meinem monatlichen Sparbetrag 1.200 Euro. Wie kann man aus 1.200 Euro ein kleines Vermögen bilden?

a) Im Sparschwein lassen: Unverzinst spart ihr in 30 Jahren 36.000 Euro an.

b) Auf einem Tagesgeldkonto oder Sparbuch parken: Das macht 42.000 Euro bei sehr guten Konditionen, sagen wir 1 Prozent. Vorausgesetzt, der Zins bleibt über diesen Zeitraum unverändert.

c) Eine Lebensversicherung abschließen: Das Ergebnis lautet 59.000 Euro *vor* Steuern. Die Steuern werden zu einem erst in Zukunft bekannten Steuersatz erhoben. Das ist, als wenn ihr schon heute »Ja, ich will« zu einem Mann sagt, den ihr erst in 30 Jahren vorgestellt bekommt. Die 59.000 Euro kommen auch nur zusammen, wenn es verdammt gut läuft und die Verzinsung bei 3 Prozent liegt. Das halte ich aber eher für utopisch, da der Garantiezins immer geringer wird und aktuell bei etwa 1 Prozent ist.

d) In ein Aktiendepot einzahlen: Das macht über 120.000 Euro. Denn erfahrungsgemäß bieten internationale Aktien großer Firmen auf lange Sicht durchschnittlich 7 bis 8 Prozent Rendite.

Und? Wie habt ihr euch entschieden? a), b), c) oder d)?

Warum ich nichts von Lebensversicherungen halte

Falls ihr euch für c) entschieden habt, euch also die obigen Infos noch nicht reichen, um die Finger von Lebensversicherungen als Geldanlage zu lassen, erzähle ich euch noch ein bisschen mehr über diese Produkte. Euer Fazit nach meinen Erläuterungen sollte sein:

Lebensversicherungen kommen nur als Risikolebensversicherung in Frage, wenn ihr zum Beispiel noch kein Vermögen habt, aber ein Kind. Dann könnt ihr mit einer Risikolebensversicherung das Kind für den Fall eures Todes finanziell absichern. Ansonsten: Finger weg von Lebensversicherungen und überhaupt von den kaum durchschaubaren Kombi-Produkten der Versicherungsbranche!

So nett Versicherungsvertreter auftreten – und häufig benehmen sie sich wie gute Bekannte oder sogar Freunde –, keine Versicherungsgesellschaft lässt sich gerne in die Karten schauen. Unverständliche Zwischenmitteilungen sind der beste Beweis. Habt ihr euch so eine Mitteilung mal angesehen? Besser gefragt: Habt ihr dieses Schreiben verstanden?

Aktuell wird der Garantiezins immer weiter gesenkt und nähert sich wie gesagt 1 Prozent. Diesen garantierten Zinssatz gibt es aber nicht auf euer eingezahltes Kapital! Ihr finanziert schließlich unter anderem das Gehalt eures Versicherungsberaters. Kosten wie Provisionen, Verwaltungsgebühren und Todesfallschutz schmälern die Rendite beachtlich.

Der Spartanteil beläuft sich laut der Deutschen Versicherungs-wirtschaft auf *durchschnittlich* 86,5 Prozent. Von den monatlichen 100 Euro kommen also nur 86,50 Euro in euer Versicherungs-Sparschwein. 13,50 Euro verschenkt ihr somit Monat für Monat, wenn nicht noch mehr. Denn *durchschnittlich* 86,5 Prozent bedeutet, dass euer Spartanteil auch deutlich darunter liegen kann.

Zieht ihr nach 30 Jahren die Inflation von circa 2 Prozent ab und bedenkt auch, dass ihr den Ertrag dann noch versteuern müsst, wird euch schnell klar, dass euer Geld im Sparschwein genauso gut oder besser gesagt genauso schlecht aufgehoben ist.

Auch wenn es um die Altersvorsorge geht, beraten die Versicherungsvertreter ihre »Freunde und Bekannten« gerne bei gutem Kaffee und einem Stück Kuchen. Fragt man nach den Renditechancen, verweisen sie lächelnd auf den Steuervorteil – der wahrscheinlich gar keiner ist, denn wie viel Steuern ihr zahlt, erfahrt ihr wie gesagt erst am Ende der Laufzeit.

Ich möchte euch besonders vor »Vorsorge«-Kombi-Produkten warnen. Sie bündeln oft mehrere Komponenten wie Altersvorsorge, Todesfall- und Berufsunfähigkeitsversicherung. Das macht sie erst recht undurchschaubar. Dahinter verbirgt sich meistens teure Ramschware. Übrigens: Sobald das Wort dynamisch fällt, ist besondere Vorsicht angebracht. Dann werden nicht nur eure Beiträge erhöht. Dynamisch bedeutet Zahltag: Der Berater und die Versicherungsgesellschaft kassieren dann erneut ihren Anteil.

Merkt euch bitte: Eine Versicherung sollte nur versichern – und zwar nur *ein* bestimmtes Risiko wie zum Beispiel Haftpflicht *oder* Berufsunfähigkeit *oder* Todesfall. Für Investitionen und die Altersvorsorge sind Versicherungen grundsätzlich ungeeignet.

Das Finanzbaby-Protokoll

Leistungsdaten:
»Ich muss mit allem, was ich zu fassen kriege, experimentieren.«
Disziplin: Stresstesterin
Jahrgang: 2016
Größe: 80 cm
Motto: »Hey jo, was geht?«
Stärken: hohes Maß an Durchsetzungsvermögen, breit gefächertes Interesse, kontaktfreudig
Schwächen: ungeduldig, nicht sicher in deutscher Sprache
Hobbys: Essen, Schlafen, Reisen, Krabbeln
Erfolge: erfolgreich bestandene U1, U2, U3, U4, U5 und U6
Fassungsvermögen: 6 Mahlzeiten am Tag à 130 ml
Berufswunsch: Schmuckdesignerin für RTL2, Fachärztin für Fische oder Superstar
Lieblings-Apps: Sparschwein-App »Savedroid«
Lieblingsserie: *House of Cards*
100 Euro pro Monat lässt sie beiseitelegen

»Entscheidend ist nicht, dass man für sein Geld arbeitet, sondern dass man es für sich arbeiten lässt.« Für das Finanzbaby ist Langeweile ein absolutes No-Go. »Jeder Tag ist voller neuer Erfahrungen. Ich muss mit allem, was ich zu fassen kriege, experimentieren.«

10 Prozent Rendite setzt sie sich als jährliches Durchschnittsziel. »Je mehr Zeit man hat, desto mehr Risiko kann man eingehen.«

30 Jahre lang spart und investiert sie Monat für Monat. »Von nichts kommt nichts. Während ihr noch immer felsenfest davon überzeugt seid, dass eure Rente sicher ist, gehe ich von vornherein auf Nummer sicher. Wir sprechen uns dann in 30 Jahren.«

»**100.000 Euro** und mehr sollten in den nächsten 30 Jahren schon drin sein.«

Vision: »Meine Barbie fährt noch immer einen roten Ferrari mit einem ultrahohen Verbrauch. Einfach lächerlich! Wann produziert Mattel endlich mal einen Tesla?«

Lieblingsrezept: Bananenbrei (gibt's auch als Fertiggericht von Hipp)

An dieser Stelle möchte ich mich beim Finanzbaby bedanken, dass es mich das Protokoll hat ausfüllen lassen!

So wird das Finanzbaby reich

Die Ziele hat es klar definiert. Nun werde ich ihm helfen, sein Geld langfristig zu investieren. Für alle, die noch nie investiert haben, liefern die folgenden Seiten hoffentlich viel Motivation zum Mitmachen. Fangen wir also am besten gleich gemeinsam an!

30 Jahre sind viel Zeit und geben viel Spielraum für eine gute Rendite. Das ist die beste Voraussetzung, um auch mit kleinen Sparbeträgen langfristig Vermögen zu bilden. Gut gestreute Investments wie beispielsweise ein ETF-Sparplan sind eine gute Grundlage für das Depot. Das sind computergesteuerte fondsähnliche Produkte, die einen Index wie beispielsweise den DAX abbilden.

Schauen wir zunächst, wie sich 10.000 Euro innerhalb von 30 Jahren bei einer jährlichen Rendite von 10 Prozent entwickeln. Voraussetzung für unsere Rechnung ist, dass die erzielten Gewinne auf dem Handelskonto liegen bleiben und ungestört arbeiten können.

Ihr fragt euch, woher das Finanzbaby plötzlich so viel Geld hat? Zugegeben, ich hab's ihm geschenkt. Es ist ja schließlich mein Baby! Sein Sparschwein wird trotzdem weiterhin gefüttert. Man soll nie aufhören zu sparen, selbst wenn man durch einen Glücksfall zu etwas Geld gekommen ist.

Um die Kalkulation einfacher zu gestalten, ergänze ich den steuerlichen Abzug Stand 2/2017: Es gilt eine Kapitalertragsteuer in Höhe von 25 Prozent zuzüglich Solidaritätszuschlag. Da nicht jeder in der Kirche ist (das Finanzbaby auch nicht), ignorieren wir den Kirchensteueraufschlag. Insgesamt vermindert die Steuer unseren Ertrag um 26,375 Prozent.

Zeiteinheit in Jahren	Anfangskapital/ Eingesetztes Kapital in Euro	Rendite in Euro	Steuer in Euro	Endkapital in Euro pro Zeiteinheit
1	10.000,00	736,25	194,19	10.736,25
2	10.736,25	790,46	208,48	11.526,71
3	11.526,71	848,65	223,83	12.375,36
4	12.375,36	911,14	240,31	13.286,50
5	13.286,50	978,22	258,01	14.264,71
6	14.264,71	1.050,24	277,00	15.314,95
7	15.314,95	1.127,56	297,39	16.442,52
8	16.442,52	1.210,58	319,29	17.653,10
9	17.653,10	1.299,71	342,80	18.952,81
10	18.952,81	1.395,40	368,04	20.348,21
11	20.348,21	1.498,14	395,13	21.846,34
12	21.846,34	1.608,44	424,23	23.454,78
13	23.454,78	1.726,86	455,46	25.181,64
14	25.181,64	1.854,00	488,99	27.035,64
15	27.035,64	1.990,50	524,99	29.026,14
16	29.026,14	2.137,05	563,65	31.163,19
17	31.163,19	2.294,39	605,15	33.457,58
18	33.457,58	2.463,31	649,70	35.920,89
19	35.920,89	2.644,68	697,53	38.565,57
20	38.565,57	2.839,39	748,89	41.404,95
21	41.404,95	3.048,44	804,03	44.453,39
22	44.453,39	3.272,88	863,22	47.726,28
23	47.726,28	3.513,85	926,78	51.240,12
24	51.240,12	3.772,55	995,01	55.012,68
25	55.012,68	4.050,31	1.068,27	59.062,99
26	59.062,99	4.348,51	1.146,92	63.411,50
27	63.411,50	4.668,67	1.231,36	68.080,17
28	68.080,17	5.012,40	1.322,02	73.092,57
29	73.092,57	5.381,44	1.419,35	78.474,01
30	78.474,01	5.777,65	1.523,85	84.251,66

Tabelle 3: Wie aus 10.000 Euro 80.000 Euro werden

Bei der angenommenen jährlichen Rendite von 10 Prozent hat sich das eingesetzte Kapital in zehn Jahren verdoppelt und in 30 Jahren verachtfacht.

Ihr fragt euch, ob 10 Prozent Rendite viel oder wenig sind? Kurz: Ja, 10 Prozent sind eine sehr gute Rendite – vor allem in Anbetracht der renditelosen Alternativen wie Sparbüchern, Lebensversicherungen oder Tagesgeldkonten. Aber mithilfe von Dividenden (= regelmäßige Auszahlungen für Aktienbesitzer) ist eine solche Rendite durchaus machbar.

Mit einem ETF auf den Deutschen Aktienindex DAX hättet ihr ein ähnliches Ergebnis erzielt. Der DAX schaffte seit seiner Gründung 1988 eine jährliche Durchschnittsrendite von 7 bis 8 Prozent. Auch die Kurseinbrüche der Krisenjahre 1998, 2000 und 2007 konnte der Index wieder aufholen. Das in diesen Index investierte Kapital arbeitete, ohne dass man als langfristig orientierter Investor etwas unternehmen musste.

Abb. 40: Kursentwicklung des Deutschen Aktienindex von 1988 bis 2016, Quelle: comdirect.de

Im Vergleich: Der amerikanische Dow-Jones-Index schaffte es von 1900 bis 2000 auf eine jährliche Rendite von 5,55 Prozent ohne Dividenden und ohne Berücksichtigung der Steuern. Klingt erst einmal nicht viel. Aber wenn wir die Dividenden dazurechnen, ist das Ergebnis beachtlich: 10,18 Prozent. Anders gesagt: 60-mal so viel wie ohne Dividenden!

Das Beispiel aus der obigen Tabelle zeigt, dass sich euer angespartes Kapital über 30 Jahre bei einer Rendite von 10 Prozent verachtfacht. Es wurde jedoch nur ein fester Betrag investiert. Gelingt es euch darüber hinaus, einen Teil eures Einkommens zu investieren, dann ist ein weit höheres Endergebnis möglich.

Wenn ihr seit der Gründung des DAX vor knapp 30 Jahren monatlich 100 Euro auf den Index gespart hättet, dann stündet ihr jetzt bei 100.000 Euro! Finanzieller Erfolg kommt nicht nur durch Handeln, sondern auch durch Kontinuität. Das bedeutet, wer regelmäßig Geld beiseitelegt und es in aller Stille arbeiten lässt, kann nur gewinnen. Schaut euch dazu Tabelle 4 (Seite 162) an.

Möge die Macht der Zeit mit euch sein

Ihr möchtet, dass euch nichts aus der Ruhe bringen kann? Dann sorgt ordentlich vor. Dafür braucht ihr nur etwas Kleingeld, Geduld und eine Kapitalanlage, die regelmäßig Rendite abwirft.

Seid ihr bereit, ab jetzt jeden Monat 100 Euro beiseitezulegen? Ist euch dieser Betrag zu hoch? Oder sind vielleicht 200 Euro oder sogar mehr möglich? Prüft, wie sich die eingezahlten Beträge langfristig bei verschiedenen Zinssätzen entwickeln. Ihr kennt diese Grafik bereits aus dem ersten Finanz-Diva-Buch, aber ich möchte sie euch erneut vor Augen führen. Sie zeigt, dass auch aus kleinen Beträgen über die Jahre eine beachtliche Summe werden kann.

Aktuell sind wir auf dem absoluten Zinstiefpunkt angelangt. Ein Sparkonto, Tages- und auch Festgeld haben noch nie große Renditen gebracht, aber jetzt bringen sie weniger denn je. Darum sind Aktiendividenden der neue Zins! Kombiniert mit Kurszuwächsen im Depot bieten sie ideale Voraussetzungen zum Vermögensaufbau.

Monatlicher Sparbetrag in Euro	Nach 30 Jahren wurden eingezahlt in Euro	Betrag verzinst zu 2 Prozent p.a. in Euro	Betrag verzinst zu 7 Prozent p.a. in Euro
30	10.800	14.763	35.295
50	18.800	24.605	58.825
70	25.200	34.446	82.356
100	36.000	49.209	117.651
200	72.000	98.418	235.302
300	108.000	147.627	352.953
500	180.000	246.045	588.255

Tabelle 4: Berechnungsbeispiele zum Zinseszinseffekt

Unterschätzt beim Sparen nie die Macht der Zeit! Wenn ihr heute anfangt, ist sie auf eurer Seite.

Schon bei einem monatlichen Betrag von 100 Euro erhaltet ihr (bei durchschnittlich 5 Prozent Rendite p.a.) mit 67 rund 219.000 Euro. Vorausgesetzt, ihr beginnt mit 20 Jahren. Fangt ihr 10 Jahre später an, kommen circa 125.000 Euro bis zum 67. Geburtstag zusammen.

Interessant werden Sparen und Investieren erst mit einem langfristigen Anlagehorizont. Denn der Zinseszinseffekt bringt sogar kleine Beträge ab 100 Euro über die Jahre groß raus.

Viele von euch fragen sich, wie sie eine Rendite von über 10 Prozent erzielen sollen. Ist das nicht schlicht unmöglich? Nein, das ist es nicht. Die Durchschnittsrendite von George Soros' Quantum Funds beläuft sich auf über 30 Prozent. Angenommen, ihr hättet durchschnittlich 25 Prozent Rendite erwirtschaftet, dann hättet ihr nach 30 Jahren mehr als 1,5 Millionen Euro.

Alles ist möglich! So hohe Renditen sind allerdings nichts, was sich planen lässt. Aber nur wer investiert, kann gewinnen ... Oder sagte ich das schon?

Angenommen, es gelingt euch, euer Jahreseinkommen durch Investitionen um 5 bis 10 Prozent zu steigern. Das ist eine tolle Leistung, die euch einerseits zeigt, dass Investieren absolut machbar ist – und die euch andererseits Jahr für Jahr stärkeren finanziellen Rückhalt gibt.

Setzt euch kleine Ziele und handelt nur Beträge, deren Verlust euch nicht schmerzt. Leider verdienen viele Frauen wegen der bekannten Ungerechtigkeiten auf diesem Planeten noch immer weniger als Männer. Wer weniger Geld zur Verfügung hat, bewertet Risiken anders – und muss noch vorsichtiger und geduldiger sein, um geringe Beträge langfristig gewinnbringend zu investieren.

Kopf hoch! Ein kleines Vermögen ist auf jeden Fall langfristig für euch drin. Tatsache ist, dass jeder mehrere Einnahmequellen und finanzielle Standbeine braucht. Wer nur auf sein Gehalt setzt, macht sich auf Dauer arm.

Es lohnt sich wirklich, auf lange Zeitlinien zu setzen. Schaut euch die Charts von Firmen wie Zalando, Starbucks oder Hermès an. Die Frauen, die schon länger Aktien dieser Werte halten, schreien vor Glück. Der Aktienkurs der Luxus-Modefirma Hermès hat sich beispielsweise seit dem Börsengang im Jahr 1993 mehr als versiebzigfacht.

Das Depot des Finanzbabys

Ich erläutere euch meine Gedankengänge bei der Erstellung des Finanzplans für mein Baby, damit ihr versteht, wie man das für sich optimale Depot zusammenstellen kann. Drei Vorbemerkungen:

- ✓ Bitte bedenkt, dass ich hier keine Kaufempfehlungen abgebe! Die Beispiele dienen lediglich Lernzwecken.
- ✓ Investments in Gold, ETFs und Einzelaktien werden im nachfolgenden Kapitel im Detail erklärt.
- ✓ Es erwartet euch zudem ein kleiner Exkurs in die Anleihen- und Derivatewelt. Ich stelle euch diese Investments lediglich vor, rate jedoch dringend davon ab.

Challenge 37: Schreibt eure eigenen Antworten für die folgenden Fragen auf:

Wie viele Jahre soll euer Geld investiert werden?

Meine Antwort: 30 Jahre

Eure Antwort: _____ Jahre

Wie viel Verlust könnt ihr in einem Jahr verkraften?

Meine Antwort: 15 %

Eure Antwort: _____ %

Wie gut sind eure Nerven? (Diese Frage entfällt, falls die vorherige Antwort 0 % lautet)

Meine Antwort: eher gut

Eure Antwort: _____

Wie viel Geld legt ihr monatlich zurück?

Meine Antwort: 100 Euro

Eure Antwort: _____ Euro

Wie viel Geld habt ihr insgesamt zum Investieren zur Verfügung?

Meine Antwort: 10.000 Euro

Eure Antwort: _____ Euro

Hierunter versteht ihr einen Betrag, den ihr nicht benötigt und dessen Verlust euch nicht schmerzt. Er steht für eure Risikobereitschaft.

Noch keine Idee, wo ihr traden könnt? Prüft jetzt, bei welcher Bank ihr die besten Konditionen erhaltet: http://www.geldanlage.de/depot-rechner/

Hin und her macht Taschen leer

Gebühren sind Renditekiller. Daher lohnt es sich erst ab Beträgen von 1.000 Euro Investments, an der Börse zu handeln. Ein langfristiger Anlagehorizont schont nicht nur die Nerven, sondern auch den Geldbeutel. Lasst euch von plötzlichen Kurseinbrüchen nicht aus der Ruhe bringen. Ein kluger Investor sieht in seinen Aktien eine Unternehmensbeteiligung.

Ihr sucht noch nach einer guten Übungsplattform für euer Musterdepot? Die Internetseite von **www.ariva.de** kann ich nur empfehlen. Hier könnt ihr eine Watchlist zusammenstellen und die von euch ausgewählten Werte über die Zeit beobachten. Im Menüpunkt »Mein Depot« könnte ihr euer eigenes Musterdepot zusammenstellen.

So kauft man Börsenwerte

1. Depot mit Internetzugang eröffnen – nicht vergessen, die Order-Gebühren zu checken.
2. Geld auf Verrechnungskonto überweisen. Hierüber laufen alle Transaktionen wie beispielsweise Dividendenzahlungen auf.
3. Im Such-Menü Firmennamen und Wertpapiertyp (zum Beispiel Aktie oder Anleihe) auswählen.
4. Order-Formular ausfüllen und mit Kaufen-Button die Order bestätigen.

Challenge 38: Holt euch Depot-Ideen vom Centre for Financial Research der Uni Köln

Das Centre for Financial Research (CFR) der Uni Köln hat 24 Jahre Börsengeschehen analysiert. Googelt die Begriffe: »krisensicheres Depot FAZ« und ihr gelangt zum Online-Rechner der Frankfurter Allgemeinen Zeitung, der auf den Ergebnissen der Forscher beruht. Probiert den Rechner einfach aus und tragt verschiedene Beträge in die Eingabefelder ein. Es macht wirklich Spaß!

Bitte beachtet, dass ihr selbst die Entscheidung darüber treffen müsst, welche Werte ihr euch ins Depot legt. Erachtet die Beispieldepots immer nur als Anregung, die ihr überdenkt. Wenn ihr ein Investment nicht versteht, bedeutet das: Finger weg!

Mal schauen, was der CFR-Rechner mir empfiehlt: Ich trage mein Risikoprofil ein. Mit einem Knopfdruck bekomme ich einen Depot-Entwurf geliefert. Praktisch! Das ist die Empfehlung:

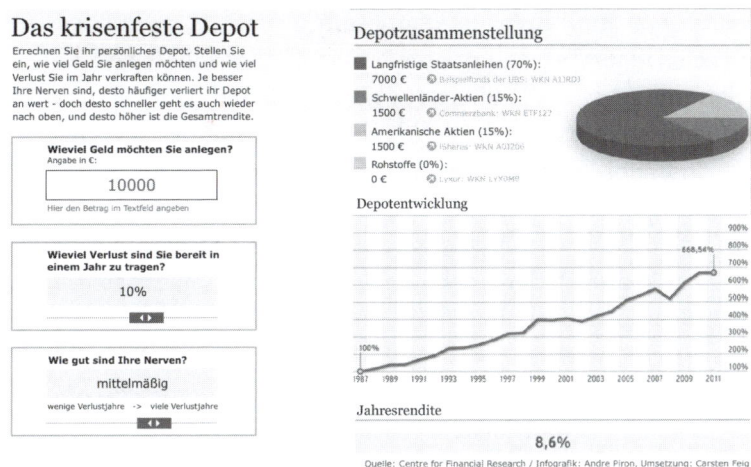

Abb. 41: Das krisenfeste Depot, Quelle: Screenshot www.faz.net

Ich möchte mein Depot dennoch anders zusammenstellen. Heißt: Ich wähle nur die Werte, die ich für mich als sinnvoll erachte. Auch ihr solltet immer offen für Vorschläge sein! Aber die finale Entscheidung müsst ihr selbst treffen.

Die Empfehlung, Anleihen ins Depot zu holen, finde ich beim aktuellen Niedrigzinsumfeld regelrecht gefährlich.

Warum ich Anleihen eher nicht empfehlen würde

Um sich mittel- bis langfristig Kapital zu beschaffen, geben Staaten, Banken und Unternehmen Anleihen aus, Wertpapiere, die auch Schuldverschreibungen, Pfandbriefe oder auch Obligationen genannt werden. Der Käufer der Anleihe wird Gläubiger, der Emittent (= Herausgeber) Schuldner, der die Verzinsung und die Rückzahlung gewährleistet.

Anleihen sind der größte Markt der Welt. Größer als der Aktienmarkt oder der Immobilienmarkt. Sie werden gern von Menschen in Erwägung gezogen, die Sicherheit suchen – von Sparern. Staatsanleihen galten als sicher, aber die Griechenlandkrise hat uns allen gezeigt, wie schnell ein Land ins Wanken geraten kann. Im Zuge der Griechenlandrettung sind die Investoren, darunter viele Lebens- und Rentenversicherungsgesellschaften, hoffentlich wach geworden und haben eingesehen, dass sichere Anlagen nur in ruhigen Zeiten ungefährlich sind. Der Brexit könnte weitere Unruhe bringen. Und was ist, falls Frankreich eine rechtsradikale Regierung wählt und aus der EU austreten sollte?

Hinterfragt jeden Wert, bevor ihr ihn ins Depot nehmt! Macht im Idealfall eine Analyse, damit ihr die Auswahl umfassend durchdenkt und von vielen Seiten beleuchtet.

Und nehmt besonders bei Anleihen die fatale Wechselwirkung von niedrigen Zinsen und Inflation ernst. Denn Anleihen sind nicht inflationsgeschützt. Wenn eine Anleihe 3 Prozent Zinsen abwirft und die Inflation auf 5 Prozent steigt, stürzt der Anleihewert ab.

Die Höhe der Zinsen orientiert sich am allgemeinen Zinsumfeld sowie am Risiko. Je höher das Risiko (niedrigere Kreditwürdigkeit), umso höher der Zins (Risikoaufschlag).

Da die Anleihe zum Laufzeitende zum Nennwert (= eingezahltes Kapital) zurückgezahlt wird, spielen Kursschwankungen eine geringere Rolle als bei Aktien. Dennoch sollte man dieses Risiko nicht unterschätzen. Aus vielerlei Gründen könnte ein vorzeitiger Verkauf der Anleihe notwendig werden. Wenn in der Zwischenzeit die Zinsen für neue Anleihen gestiegen sind oder sich die Kreditwürdigkeit (Bonität) des Herausgebers (Emittent) verschlechtert, dann ist die Anleihe weniger wert als zuvor (ihr Kurs ist gesunken).

Ein fiktives Beispiel für eine Anleihe

Deutsche Bundesanleihe
Nennwert: EUR 1.000
Kupon: 1 Prozent entspricht der Rendite bei einem Kurs in Höhe des Nennwertes
Laufzeit: 30 Jahre

Rating: AAA (das Rating gibt Auskunft über die Ausfallwahrscheinlichkeit des Emittenten und bestimmt den Risikoaufschlag beim Zins, AAA ist sehr gut)

Ihr kauft zehn Bundesanleihen zum Gesamtwert von 10.000 Euro. Zuerst errechnen wir den jährlichen Zinsertrag. Bei 1 Prozent errechnet sich ein nahezu risikoloser Zinsertrag von 100 Euro pro Jahr, also 3.000 Euro in 30 Jahren.

Ich würde dieses Investment nicht empfehlen. Damit wird es nichts mit dem Eigenkapital für das Häuschen im Grünen! Erstens ist der Ertrag zu niedrig und zweitens könnte die Inflation insbesondere bei Langläufern heftig zuschlagen: Angenommen, die Inflation steigt auf 3 Prozent und übersteigt somit den Zinskupon, dann erhält man eine negative Rendite (1 Prozent minus 3 Prozent = minus 2 Prozent). Das heißt, euer Geld wurde vernichtet.

Das zweite Risiko ist das Kursrisiko. Unvorhergesehene Ereignisse könnten euch zwingen, eure Anleihen zu verkaufen. Selbst wenn ihr nur attraktivere Anlagemöglichkeiten wahrnehmen wollt, hängt ihr voll im Kursrisiko.

Sollte wie im Beispiel die Inflation steigen, wird sich auch das allgemeine Zinsniveau erhöhen. Dies wäre Gift für den Wert eurer niedrigverzinsten Anleihe. Da eure Anleihe nur mit einen Kupon von 1 Prozent verzinst ist, würde der Kurs der Anleihe bei einem Anstieg des allgemeinen Zinsniveaus auf 5 Prozent stark unter Druck geraten. Niemand würde die Anleihe kaufen wollen.

Um mit dieser Anleihe bei einer angenommenen Restlaufzeit von 25 Jahren eine Rendite von 5 Prozent zu generieren, müsste der Kurs der Anleihe um 80 Prozent auf 200 Euro fallen. Sprich: Eure Anleihe wäre nur noch 2.000 Euro wert. Um diesen Verlust nicht zu realisieren, müsstet ihr die Anleihe bis Endfälligkeit halten. Euer Kapital wäre also gebunden und eure Flexibilität stark eingeschränkt.

Außerdem müsst ihr euch bewusst sein, dass es sich bei Anleihen immer um Wertpapiere handelt, die Schulden verbriefen: Schulden von Staaten, Banken oder Unternehmen. Damit spielt die Kreditwürdigkeit – also die Fähigkeit, die Schulden samt Zinsen zurückzuzahlen – eine entscheidende Rolle.

Je höher die Gesamtverschuldung, desto geringer fällt die Kreditwürdigkeit aus und desto schlechter ist in der Regel das Rating. Und wenn der Kapitalmarkt und die internationalen Investoren das Vertrauen in die Fähigkeit eines Schuldners verlieren, seine Kredite zurückzuzahlen, dann kann es schnell gefährlich werden. Dies konnte man deutlich an den steigenden Risikoaufschlägen für die Griechenland-Anleihen während der Eurokrise sehen.

Die aktuelle Niedrigzinspolitik der Europäischen Zentralbank macht die Investition in Anleihen gefährlicher. Zwar liegen die Ausfallquoten (Anteil der nicht zurückgezahlten Kredite) auf historisch niedrigem Niveau, weil die Finanzierungskosten so niedrig sind. Die Nachteile überwiegen trotzdem, da zum einen die Schuldenquoten der Schuldner und somit das Bonitätsrisiko steigt.

Darüber hinaus ist für Sparer bei den niedrigen Zinsen nichts zu holen – nicht einmal bei Anleihen minderer Qualität (Junk Bonds) gibt es ordentliche Zinsen. Das bedeutet, das Risiko wird nicht mehr fair bezahlt. Dieses Problem haben nicht nur einzelne Sparer, sondern auch Banken und Versicherungen. Das kann man an ihren sinkenden Erträgen sehen. Sollten unverhofft die Zinsen stark steigen oder die Konjunktur einbrechen, dann könnte dieses Schuldenkartenhaus schnell unter der Last steigender Ausfälle zusammenbrechen.

Wenn es unbedingt Anleihen sein sollen, dann empfehle ich euch momentan nur Kurzläufer (bis zu 5 Jahre), damit ihr flexibel bleibt.

Merkt euch immer Folgendes: Sicherheit gibt es im Anlagebereich nicht. Wer Sicherheit sucht und Risiken meidet, verliert langfristig unter Umständen aufgrund der Niedrigzinsen nicht nur viel Geld, sondern verpasst auch hohe Gewinnchancen, weil er kein Kapital frei hat für andere Anlagen.

Risiken sind in Wahrheit nur gefährlich, wenn man sich nicht genug Wissen aneignet und planlos sein Geld in komplexe Anlageformen steckt, die man nicht versteht.

Der Investmentplan des Finanzbabys: moderates Risiko, gut gestreut

Der ETF-Anteil beträgt 100 Prozent: Von den 10.000 Euro kaufe ich dem Baby für jeweils 5.000 Euro Anteile von zwei ETFs. Das Risiko ist moderat, da beide ETFs breit gestreut sind. Meine ETF-Auswahl fällt auf den global aufgestellten MSCI World Index und den DAX.

Das Baby bekommt zu Festlichkeiten wie Weihnachten und Geburtstag von Verwandten, Oma und Opa Geldgeschenke. Ich werde das Bargeld Schritt für Schritt in Goldmünzen umwandeln, die auch in der Landeswährung akzeptiert sind.

Bitte beachtet: Sowohl die Einzelaktien als auch das Gold kaufe ich nur, weil ich die Verantwortung für mein Baby und seine Finanzen übernehme! Wenn das Finanzbaby als Börsenanfänger eigenverantwortlich mit 10.000 Euro loslegen würde, würde ich ihm dringend raten, erst einmal nur in ETFs zu investieren. Dazu mehr im Kapitel über ETFs ab Seite 233.

Challenge 39: Startet ein Bargeld- und Trading-Tagebuch

Mit dem Bargeld- und Trading-Tagebuch behaltet ihr die Kontrolle über eure Finanzen. Das sieht so aus:

Abb. 42: VSB Haushaltsplaner, Quelle: Screenshot www.computer-bild.de

Tipp: Ich nehme die vorgefertigten Templates von Microsoft. Das spart Zeit. Auch in der Google Cloud findet ihr gute Vorlagen. Alternativ holt ihr euch die kostenlose App »VSB Haushaltsplaner«. Die App gibt's auch für Jugendliche als »VSB Taschengeldplaner«.

Ein Trading-Tagebuch enthält Fakten, die euch helfen, eine Investmententscheidung zu treffen und euer Verhalten nach dem Traden zu analysieren. Indem ihr euer Vorgehen schriftlich festhaltet, wird es einfacher, die Kontrolle zu behalten.

Ihr könnt euer Trading-Tagebuch individuell nach euren Wünschen gestalten. Es sollte auf keinen Fall überladen sein, damit ihr die Übersicht behaltet. Die Mikro-Daten sind ein Must-have. Bei den Makro-Daten reicht es völlig, wenn ihr die Hauptversammlung, Dividendentermine und den Einstiegszeitpunkt im Blick behaltet. Weitere Daten nehmt ihr nach und nach in eurem Tempo hinzu.

Als Börseneinsteiger muss man sich Schritt für Schritt an alles herantasten, auch an das Trading-Tagebuch. Aber das hilft euch, nach und nach eure eigene Strategie besser zu entwickeln. Übung macht den Meister. Ihr werdet sehen, wie euch euer Bauchgefühl dabei hilft, eure Risikobereitschaft besser einzuschätzen.

Mikro-Daten:

✓ Welche Werte sollen ins Depot?
✓ Wie soll sich das Depot prozentual zusammensetzen?
✓ Wie viel Zeit steht mir pro Woche zur Verfügung?
✓ Welche Unklarheiten gibt es?
✓ Welche Termine stehen an? (zum Beispiel Quartalszahlen, Hauptversammlungen)

Makro-Daten:

✓ Welche Termine stehen an? (zum Beispiel EZB-Sitzung)
✓ Geopolitische Turbulenzen
✓ Timing

Trading-Strategie:

✓ Defensiv
✓ Langfristig
✓ Breite Streuung aufgrund von ETFs
✓ Erhöhte Risiken aufgrund von Einzeltiteln
✓ Titelauswahl anhand Steuereinsparungsmöglichkeiten: In Deutschland ausgegebene Titel

- ✓ Einzeltitelanalyse: Fundamentalanalyse (Bilanzen, Jahresberichte)
- ✓ Erfahrungslevel: Anfänger
- ✓ Ziel: 10 bis 15 Prozent Rendite pro Jahr unter anderem durch Kursgewinne und Dividendenzahlungen
- ✓ Stärken: Geduld, starke Nerven
- ✓ Schwächen: Unerfahren, keine technischen Chartanalyse-Kenntnisse
- ✓ Maßnahmen: ein bis zwei Börsenseminare im Jahr

Daten des Wertpapiers:

- ✓ Wertpapierkennnummer
- ✓ Name und Kürzel des Wertpapiers

Einstiegsdaten:

- ✓ Stückzahl:
- ✓ Datum:
- ✓ Einstiegskurs:
- ✓ Gebühren:
- ✓ Stop-Loss:

Ausstiegsdaten:

- ✓ Stückzahl:
- ✓ Ausstiegskurs:
- ✓ Gebühren:

Auswertung des Trades:

- ✓ Haltedauer:
- ✓ Realisierter Gewinn/Verlust pro Stück:
- ✓ Realisierter Gewinn/Verlust insgesamt:
- ✓ Anzahl der durchgeführten Trades:

✓ Summe der Verlierer im Depot:
✓ Summe der Gewinner im Depot:
✓ Gesamtgewinn:
✓ Gesamtverlust:

Trading-Protokoll

Datum	Trade-Nr.	Asset	Kaufkurs	Verkaufs-kurs	Gedanken
01.04.	1	Facebook-Aktie	40 Euro	50 Euro	Guter Einstieg, zu früh verkauft

Zeit für eine Verschnaufpause! Wie wäre es mit einem Interview?

Deutschlands Dividendenexperte Nummer eins, Christian W. Röhl (CWR), über einfache Anlagestrategien und Vaterfreuden:

Kat€: Herr Röhl, kennen Sie Ihre monatlichen Ausgaben auswendig?

CWR: Natürlich. Es wäre ja aberwitzig, sich mit Investments zu beschäftigen, ohne seine persönliche Burn-Rate zu kennen – ungefähr so, als würde man mit dreckigen Scheiben und ohne Licht durch die Nacht fahren. Hinzu kommt, dass ich einen relativ übersichtlichen Fixkostenblock habe. Das erleichtert nicht nur die Übersicht, sondern hat einfach etwas mit finanzieller Freiheit zu tun. Nur als Beispiel: Ich liebe Mallorca, aber ich käme nie auf die Idee, mir dort ein Haus oder eine Wohnung zu kaufen. Die Nebenkosten, die Bürokratie, die Bewirtschaftung ... nein, danke! Da leiste ich mir lieber jedes Mal, wenn ich auf der Insel bin, ein gutes Hotel.

Kat€: Sie wurden vor Kurzem Papa. Was meinen Sie: Wie verändert sich Ihr Leben dadurch?

CWR: Das wissen Sie als Mama doch viel besser als ich, schließlich sind Sie mir ein knappes Jahr voraus. Aber Scherz beiseite: Ich freue mich auf ein völlig neues Lebensgefühl – eine ganz andere Art von Verantwortung, sicher gewisse Zwänge, aber auch eine Menge Spaß und viele ganz besondere Momente.

Kat€: Investiert man als Papa vorsichtiger?

CWR: Nein, da muss ich mich nicht umstellen. Meine Zockerzeit liegt lange hinter mir. Mit 18 habe ich mal mit Optionsscheinen meine Urlaubskasse verjuxt, so dass ich mir statt Ballermann nur noch Baggersee leisten konnte – und mit 22 bin ich um ein Haar an der Pleite vorbeigeschrammt, nachdem ich Aktien auf Pump gekauft hatte und die Kurse dann durch die Russlandkrise 1998 binnen weniger Wochen um 20 bis 30 Prozent eingebrochen sind. Das war eine sehr heilsame Erfahrung ...

Kat€: Haben Sie schon einen Plan, wie Sie für den Kleinen im digitalen Zeitalter vorsorgen? Sparschwein oder lieber gleich eine App wie iBillionaire?

CWR: Ein Sparschwein haben wir schon im Babyzimmer stehen, aber natürlich nur symbolisch. Unser kleiner Julian kriegt selbstredend gleich nach der Geburt ein Depot, in das dann ausschließlich Aktien und Aktienfonds wandern werden. Denn er hat ja fast zwei Jahrzehnte Zeit, bis er das Geld für seine Berufsausbildung braucht – und Zeit ist der wichtigste Erfolgsfaktor, wenn es um Aktien geht: Je länger der Horizont, umso weniger fallen zwischenzeitliche Kursrückgänge und Krisen ins Gewicht. Und ob man sein Portfolio dann mit einer coolen App oder in einem Excel-Sheet oder auf einem karierten DIN-A4-Zettel verwaltet, ist erst mal zweitrangig.

Kat€: Im Jahr 2010 lag das Einkommen der 25- bis 29-Jährigen in Deutschland 7 Prozent unter dem Durchschnitt. 1984 waren es knapp 3 Prozent. Welchen Ratschlag werden Sie Ihrem Kind diesbezüglich mit auf dem Weg geben?

CWR: In diesen Zahlen zeigt sich wohl die »Generation Praktikum«, und wenn junge, fleißige und hervorragend ausgebildete Menschen sich von einem prekären Arbeitsverhältnis ins nächste hangeln müssen, läuft definitiv etwas falsch in einer Wissensgesellschaft. Aber klar ist: Eine Top-Qualifikation alleine reicht nicht aus, um gutes Geld zu verdienen. Es müssen, neben dem obligatorischen Quäntchen Glück, noch ein paar andere Skills dazukommen – beispielsweise Unternehmergeist. Das ist nicht jedermanns Sache, aber wenn mein Sohn sein eigenes Business aufziehen wollte, würde ich das auf jeden Fall sehr unterstützen.

Kat€: Immer weniger Beitragszahler buckeln für immer mehr Rentner. Können junge Menschen überhaupt noch adäquat für ihre Rente vorsorgen oder sollten sie lieber ihr weniges Geld verprassen und im Alter auf den Sozialstaat hoffen?

CWR: Über seine Verhältnisse leben und darauf vertrauen, dass einen der Staat schon raushaut, wenn's schiefläuft? Derlei »Moral Hazard« funktioniert nur bei Banken, aber als junger Mensch würde ich mich nicht darauf verlassen. Ohne private Vorsorge geht es nicht. Punkt.

Kat€: Wann und wie sollten junge Leute mit dem Investieren beginnen?

CWR: Sofort – schon wegen des Zinseszinseffektes. Und das Argument »kein Geld« zieht dabei nicht. Wer jeden Morgen auf dem Weg zur Arbeit oder zur Uni bei Starbucks Station macht und 3,50 Euro für einen Kaffee übrig hat, der kann auch investieren: Kaffee daheim aufbrühen und schon sind 50 Euro Sparrate pro Monat kein Problem. Oder nehmen Sie Raucher – wer mit den Glimmstengeln aufhört, lebt nicht nur gesünder, sondern hat von heute auf morgen mehr Geld im Portemonnaie.

Kat€: Angenommen, man möchte 200 Euro jeden Monat beiseitelegen: Wie sollte man vorgehen, um diesen Betrag optimal zu investieren?

CWR: Am wichtigsten ist die Regelmäßigkeit: Am besten die 200 Euro gleich am Monatsanfang automatisch abbuchen lassen, so dass man gar nicht erst in Versuchung kommt, mal eine Ansparpause einzulegen. Erst dann kommt die Frage, in was man investiert – wobei für die meisten Menschen ein internationaler Aktienfonds oder ETFs sicher am naheliegendsten ist. Wer sich etwas aktiver mit seiner Geldanlage beschäftigen möchte, kann allerdings auch zu Einzelaktien greifen. Einige Online-Broker bieten die Möglichkeit, zu günstigen Konditionen Aktienbruchteile zu erwerben.

Kat€: Was, wenn man weniger Geld zur Verfügung hat, sagen wir 50 Euro?

CWR: Da kommt man um einen Fonds nicht herum. Wichtig aber auch hier, egal ob jung oder alt: Aktien – vorausgesetzt, man hat mindestens zehn Jahre Zeit.

Kat€: Gold, ETF, Fonds, Einzelaktien, Immobilien, Firmenbeteiligungen, Anleihen: Wie findet man das passende Investment?

CWR: Jetzt vermischen Sie aber Anlageklassen und Verpackungen. Fonds sind ja nur eine Hülle für Aktien oder Anleihen – und ETFs sind börsengehandelte Fonds. Firmenbeteiligungen im Sinne von Private Equity sind für die meisten Normalanleger ohnehin nicht erschwinglich, mal abgesehen von diesen ganzen Crowdfunding-Angeboten, die aber bei Lichte betrachtet bloß Nachrangdarlehen sind. Also bleiben zunächst mal Gold, Immobilien, Aktien und Anleihen. Wobei Letztere eigentlich ausscheiden, denn wo man früher einen risikolosen Zins bekam, gibt's heute nur noch zinsloses Risiko. Gold bringt überhaupt keine laufenden Erträge, ist also letztendlich Spekulation auf ein ganz bestimmtes Krisen- und Inflationsszenario. Und Immobilien sind eine Lebensentscheidung. Bleiben also Aktien, die als Unternehmensanteile ja ebenfalls Sachwerte sind und überdies laufende Erträge abwerfen – nämlich Dividenden.

Kat€: Warum handeln Ihrer Meinung nach nur rund 10 Millionen Deutsche an der Börse? Alles nur, weil sie heute noch auf die Aktienkurstrendwende des ehemaligen Dividenden-Superstars Telekom warten?

CWR: Die misslungenen Börsengänge der Deutschen Telekom – zuletzt im Juni 2000 hat Vater Staat die Aktien für 66,50 Euro verhökert, heute liegt der Kurs knapp über 14,00 Euro – haben der Investmentkultur definitiv schwer geschadet. Letztendlich haben wir dadurch zwei Anlegergenerationen verloren: Sowohl die Mütter und Väter, die damals um ihre Spargroschen gebracht wurden, als auch die Töchter und Söhne, die das »T-saster« mitbekommen haben. Hinzu kommt, dass die Aktie hierzulande keine Lobby hat, ganz im Gegensatz zu Versicherungen und Banken. Aber in dieser Hinsicht ist die Nullzinspolitik der EZB tatsächlich hilfreich. Denn immer mehr Menschen kümmern sich aktiver um ihr Geld oder informieren sich zumindest besser – und entdecken, dass langfristiger Vermögensaufbau ohne Aktien nicht funktioniert.

Kat€: Ab welchem Verlust stoßen Sie Aktien ab?

CWR: Ich sehe Aktien wie vermietete Immobilien. Die stellt man ja auch nicht zum Verkauf, wenn irgendjemand behauptet, dass die Preise fallen – sondern solange die Mieter brav zahlen, bleibt man ganz gelassen. Will heißen: Fallende Kurse nutze ich vielleicht als Gelegenheit zum Nachkaufen, aber ansonsten ist mir egal, ob eine Aktie gerade steigt oder fällt. Kribbelig werde ich erst, wenn die Dividende gesenkt wird oder die Ausschüttungsquote zu hoch ist, ein Unternehmen also über seine Verhältnisse lebt. Dann kommt die Aktie auf die Verkaufsliste.

Christian W. Röhl ist Buchautor von *Cool bleiben und Dividenden kassieren*. Was mich sehr beeindruckt, ist seine Vielseitigkeit – Unternehmer, Ehemann, Papa, Portfoliomanager und Gründer der Finanzplattform DividendenAdel.de. Ich sage »Respekt« und möchte mich herzlich für das Interview bedanken.

Ich liebe es, Menschen Fragen zu stellen! Und weiter geht's!

Martin Utschneider (MU), Experte für Technische Analyse bei der Privatbank Donner & Reuschel und Dozent, über heikle Börsenmanöver und Rezepte gegen Panik.

Kat€: Herr Utschneider, wie sieht ein Tag in Ihrem Leben aus?

MU: Ab 7:00 Uhr früh analysiere ich die globalen Finanzmärkte und die möglichen Auswirkungen. Unser Ziel ist, dass es gelingt, die Chancen der Kapitalmärkte zu nutzen und gleichzeitig die Risiken deutlich zu reduzieren. Am liebsten sind mir aber die Wochenenden und freien Tage im Kreise meiner Familie. Da spielen Kapitalmarktthemen – Gott sei Dank – gar keine Rolle.

Kat€: Wie bleiben Sie cool, wenn die Finanzmärkte in einen Sturm geraten?

MU: Mithilfe der Technischen Analyse kann man schon vorab die Reißleine definieren. Unerwartete Crash- und Horrorszenarien kann man mit Charttechnik zwar niemals konkret vorhersehen, aber dafür rechtzeitig die Risiken minimieren.

Kat€: Wie bereiten Sie sich und Ihr Depot auf heikle Börsenzeiten vor?

MU: Mit strukturierter Analyse. Dazu gehören fundamentale Makro-Daten, das Sentiment und natürlich Technische Betrachtung sowie Trendfolgeszenarien. Vor allem aber Disziplin. Der bekannte »gesunde Menschenverstand« ist zusätzlich ein guter Ratgeber.

Kat€: Kann man die Gefahr mit Charttechnik überhaupt abschätzen?

MU: Die Gefahr in ihrer finalen Auswirkung eher weniger, aber mithilfe gut durchdachter Unterstützungs- und Supportmarken kommt man erst gar nicht in »Worst Case«-Situationen. Technische Analyse baut zwar keine Luftschlösser, sichert aber schnell und flexibel nach unten ab. Das kann man mit einem Seiltänzer vergleichen. Das Auffangnetz befindet sich relativ weit oben, niemals am Boden der Manege.

Kat€: Mehr als 20 Prozent aller Deutschen zwischen 20 und 30 Jahren arbeiten und leben unterhalb der relativen Armutsschwelle. Sollten sie einfach nur Party machen und auf den Sozialstaat vertrauen – oder doch für ihre Zukunft vorsorgen?

MU: Ich bin sicher, dass die private Vorsorge künftig noch mehr an Bedeutung gewinnen wird.

Kat€: Richtig oder falsch? Kann man durch Sparen reich werden?

MU: Beides. »Reich« wird man zunächst durch die tägliche Arbeit. Was einem nach den Fixausgaben bleibt, kann man gut strukturiert anlegen, um langfristig eine kleines bis großes Vermögen aufzubauen. Reichtum als solcher lässt sich sowieso schwer bzw. ganz leicht definieren. Genug Zeit zu haben für die Familie und Freunde ... das ist Reichtum. Richtig »reich« sind meines Erachtens die Bescheidenen und Zufriedenen und die Gesunden.

Kat€: Ist Reichtum nur eine Illusion?

MU: Für diejenigen, die zwanghaft immer nach noch »mehr« streben und nie zufrieden sind, definitiv. Selbst wenn einem auf dem Depot-Auszug die Millionen entgegenlächeln.

Kat€: Sind wir Deutschen eigentlich zum Reichwerden geschaffen?

MU: Wir sind schon unglaublich reich, wenn man unser »Gesamtpaket« betrachtet. Vor allem der Blick in kriegsgeplagte Länder beantwortet diese Frage.

Kat€: Wie wird man am einfachsten und am schnellsten reich?

MU: Durch eine Erbschaft oder einen Lottogewinn. Ein Lottogewinn verschafft Reichtum über Nacht, ist aber äußerst unwahrscheinlich. Mit einer Erbschaft ist leider der Verlust eines lieben Menschen verbunden. Vermögen aufzubauen, bedarf guter Ratgeber. Das ist vergleichbar mit einem Lotsen an Bord eines Schiffes in schwierigem Fahrwasser. Wesentlich ist dabei strategisches und diszipliniertes Handeln. Dazu braucht man Geduld und man muss ehrlich zu sich selbst sein.

Kat€: Was raten Sie unerfahrenen Börsenfans?

MU: Lassen Sie sich von Experten beraten und sammeln Sie zunächst mit fiktiven Musterdepots Erfahrung. Den Verlauf von Aktienanlagen kann man sich zum Beispiel mit dem sogenannten Renditedreieck des Deutschen Aktieninstituts (DAI) anschauen. Wir bei Donner & Reuschel haben ein solches Dreieck mit weiteren Anlageklassen entwickelt. Wir nennen es »Rendite-Risiko-Radar«. Mit einem solchen Tool wird der Begriff Risiko realistisch und verständlich. Übrigens kann sich jeder das Radar online auf unserer Homepage www.donner-reuschel.de anschauen oder auch als App downloaden. Es ist kostenlos im Apple-Store und hat den Namen »myReturn«. Wichtig ist, sich zu fragen, ab welchem Risiko man nicht mehr ruhig schlafen kann beziehungsweise nervös wird. Das alles gilt es ehrlich einzuordnen. Basiswissen ist dabei unerlässlich. Halbwissen dagegen fatal.

Kat€: Danke für das Interview!

So ein Interview macht durstig! Ich bereite mir jetzt erst einmal einen Smoothie:

Kniagat-Smoothie (bayerisch für: geizig), vier Portionen
Kosten: 5 Euro
Zeitaufwand: 10 Minuten (exklusive Einkaufszeit)

4 Pfirsiche
2 Orangen
1 Apfel
3 Kiwis
1 Banane
3 Feigen

Überlegt euch, ob ihr noch Eiswürfel dazugebt. Kirschen wären auch noch eine super Idee, mir fehlt aber gerade die Geduld für noch mehr Zutaten. Mögt ihr es cremiger? Dann gebt noch etwas Milch dazu.

Braucht ihr noch etwas mehr Entspannung? Hier ist ein Quiz: Richtig oder falsch?

Die Auflösung findet ihr im Anhang.

Lesbische Frauen verdienen mehr als heterosexuelle Frauen.

☐ Richtig ☐ Falsch

Homosexuelle Männer verdienen weniger als heterosexuelle Männer.

☐ Richtig ☐ Falsch

Wer mehr als 30.000 Euro netto im Jahr verdient, gehört zum reichsten Prozent der Weltbevölkerung.

☐ Richtig ☐ Falsch

Genug entspannt!

Warum wir auf eine Katastrophe zusteuern

Unser Land zählt zu den reichsten Ländern der Welt. Ihr denkt vielleicht: »Echt jetzt«? Und fragt: »Warum ist es dann mit seinen über 2 Billionen Euro (= 2.000 Milliarden Euro = eine Zwei mit zwölf Nullen) Staatsschulden auf Platz drei der reichsten und gleichzeitig der am höchsten verschuldeten Länder? Und warum gehen diese Länder nicht bankrott, vor allem in Anbetracht der enormen Bankenverschuldung von weiteren 8 Billionen Euro (8 Billionen + 2 Billionen = 10 Billionen Schulden – ups)? Machen Schulden etwa reich?«

Wie kriegen die reichen Staatsschuldengiganten das hin, nicht pleitezugehen? Angeblich durch ihre enorme Wirtschaftsleistung: Solange sie Wachstum erzeugen, können sie ihre Rechnungen bezahlen. Die USA führt aktuell die Schulden-Charts mit jeweils 22 Billionen US-Dollar an. Auf Platz zwei steht Japan. Mit fast 250 Prozent seiner Wirtschaftsleistung ist das Land ultrahoch verschuldet. Im Vergleich: Pleitestaat Griechenland liegt bei 178 Prozent. Die USA stehen mit über 105 Prozent in den Miesen, dicht gefolgt von der EU mit 96 Prozent.

Gleichzeitig liegt das US-Leistungsbilanzdefizit bei 600 Milliarden Dollar. Klingt kompliziert, oder? Heißt nichts anderes, als dass die Amerikaner lieber konsumieren als produzieren. Die hohen Gehälter machen die Herstellung von Gütern im eigenen Land einfach zu teuer. Damit trotzdem von Wachstum die Rede sein kann, wird es künstlich erzeugt. Niedrige Zinsen sind ein Faktor, der zum Kauf anregt. Die Dinge kosten dann gefühlt weniger: Immobilien, Autos, Urlaube – auf Pump ist alles möglich. So erzeugt man Nachfrage. Durch die Abwertung der eigenen Währung werden Waren fürs Ausland günstiger und damit attraktiver.

Merkt euch einfach: Preis multipliziert mit Menge (erzeugte Güter) sind die Faktoren, die Wachstum beeinflussen. Steigt ein Faktor, erhöht sich das Wirtschaftswachstum. Und so wird Jahr für Jahr das Wohnen und Autofahren teurer. Die Leute nehmen Preissteigerungen in der Regel als selbstverständlich hin. Trotzdem fragt sich die Industrie mittlerweile, warum der Nachwuchs – genannt auch Millennials oder Generation Y – kein Auto kauft und kein eigenes Haus will …

Die Länder mit der höchsten Staatsverschuldung in Relation zum Bruttoinlandsprodukt findet ihr auf der nächsten Seite. Am schlimmsten steht es um Griechenland (176,9 Prozent des BIP).

Wieso ich euch etwas von Schulden erzähle? Ich will euch warnen: Schulden sind gefährlich! Noch spürt ihr nicht viel davon. Aber unsere Enteignung ist bereits im Gange. Wie ihr das merkt? Am immer höheren Renteneintrittsalter. Die Politiker nehmen das Wort Rentenkürzung ungern in den Mund. Ein höheres Renteneintrittsalter ist jedoch nichts anderes. Niemand geht davon aus, dass wir tatsächlich alle bis 67 oder länger arbeiten können. Aber je höher die Altershochstufung angesetzt wird, desto weniger Rentenanspruch hat der Einzelne.

Versteht ihr, wieso wir auf eine Katastrophe zusteuern, ohne es zu merken? Es ist allerhöchste Zeit, dass ihr damit beginnt für den Ernstfall vorzusorgen. Denkt immer daran: Jeden Euro, den ihr ausgebt, könnt ihr nicht für euch arbeiten lassen.

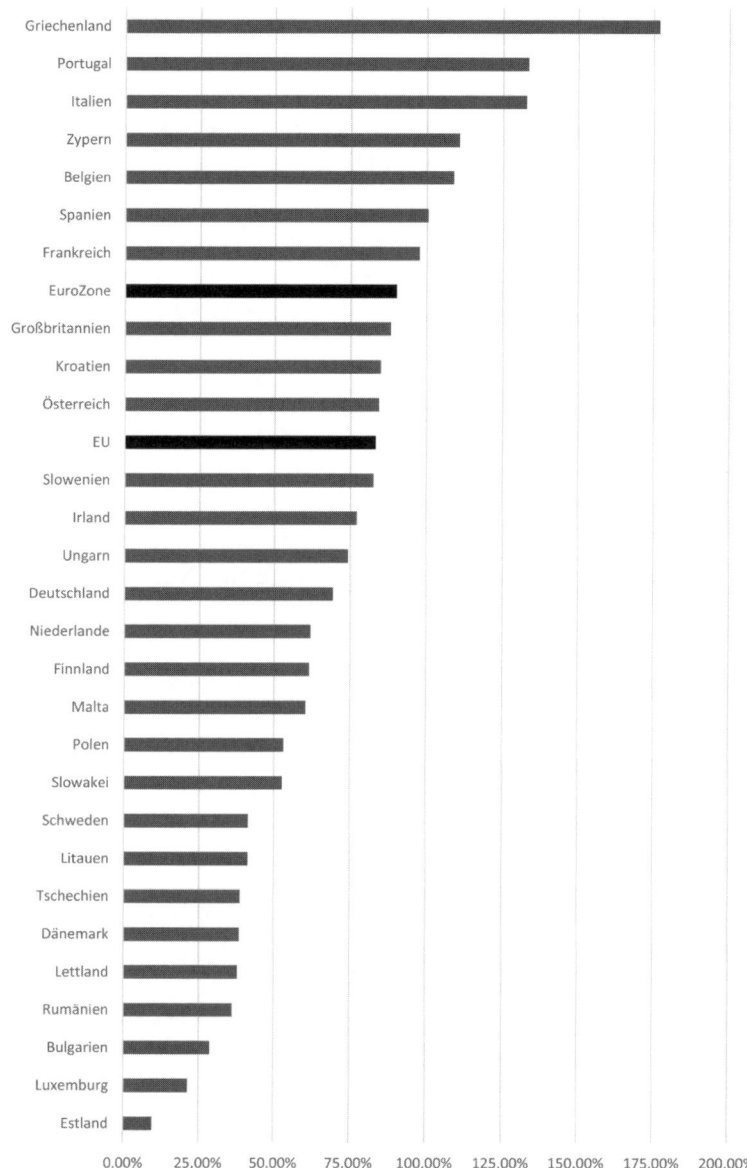

Abb. 43: Staatsverschuldung in den Mitgliedsstaaten der EU in Relation zum Bruttoinlandsprodukt (BIP), 3. Quartal 2016, Quelle: Statista 2017

Challenge 40: In 5 Schritten von der Notfallreserve zur Geldanlage

Schritt 1 und 2 sind Pflicht. Nicht nur bei dieser Challenge, sondern sowieso und überhaupt. Es sei denn, ihr wollt euer Leben als Kirchenmaus verbringen ...? Nein? Das dachte ich mir.

Wenn ihr finanziell schon so weit seid, fangt auch gleich mit den weiteren Schritten der Challenge an. Wenn nicht: Mit Schritt eins und zwei werdet ihr das ändern. Es gibt keine Ausrede mehr für Armut!

Schritt 1: Die Notfallreserve

Notfallreserve: *Substanzielle* Notfallreserve an Bargeld, die in Krisensituationen der Fixkostendeckung und Grundversorgung dient.

Ansparzeitraum: ein Jahr
Monatliche Rücklage: 416 Euro
Ergebnis: 4.992 Euro
Motto: Finger weg!
Hürden: Nicht genug Geld zur Verfügung?

Lösung 1: überflüssige Abos, Verträge und Versicherungen kündigen
Lösung 2: 1 × pro Woche Nebenjob (samstags)
Lösung 3: verlängerter Ansparzeitraum von 2 Jahren
Monatliche Rücklage bei Lösung 3: ca. 210 Euro
Leistungsbereitschaft: die eiserne Reserve bei Jobverlust, Burn-out oder unvorhergesehenen nervigen Ereignissen
Mantra: Geht nicht, gibt's nicht!
Ressourcen: Nebenjobs, Hauptberuf, Steuerrückzahlungen, Geldgeschenke von Oma, Opa, Onkel, Tante, eBay- oder Klei-

derkreisel-Verkaufserlöse, Leben vereinfachen, überflüssige Verträge und Versicherungen kündigen

Warum das Ganze, fragt ihr? Viele Menschen können nicht einmal einen Monat ihre Rechnungen bezahlen, ohne arbeiten zu gehen. Gehört ihr auch dazu? Dann wird es Zeit für eine Notfallreserve. Denn die Waschmaschine oder das Auto können kaputtgehen. Ihr könnt arbeitslos werden und müsst dann ein paar Wochen überbrücken. Auch unerwartete Rechnungen können eintrudeln.

Ideal ist eine Notfallreserve von 5.000 Euro. Mehr geht immer. Diesen Betrag dürft ihr nur im absoluten Notfall anrühren. Also legt ihn auf ein Tagesgeldkonto.

Um 5.000 Euro anzusparen, legt ihr am besten jeden Monat 10 Prozent eures Einkommens zurück. Besser noch wären 20 bis 30 Prozent. Aber wichtig ist ... Machen! Sparen wird zur Routine, und wenn die komplette Notfallreserve auf eurem Tagesgeldkonto liegt, folgt Schritt zwei. Weitere Spartipps findet ihr auf YouTube unter Finanzdiva und auf meiner Website **www.finanzdiva.de**

Schritt 2: Sparen, sparen und nochmals sparen

Sparen: Verb (jmd. spart (etwas/Geld))
Zwecksparen: Sparen, um sich später größere Anschaffungen zu ermöglichen (Fahrzeug, Urlaub)
Vorsorgesparen: Sparen, um sich für Notsituationen abzusichern (Krankheit, Arbeitslosigkeit)
Ansparzeitraum: lebenslänglich
Monatliche Rücklage 1: 10 Prozent eures Einkommens
Wohin mit Sparrate 1: aufs Tagesgeldkonto
Beispiel: 1.500 Euro Nettoverdienst – monatliche Sparrate: 150 Euro

Ergebnis nach 10 Jahren: 23.000 Euro plus eiserne Notfallreserve

Motto: Jeder fängt mal klein an!

Hürden: Keine Lust? Pleite?

Lösung 1: sinnlose Abos, Verträge und überflüssige Versicherungen kündigen

Lösung 2: 1 × pro Woche Nebenjob (samstags)

Lösung 3: statt 10 nur 5 Prozent des Einkommens zurücklegen

Monatliche Rücklage bei Lösung 3: 75 Euro

Ergebnis nach 10 Jahren: 14.000 Euro inklusive eiserner Notfallreserve

Leistungsbereitschaft: unvorhergesehene nervige Ereignisse bringen euch nicht aus der Ruhe

Mantra: Einfach machen!

Ressourcen: Nebenjobs, Hauptberuf, Steuerrückzahlungen, Geldgeschenke von Oma, Opa, Onkel, Tante, eBay- oder Kleiderkreisel-Verkaufserlöse, Leben vereinfachen, überflüssige Verträge und Versicherungen kündigen

Schritt 3: Investieren

Investieren: Verb (jmd. investiert (etwas/Geld))

Ziel: Lasst euer Geld für euch arbeiten

Könnt ihr mehr als 10 Prozent zurücklegen? Dann investiert!

Monatliche Depot-Rücklage: noch mal 10 Prozent eures Einkommens werden auf ein Depot eingezahlt (Mustersparplan findet ihr in den folgenden Abschnitten)

Beispiel: 1.500 Euro Nettoverdienst/monatliche Investmentrate: 150 Euro

Ergebnis nach 10 Jahren: 26.100 Euro

Angenommene Rendite: 7 Prozent

Motto: Vollgas!

Hürden: Investmentrate zu hoch? Probiert es mit einer geringeren Investmentrate

Lösung: 5 Prozent eures Einkommens zurücklegen
Verminderter Investmentbetrag: 75 Euro auf Depot (Mustersparplan findet ihr in den folgenden Abschnitten)

Beispiel: 1.500 Euro Nettoverdienst
Angenommene Rendite: 7 Prozent
Ergebnis nach 10 Jahren verzinst: 13.050 Euro

Schritt 4: Lernt aktiv mit einem Musterdepot

Wie das genau aussieht, lest ihr ab Seite 249.

Schritt 5: Erweitert eure Investments

Aber nicht zu sehr. Drei Anlageklassen reichen: Aktien, ETFs und Gold. Mehr dazu ab Seite 233.

Warum ich euch in diesem Buch keine Immobilien empfehle

Im ersten Finanz-Diva-Buch habe ich euch Immobilien als mögliche Investments vorgestellt. In diesem Buch klammere ich jedoch diese Anlageform bewusst aus.

Erstens will ich mich in diesem Buch auf kostengünstige Investments konzentrieren, damit ihr seht, dass ihr auch mit niedrigen Einkommen Vermögen bilden könnt. Viele Immobilien sind jedoch aktuell aufgrund der Nullzinspolitik sehr hoch bewertet. Dadurch steigen unmittelbar die Nebenkosten wie Maklerprovisionen, Notargebühren und Grundsteuern (etwa 10 Prozent des Kaufpreises). Kosten, Steuern und Gebühren sind Renditekiller. Ich selbst habe zwar Immobilien, aber die laufenden Kosten sind nicht zu unterschätzen. Mit einem meiner Objekte mache ich sogar Verlust, da die Mieteinnahmen die Finanzierungskosten nicht decken. Das geht nicht nur mir so – sehr viele Investoren verlieren mit ihrer Immobilie Geld.

Und dann hat man wegen der (steuerlich bedingten) Haltefrist von mindestens zehn Jahren bei Mietobjekten ein enormes Klumpenrisiko. Ganz schlecht, wenn dann keine Cash-Reserven für Notfälle da sind. Ihr könnt eure Immobilie nicht so einfach und schnell verkaufen wie eine Aktie. Um eine Immobilie wieder loszuwerden, braucht man viel Zeit und starke Nerven. In Notsituationen kann der Verkauf schnell zum Albtraum werden. Daher rate ich euch nur zur Investition in Immobilien, wenn ihr so viel Eigenkapital habt, dass euch nichts aus der Ruhe bringen kann.

Zweitens ist im Frühjahr 2016 die WIKR-Immobilienrichtlinie in Kraft getreten. Banken werden bei Kreditausfällen mit in Haftung genommen. Als Folge werden mehr Immobilienkredite als früher abgelehnt. Bisher konnten auch Immobilien als Sicherheiten hinterlegt werden. Das geht nach der neuen Regelung nicht mehr, denn Immobilien können im Wert fallen. Junge Leute, insbesondere Frauen, und Menschen ab 60 werden von der neuen Regelung besonders hart getroffen. Es wird ihnen eine wichtige Möglichkeit genommen, mit Fremdkapital Vermögen zu bilden. Ihre Anlagemöglichkeiten sinken.

Damit ihr den Mut und den Willen zum Vermögensaufbau nicht verliert, möchte ich euch in diesem Buch zeigen, dass drei andere Anlageklassen ausreichen, um euer Geld langfristig zu vermehren.

Warum ich euch grundsätzlich keine Derivate empfehle

Könnt ihr euch noch an die Finanzkrise im Jahr 2007 erinnern? Sie wurde vom Derivatehandel (Mortgage Backed Securities, MBS) ausgelöst. Hypotheken wurden nicht nur an zahlungskräftige Kreditnehmer ausgegeben, sondern auch an Leute, die kein Einkommen hatten und ihre Raten nicht zahlen konnten. Diese sogenannten Subprime-Hypothekenanleihen (also schlechte Kredite) wurden anschließend in MBS-Anleihen zusammengepackt und als erstklassige Investments auf der ganzen Welt verkauft.

Aus Sch... wurde ein scheinbar seriöses Finanzprodukt gemacht. Die MBS-Anleihen wurden nicht einmal von den Rating-Agenturen hinterfragt. Die Folgen der Krisen sind noch immer zu spüren. Banken, Unternehmen und Länder gingen pleite, von Privatpersonen ganz zu schweigen.

Anlageklasse 1: ETFs – Die *Must-haves* für Teamplayer

Als ich das erste Mal von ETFs hörte, war ich sehr skeptisch. Das war im Jahr 2012 auf einer Veranstaltung meiner Direktbank. Exchange Traded Funds? Ich konnte mir nichts darunter vorstellen und dachte mir: »Vorsicht, die wollen mir irgendeinen Mist andrehen!«

Das ist jetzt über fünf Jahre her. Es hat sich einiges geändert. Zum einen ist meine Einstellung zu ETFs inzwischen sehr positiv. Zum anderen gehören ETFs heute zu den gefragtesten Investments.

Wie normale Fonds bündeln ETFs verschiedene Einzelwerte von börsennotierten Unternehmen. Der Unterschied zu normalen Fonds ist: In der Regel bilden ETFs einen Index ab – zum Beispiel den Deutschen Aktienindex DAX. Dadurch sind die Risiken von ETFs geringer als die von Einzelaktien.

ETFs haben normale Fonds längst in den Schatten gestellt. Denn sie sind nicht nur sicherer, sondern auch deutlich günstiger. Denn ein ETF braucht kein aktives Fondsmanagement. Die Steuerung übernimmt ein Computer.

Mehr dazu ab Seite 233.

Anlageklasse 2:
Wie wäre es mit Aktien?
Das Investment für Einzelkämpfer

In Deutschland besitzen nur sehr wenige Menschen Aktien. Dabei ist es eine einfache und leicht verständliche Geldanlage. Wenn mich das Finanzbaby eines Tages fragt, was eine Aktie ist, werde ich es wie folgt erklären:

Der Münchner Tierpark Hellabrunn ist eine Aktiengesellschaft. Der Zoo bekommt Geld von seinen Aktionären. Jedem Aktionär gehört daher ein Teil des Zoos – je mehr Geld ein Aktionär dem Zoo gegeben hat, desto größer ist sein Anteil. Er kann zum Beispiel eine Maus haben – oder einen Elefanten.

Vom Geld der Aktionäre kauft der Zoo zum Beispiel Futter für die Tiere. Jeder Besucher zahlt Eintritt. Von diesem Eintrittsgeld will der Aktionär wiederum einen Teil abhaben. Denn er ist ein Risiko eingegangen, als er dem Zoo Geld gegeben hat. Es könnte ja sein, dass die Tiere ausbrechen und keine Zoobesucher mehr kommen. Dann würde der Zoo pleitegehen und das Geld, das der Aktionär dem Zoo gegeben hat, wäre weg. Für dieses Risiko will der Aktionär belohnt werden.

Oder, auf Börsendeutsch gesagt: Jeder Aktionär erwartet eine regelmäßige Dividendenzahlung und/oder eine stetige Aktienkurssteigerung.

Generell mag ich Einzelaktien sehr gerne. Jedoch dürft ihr den Aufwand nicht unterschätzen. Während ihr mit einem ETF eine breit gestreute Geldanlage habt, ist das Risiko einer Einzelaktie weitaus höher. Deswegen muss man vor dem Kauf von Einzelaktien die möglichen Investments sehr genau prüfen. Ich erkläre später, wie das geht. Wichtig ist vorab: Für Einsteiger empfiehlt es sich, erst einmal mit einem Musterdepot zu experimentieren – über einen Zeitraum von mindestens sechs Monaten.

Mehr zu Aktien ab Seite 257.

Anlageklasse 3:
Gold – das Einmaleins für Gold-Digger

Als ich vor einiger Zeit Bargeld bei der Bank eingezahlt habe, schockierte mich folgender Text auf dem Einzahlungsbeleg: »Falschgeldverdächtiges Geld in Höhe von 80 Euro«. Wie war das möglich? Mir wurde klar, dass unser Bargeldsystem irgendwie in die Jahre gekommen ist. Was, wenn das schlimmer wird? Was, wenn die Leute irgendwann ihr Erspartes zur Bank bringen und man ihnen mitteilt, es sei nichts mehr wert?

Ich beschloss mich nach Alternativen umzusehen. Bitcoins? Nein danke! Diese virtuelle, vor allem in Asien angesagte digitale Währung ist mir noch immer ein Rätsel und ich rate euch dringend davon ab. – Hm. Gold? Das hat die Menschheit schon immer fasziniert. Es gibt allerdings geteilte Meinungen, ob es ein gutes Investment ist oder nicht.

Wie das Bargelddilemma begann: In den USA war bis 1971 die Währung an den Goldpreis gekoppelt. Nachdem Präsident Nixon die Bindung an den Goldstandard aufhob, war es der Regierung möglich, so viel Geld zu drucken, wie sie wollte, um ihre Rechnungen zu zahlen. Der Dollar verlor über die Jahre deutlich an Wert. Gold hingegen legte massiv an Wert zu.

Während der Goldkurs damals bei 35 Dollar pro Unze notierte, stieg der Preis auf über 1.000 Dollar pro Unze. Wer damals sein Geld sparte, stand im Vergleich zum Goldinvestor als Verlierer da.

Das Gelddrucken wurde ab den 90er-Jahren auch bei uns ein Problem. Unsere Staatsschulden steigen unaufhörlich. Die Schuldzinsen spürt ihr sogar jeden Tag, wenn ihr euch etwas kauft. Denn ihr zahlt sie in Form von Mehrwertsteuern und höheren Preisen. Und sobald ihr eine Rücklage mithilfe eures Sparschweins bilden möchtet, lauern Gefahren wie Falschgeld und Geldentwertung.

Also Gold!

Mehr dazu ab Seite 304.

Der Renten-Check – oder besser Renten-Schreck?

»Ich wünschte, ich hätte den Mut gehabt, mein eigenes Leben zu leben – ich wünschte, ich hätte nicht so viel gearbeitet – ich wünschte, ich hätte mir erlaubt, glücklicher zu sein.«

Zitat aus *5 Dinge, die Sterbende am meisten bereuen* von Bronnie Ware

»Renten-Check? Was soll das denn? Und was habe ich davon?«, denkt ihr vielleicht.

Antwort: Eine ganze Menge!

- ✓ **Erstens** ein entspanntes Leben. Denn ich helfe euch, eure Sorgen zu beseitigen und eure Ängste in den Griff zu kriegen.
- ✓ **Zweitens** gewinnt ihr Zeit, denn ihr müsst euch die notwendigen Informationen nicht mühevoll zusammensuchen.
- ✓ **Drittens** lernt ihr, wie man über das gesetzliche Rentenniveau hinaus vorsorgen kann. Denn wer vorsorgt, muss sich nicht sorgen.

Es gibt leider noch sehr viele Menschen, die fest daran glauben, ihr Rentenbescheid wäre für ein angenehmes Leben ausreichend. Ich selbst glaube nicht, dass die Rente reichen wird.

Challenge 41: Seid ihr über 27 Jahre? Dann macht jetzt den Renten-Check 1 unter: www.daserste.de. Gebt im Such-Menü ein: »Abzüge von der Rente selbst ausrechnen«, dann wird euch der »Geld-Check«-Rentenrechner angezeigt.

Ab 27 Jahren bekommt ihr eure jährliche Renteninformation. Sie enthält drei verschiedene fett gedruckte Beträge. Ich mache jetzt ein Renten-Selfie (bitte lacht mich nicht aus):

Meine Renteninformation:

Betrag 1: Rente wegen voller Erwerbsminderung 935 Euro
Betrag 2: Höhe Ihrer künftigen Regelaltersrente 338 Euro
Betrag 3: Rentenanpassung 1.894 Euro

Der erste Betrag nennt die Summe, die man monatlich bekommt, falls man aus gesundheitlichen Gründen nicht mehr arbeiten gehen kann. Der zweite Betrag gibt die Höhe meiner Rente an, wenn ich ab heute nichts mehr einzahlen würde. Und der dritte Betrag ist die Rentenhochrechnung ab Regelrenteneintrittsalter von 67 Jahren. Die Voraussetzung, um auf diesen Betrag zu kommen, ist, dass ich bis 67 immer so hohe Rentenbeiträge zahle wie bisher.

Bei diesem dritten Betrag gibt es eine fiese Falle. Denn es ist ein Bruttobetrag. Ihr müsst also noch einiges abziehen. Und zwar: Einkommensteuer, Kirchensteuer (falls ihr in der Kirche seid), Krankenkasse, Zusatzbeitrag zur Krankenkasse und Pflegeversicherung.

Ab dem Jahr 2040 dürfen wir unsere Rente voll versteuern. Das dürfte so einige von uns betreffen. Leider verschweigt uns die Deutsche Rentenkasse, wie hoch die Steuersätze und Sozialversicherungsabgaben sein werden, wenn wir in Rente gehen. Versteht sich – das weiß heute natürlich keiner! Wir können also nur hoffen und beten, dass es unser Staat gut mit uns meint, wenn es so weit ist.

Ich gebe nun den Betrag 1.853 Euro in das folgende Formular ein:

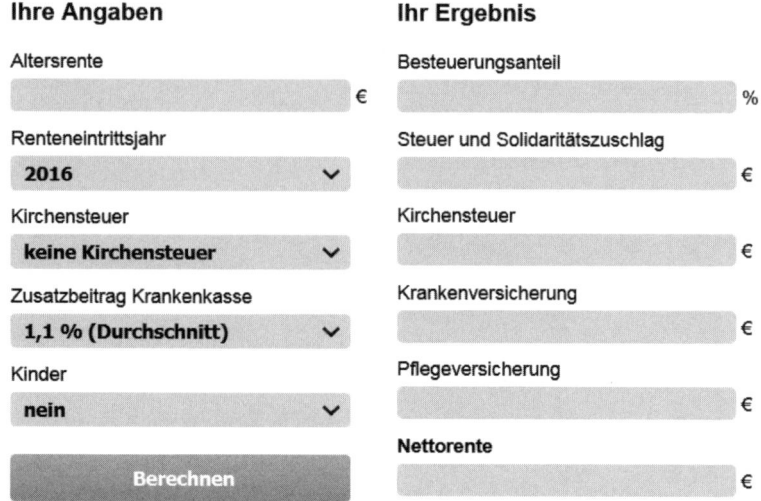

Abb. 44: Brutto-Netto-Rechner, Quelle: www.daserste.de

Das Nettoergebnis (nach dem heutigen Steuersatz, wohlgemerkt, und mit Angabe eines 1,1-Prozent-Zusatzbeitrags zur Krankenkasse) lautet: 1.462 Euro. Das sind 400 Euro weniger!

Ich spiele nun etwas an den Beträgen rum und gebe eine hohe Bruttorente von 4.000 Euro ein. Könnte ja sein, dass ich die nächsten gut 30 Jahre noch sehr hohe Rentenbeiträge zahle. Davon würden dann nach heutigem Steuersatz 1.300 Euro abgezogen werden. Gebe ich hingegen eine Bruttorente von 1.200 Euro ein, werden 200 Euro abgezogen.

Die Verlierer der gesetzlichen Rente sind demnach die aktuellen Spitzenverdiener, da das Rentensystem gedeckelt ist (auf einen maximalen Betrag) – und die Geringverdiener, weil sie nicht in der Lage sein werden, ihre Rechnungen zu zahlen.

Noch etwas: Die Deutsche Rentenkasse weist auf mögliche Erhöhungen der Rente von 1 bis 2 Prozent hin. Diesen Satz könnt ihr als schlechten Scherz abtun. Denn ihr müsst bedenken: Die Inflation ist die Karies des Geldes. Das bedeutet, dass meine monatliche Rente in Höhe von 1.462 Euro in 30 Jahren nur noch die halbe Kaufkraft hat. Heißt: Ich kann damit nur noch die Hälfte meiner heutigen Rechnungen zahlen. Was das in der Praxis bedeutet, kann sich jeder ausmalen.

Um den heutigen Wert eurer Rente laut Rentenbescheid zu ermitteln, müsst ihr den Barwert errechnen. Man nennt diese Methode auch die Abzinsung auf den heutigen Tag.

Challenge 42: Barwert euer Rente ausrechnen (schluck!)

Errechnet nun den Wert eurer zukünftigen Rente aus heutiger Sicht auf der Website der Deutschen Rentenversicherung: Googelt einfach den Begriff »Barwertrechner« und ihr gelangt zum Rechner der Deutschen Rentenversicherung.

Mein Beispiel:

Auszahlungsjahr: 2047
Zukunftswert: 1.894 Euro
Inflationsrate: 2 Prozent (die Inflation kann durchaus höher sein)
Barwert: **1.025,12 Euro**

Ups! Wie soll ich davon meine Miete in Höhe von 1.200 Euro für meine kleine Zweizimmerwohnung in München zahlen? Und wovon soll ich mir etwas zu essen kaufen? Klamotten finde ich ja hoffentlich in der Kleiderspende. Wenn ich aufs Land ziehe, könnten 1.025 Euro vielleicht gerade so zum Leben reichen ... Aber wer weiß, wie viel Steuern und Sozialversicherungsbeiträge von meinen 1.025 Euro noch abzuziehen sein werden?

Ich will euch nicht schockieren, aber ich nehme jetzt einmal eine Inflationsrate von 4 Prozent statt nur 2 Prozent an. Schauen wir erneut anhand des Barwertrechners nach, wie viel ich dann monatlich zum Leben habe.

Auszahlungsjahr: 2047
Zukunftswert: 1.894,00 Euro
Inflationsrate: 4 Prozent
Barwert: **561,50 Euro**

Soll ich meine Autorentätigkeit an den Nagel hängen und aufgeben? Arbeiten bringt doch gar nichts ...

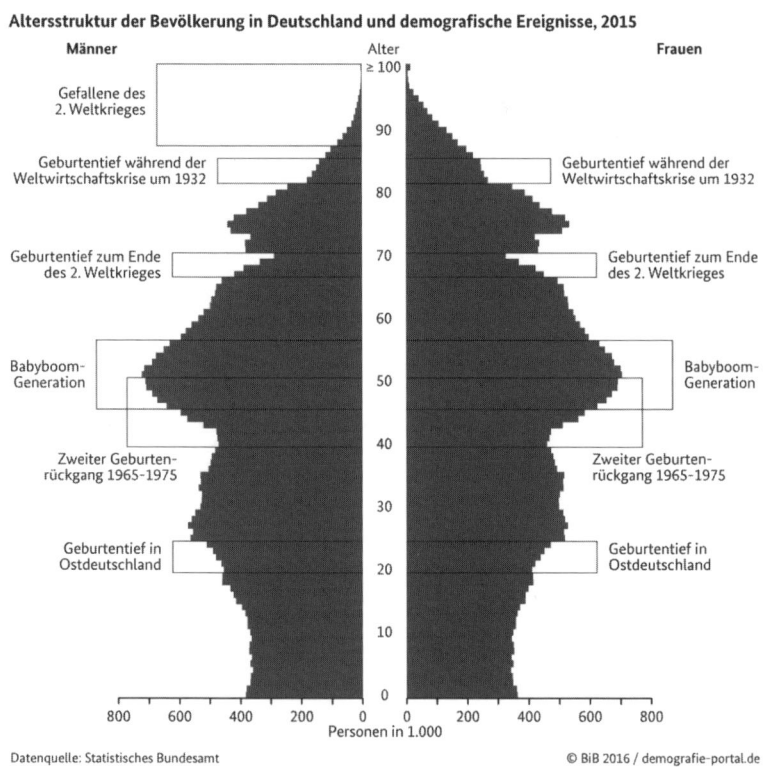

Abb. 45: Die Deutschen sterben aus, Quelle: www.demografie-portal.de

Noch vor 100 Jahren wurden hierzulande jährlich schätzungsweise 600.000 Babys geboren. Aktuell sind es nicht einmal mehr 400.000. Stattdessen gibt es immer mehr Rentner. Und wir haben keinen Grund, darüber zu klagen, denn bald werden wir auch im Rentenalter sein. Denn dank einer hervorragenden medizinischen Versorgung werden die Menschen älter denn je.

In wenigen Jahren geht die Babyboomer-Generation in Rente (2030). Addiert man all diese Faktoren zusammen, wird klar, dass die Rentenkasse ein massives Problem hat: Immer weniger Arbeitnehmer zahlen in die Sozialkassen ein und finanzieren den Lebensunterhalt von immer mehr Menschen. Die Armutsfalle schnappt zu.

Nein! Werft das Buch bitte nicht weg. Es soll euch keine Angst machen. Im Gegenteil: Wenn ihr es bis zur letzten Seite durchlest, werdet ihr lernen, dass es Auswege aus der Armutsfalle gibt. Und wenn ihr meine Vorschläge umsetzt, dann werdet ihr persönlich der Altersarmut entkommen.

Tut das Gegenteil von dem, was die Masse macht

Schafft zuerst ein fettes Finanzpolster – heißt: Ansparen am besten per Dauerauftrag, einen Liquiditätsüberschuss schaffen und zunächst abwarten. Erstellt dann einen Plan, in was ihr langfristig investieren möchtet.

Ich selbst bin nach der letzten Finanzkrise im Jahr 2009 eingestiegen, habe wenig Geld investiert und konnte mich aufgrund der massiven Kurseinbrüche, sprich der damaligen Preisbereinigung am Aktienmarkt, supergünstig eindecken. Einen guten Zeitpunkt für einen Kauf erkennt ihr daran, wenn der Katzenjammer am größten ist. Heißt: Wenn sich die anderen die Finger massiv verbrannt haben.

Erinnert ihr euch an 2001 und 2008? Die Krisen waren nicht zu übersehen (jedenfalls nicht, wenn man auch nur gelegentlich einen Blick auf die Nachrichten geworfen hat). Man musste allerdings viel Mut aufbringen, in diesen turbulenten Zeiten zu investieren und damit das Gegenteil dessen zu machen, was die Masse tat. Als Herdentiere folgen wir viel lieber naiv den anderen, auch wenn die gerade dabei sind, zu absoluten Höchstpreisen Aktien zu kaufen.

Das Motto eines Börsengewinners hingegen lautet: »The time to buy is when there is blood in the streets.« (Baron Rothschild)

Make your Konto sexy: Die 5 Weisheiten des Geldvermehrens

Das sind natürlich auch alles wieder Challenges für euch!

<u>Challenge 43/Weisheit 1:</u> Erkennt den Zusammenhang zwischen Beziehung und Kontostand

Eure Partnerschaft entscheidet mit darüber, ob ihr ein Vermögen bilden könnt. Ich hatte mal einen Freund, dessen Lieblingshobby shoppen war. Mit jeder Gehaltserhöhung wuchsen seine Konsumwünsche: ein iPhone, ein MacBook, ein neuer 3er-BMW, eine Kawasaki Ninja, Möbel der Stressless-Kollektion, das ultimative Heimkino, regelmäßige Deluxe-Urlaube und ständig neue Klamotten. Erwähnte ich, dass er damals 26 Jahre alt war – und ständig pleite? Aber das war für ihn kein Problem. Mit einem Lächeln im Gesicht rannte er ins Autohaus und finanzierte sich den Neuwagen und das Motorrad auf Pump.

Ich hatte schreckliche Angst, mit so einem Typen irgendwann finanziell total ausgebrannt dazustehen. Als er dann anfing, auch mich anzupumpen und ich für sein Luxusleben aufkommen sollte, ergriff ich die Flucht. In der darauffolgenden Partnerschaft ging das Spiel von vorne los.

Ich möchte euch eindringlich darauf hinweisen, dass ihr eure Werte, Ziele und Wünsche mit eurem Partner besprechen müsst. Gegenseitiger Respekt ist ebenfalls sehr wichtig. Wenn sich eure Vorstellungen in Bezug auf euer Finanzgebaren sehr stark unterscheiden, empfehle ich euch, eure Finanzen streng zu trennen.

Challenge 44/Weisheit 2: Macht euch locker und automatisiert das Sparen

Solange ihr euch unter großen psychischen Druck setzt, um an Geld zu kommen, ist es schwierig. Denn dann verliert ihr zu viel Energie. Also stresst euch nicht wegen Geld: Die Lösung für eure Vermögensbildung ist, eure Geldflüsse zu kontrollieren und zu automatisieren. Richtet monatliche Spar-Daueraufträge ein. Idealerweise auf zwei, besser noch auf drei Konten. Indem ihr die Rücklagen automatisch nach Gehaltseingang bildet, denkt ihr nicht mehr darüber nach. Es stresst euch nicht, denn ihr merkt nicht einmal, wie sich euer Geld vermehrt.

Challenge 45/Weisheit 3: Baut euch ein Netzwerk auf

Ich kenne viele Menschen, die sich immer nur mit denselben Leuten umgeben. Damit verzichten sie auf die Chancen, die durch neue Bekanntschaften in ihr Leben treten würden.

Warum fällt netzwerken vielen schwer? Wir umgeben uns am liebsten mit Menschen, die unsere Werte teilen. Sobald jemand anderer Meinung ist, gehen wir auf Abstand und zeigen das oft auch. Doch das ist unklug. Jeder Mensch hat das Recht auf seine Meinung. Sobald ihr das verstanden habt, dem anderen zuhört und auch einmal zugebt, dass ihr das so noch gar nicht gesehen habt, werden euch die Leute mögen und auch bereit sein, euch einen Gefallen zu tun.

Euer langfristiges Ziel sollte sein, dass ihr auch im Finanzbereich ein Netzwerk habt. Fangt damit an, Smalltalk mit eurem Bankberater zu halten, während ihr euer neues Bankkonto eröffnet. Euer Banker wird euch hoffentlich einmal bei eurer Vermögensbildung unterstützen. Also: Immer schön lächeln und ihn freundlich fragen, wie es ihm geht und was ihm an seinem Job besonders großen Spaß macht.

Überlegt, welche Fähigkeiten eure Freunde und Bekannte haben. Was können sie besonders gut? Wie könnt ihr davon profitieren? Und überlegt auch umgekehrt: Was könnt ihr besonders gut? Welchen Gefallen könnt ihr anderen tun?

Nachdem das Finanz-Diva-Buch im Handel erschienen war, stürzten sich viele Vermögensberater auf mich. Gleich ihre zweite Frage war, ob ich sie weiterempfehlen könne. Ich fand das unverschämt und beendete die Gespräche rasch. Die Moral aus der Geschichte: Ihr solltet immer zuerst dem anderen einen Gefallen anbieten (oder besser noch: einen Gefallen getan haben), bevor ihr ihn um Hilfe bittet. Denn wenn ihr zuerst für andere da seid, bleibt ihr ihnen positiv in Erinnerung und sie sind auch gern für euch da.

In der Praxis: Fragt euren Bankberater, ob er euch seine Karte gibt. Dann empfehlt ihr ihn und die Bank weiter (natürlich nur, wenn ihr wirklich zufrieden seid). Er kann mit eurer Hilfe neue Kunden gewinnen und wird euch eines Tages viel lieber bei der Finanzierung einer Immobilie weiterhelfen.

Übrigens habe ich mehrere Banken für meine Immobilieninvestments. Denn je mehr Banken ihr zur Finanzierung heranziehen könnt, desto mehr Verhandlungsspielraum habt ihr. Das hat aber nur Sinn, wenn ihr mehrere Wohnungen in eurem Depot haben möchtet.

Challenge 46/Weisheit 4: Gewöhnt euch ans Geldverdienen

Nicht euer Auto, euer Haus oder eure Manolo-Schuhe sind das Wertvollste, das ihr besitzt. Nein. Es sind euer Verstand und eure Ideen. Ein Freund von mir ist Blogger und Autor von Kochbüchern. Er isst und kocht gern und machte sein Hobby zum Beruf. Jetzt kann er überall auf der Welt arbeiten, wo es Internet gibt.

Die Technik macht es viel einfacher, den eigenen Traum zu leben und damit Geld zu verdienen. Trennt euch von der Vorstellung, dass man seine Arbeitszeit gegen Geld tauschen muss. Geld übt die Kontrolle über euch aus, solange ihr nur das Leben eines Angestellten in der Tretmühle kennt. Schafft ihr es jedoch, durch einen Nebenverdienst an Zusatzeinnahmen zu gelangen, werdet ihr selbstbewusster und findet immer mehr Wege, zu Geld zu kommen. Erfolgreiche Leute kennen das: Es ist eine Art Sog.

Ihr wisst nicht, wie ihr aus einer Festanstellung heraus einen Nebenverdienst generieren sollt? Ein Freund von mir ist Arzt. Er behandelt jeden Tag Patienten. Viele fragen ihn nach Akupunktur, er darf diese Behandlungsmethode aber nicht anbieten. Aber er kennt die besten Spezialisten im Umkreis. Aufgrund seines hervorragenden Netzwerks (das ist wirklich wichtig, Leute!) empfiehlt er seinen Patienten passende Spezialisten und erhält von diesen eine Provision. Sein Zusatzaufwand ist minimal.

Ein anderes Beispiel: Meine Bekannte, nennen wir sie Barbara, arbeitet als IT-Spezialistin. Das hat sich in ihrem Dorf herumgesprochen und sie wird oft gebeten, für ein kleines Trinkgeld nach dem PC zu schauen. Barbara macht das jedoch lieber umsonst. Sie verweist aber bei dieser Gelegenheit gern auf einen günstigen Internet-und Mobilfunkanbieter. Auch hier handelt es sich um ein Provisionsgeschäft, das ihr monatliche Zusatzeinnahmen bringt. Ihr Zeitaufwand ist sehr gering, das Ergebnis äußerst zufriedenstellend. Sie und mein Freund der Arzt gehen niemandem auf die Nerven. Denn die Leute fragen sie ja um Rat. Beide haben großen Erfolg mit Provisionsgeschäften.

Ein weiterer Bekannter von mir fährt gerne Fahrrad und kam auf die Idee, nebenbei als Kurier zu arbeiten. Er trainiert – und bekommt Geld dafür. Keine passende Idee für euch dabei? Dann denkt an die Studentin, die das Buch »Darm mit Charme« schrieb. Sie musste sich im Studium intensiv mit der Theorie des menschlichen Verdauungstrakts auseinandersetzen und hat beim Schreiben ihr Wissen sozusagen verinnerlicht. Was ihr das brachte? Sie landete einen Bestseller und verdiente sehr viel Geld. Überdies genießt sie einen Expertenstatus, der ihr sicher noch viele wertvolle Türen öffnen wird.

Wieder einmal ist das Wichtigste: Machen – und nicht nur vorm Fernseher sitzen. (Ich sitze zwar auch gerne davor, aber schreibe nebenbei Bücher und Artikel, pflege mein Netzwerk, indem ich regelmäßig meine Kontakte anschreibe, und bastele an Vlogs.)

<u>Challenge 47/Weisheit 5:</u> Beginnt mit guten Gewohnheiten sofort

Wer von euch raucht und nimmt sich schon seit Langem vor, irgendwann damit aufzuhören? Wer möchte 5 Kilo abnehmen und denkt seit Längerem über eine Diät nach?

Jeder schiebt einmal etwas auf. »Später« scheint noch genug Zeit zu sein für anstrengende oder beängstigende Aktionen. Zudem gehen wir gern davon aus, dass schon alles gut wird. Man nennt das Zweckoptimismus und es ist das Gegenteil von Vernunft. Doch unsere schlechten Gewohnheiten sind unsere größten Hindernisse. Sie verhindern, dass wir uns ändern und dass es uns besser geht – gesundheitlich wie finanziell. Wir können es uns nicht leisten, den Abschied von den schlechten Gewohnheiten zu verschieben.

Rechnet nach, wie viel Geld ihr für Zigaretten über die letzten zehn Jahre zum Fenster rausgeworfen habt. Bei wöchentlich vier Schachteln (à 5 Euro) sind das über zehn Jahre 10.400 Euro. Angenommen, ihr hättet das Geld in einen ETF auf den DAX investiert (jährliche Durchschnittsrendite 8 Prozent), hättet ihr euer Geld in den zehn Jahren verdoppelt. Stattdessen habt ihr es beim Rauchen verbrannt und eurer Gesundheit geschadet – ihr steht also mit Husten, schlechtem Atem und 0 Euro da.

Fazit: Wer aufschiebt, kann nichts gewinnen. Also fangt jetzt damit an, eure schlechten Gewohnheiten in gute umzuwandeln.

Extra-Challenge außer der Reihe: Wie wäre es mit einem wöchentlichen Spartag, also vier extra Spartagen pro Monat? An diesen Tagen ist es verboten, Geld auszugeben. Überlegt, wie viel ihr dadurch monatlich mehr sparen könnt. Und dann macht es.

Die Finanz-Diva-
Erfolgsregeln für
Börseneinsteigerinnen

Bevor wir mit dem Investieren loslegen, zeige ich euch, dass Geldanlage kein Hexenwerk ist. Regelmäßigkeit und Kontinuität führen zum Erfolg. Verzichtet auf Zockerei mit hochriskanten Investments wie Derivaten; sie können euch leicht eure finanzielle Zukunft kosten. Eine gute Geldanlage ist langweilig! Es wird in der Regel nichts Aufregendes auf eurem Depot passieren, wenn ihr euch auf solide Werte fokussiert. Und das geht so:

Regel 1: Fangt an!

Holt euch zuerst ETFs ins Depot. Sie bilden sozusagen euer Basis-Outfit. Ihr könnt dann keine Fehler machen.

Regel 2: Weniger als 10.000 Euro = zwei ETFs

Wenn ihr weniger als 10.000 Euro zum Investieren habt, holt euch zwei ETFs und auf gar keinen Fall Einzelaktien. 100 Prozent ETSs bilden eure Investmentbasis.

Regel 3: Zwischen 15.000 und 50.000 Euro = zwei bis drei ETFs

Wenn ihr zwischen 15.000 und 50.000 Euro habt, reichen zwei bis drei ETFs völlig. Einzelaktien sind nette, aber nicht notwendige Accessoires, denn erstens werten sie euer Depot auf und zweitens sind sie der ultimative Egobooster. Ihr könnt dann mit einer höheren Rendite glänzen. Doch Vorsicht: Überladene Depot-Stylings sind nicht angesagt, denn sie kosten sehr viel Zeit. Ich würde mir nie mehr als maximal sechs Einzelaktien ins Depot legen. Diversifiziert nach drei verschiedenen Bereichen und konzentriert euch nur auf große, international bekannte und krisensichere Werte, vor allem sobald ihr Kinder habt.

Alles, was euer Depot braucht, ist stabiles Wachstum und *kein Spielzeug* wie Derivate (wie Optionsscheine oder CFDs). Sonst wird euer Depot-Erlebnis schnell zum Krampf. Denkt immer daran: Die größten Verluste an der Börse resultieren aus Langeweile. Anleger handeln dann gerne einmal Derivate. Denn dann kribbelt es so schön im Bauch. Die prickelnden Werte befriedigen ihren Spieltrieb, pushen aber nicht die Rendite.

70 Prozent ETFs und 30 Prozent Einzelaktien bilden eine ausreichende Streuung.

Regel 4: Über 50.000 Euro = immer noch viele ETFs

Dann sollten ETFs noch immer eure Basis bilden. Einzelaktien sind eine gute Beimischung. Sie setzen wichtige Akzente, insofern ihr maximal zehn Werte ins Depot legt. Die Werte sollen von Unternehmen stammen, deren Geschäftsmodell jeder kennt, liebt und versteht. 60 Prozent ETFs und 40 Prozent Einzelaktien sind eine ausreichende Streuung.

Regel 5: Seid Unternehmer – keine Spekulanten

Setzt auf einen klassischen und langfristigen Anlagehorizont. Wer an der Börse investiert, braucht einen langen Atem. Denn erstens schwanken die Kurse und zweitens bedarf es eines längeren Zeitraums, damit eure Werte in Ruhe wachsen können.

Da Recherche die meisten Menschen nervt, ist es von Vorteil, wenn man als Anleger ohnehin großer Fan des Geschäftsmodells ist. Wenn ihr Aktionär seid, gehören euch Unternehmensanteile. Und Unternehmer glauben an ihre Firma. Sie schätzen ihren Wert. Sie denken langfristig und verkaufen ihre Firma nicht unüberlegt innerhalb der ersten Wochen, nur weil die Kurse ein kleines bisschen nachgegeben oder sie eine andere interessante Aktie entdeckt haben.

Regel 6: Über 50.000 Euro und Sehnsucht nach Glamour = Gold

Ich habe eine Schwäche für Gold, weil ich greifbare harte Währungen mag. Und: Gold ist ein Statement-Accessoire. Nicht jeder schätzt es, aber es ist definitiv ein zeitlos schönes Edelmetall. Durch den Besitz von Gold zeigt ihr, dass ihr zwar gerne High Heels tragt, aber für den Notfall immer einen Verband parat haltet. Denn man könnte ja umknicken oder hinfallen. Die perfekte Mischung als Glamour und Katastrophenschutz. Die Basis bilden natürlich immer noch ETFs und ein paar Einzelaktien.

Regel 7: Über 100.000 Euro und Lust auf Verantwortung = Immobilien

Dann überlegt, ob ihr zum Vermieter werden möchtet. Vermietete Immobilien bilden einen guten Kontrast zu eurem Depot. Ihr handelt euch damit aber erheblichen bürokratischen Aufwand ein. Und ihr benötigt unter Umständen starke Nerven – spätestens wenn ihr euch in endlosen Eigentümerversammlungen mit hochintellektuellen Miteigentümern die Kekse teilen müsst. Viel Spaß!

Regel 8: Verliebt euch nicht!

Gebt der Beziehung zu euren Anlagewerten einen soliden Rahmen, indem ihr bestimmt, wann verkauft wird. Am besten legt ihr den Ausstiegszeitpunkt bereits während des ersten Dates mit eurem jeweiligen Investmentfavoriten fest. Schreibt den Ausstiegskurs in euer Trading-Tagebuch. Denn das größte und schwierigste Problem an der Börse ist die Trennung.

Ich weiß, niemand macht gern Schluss. Aber ihr könnt durch Konsequenz nur gewinnen. Viel zu oft halten Anleger an Aktien fest, die bereits tief gefallen sind. Der Gedanke an den Verlust schmerzt sie so sehr, dass sie sich an ihre Aktie klammern wie an einen Partner, der auf dem Weg zur Tür hinaus ist. Sie haben Panik, dass sie nie über den Verlust hinwegkommen. Sie denken: »Irgendwann wird er sich doch sicher wieder in mich verlieben und dann geht's bestimmt bald wieder bergauf.« Was sagt eure Lebenserfahrung dazu?

Regel 9: Single, kinderlos und zwischen 20 und 30 = Spielraum

Ihr sollt nicht euer Notfallkonto verspekulieren. Ihr sollt nicht zocken, sondern investieren. Aber euer langer Zeithorizont erlaubt euch viel Spielraum bei der Aktienauswahl. Ihr könnt aggressiver investieren als ältere Menschen oder solche mit Kindern und euch an kleinere Firmen herantrauen. Small und Mid Caps sind interessante und vielversprechende Wachstumswerte. Die Firma Sixt beispielsweise ist einer dieser Small-Caps-Superstars und hat ein beachtliches Wachstum hingelegt. Ein ETF auf den SDAX und ein ETF auf MSCI World sind eine gute Basis für euer erstes Mal an der Börse.

Regel 10: Liiert, Kinder und über 30 = in der Ruhe liegt eure Zukunft

Dann ist es Zeit, etwas ruhiger zu werden. Entspannung ist wichtig, denn eure Prioritäten sind Arbeit und die Versorgung der Kinder. Keine Zeit für Schnickschnack! Ein ETF auf den DAX sowie einen ETF auf MSCI World bilden eine gute Ausgangs-

basis. Dividendenwerte der Large-Caps-Familie, wie beispielsweise Henkel, Beiersdorf, Johnson & Johnson oder Procter &
Gamble, solltet ihr nicht verachten. Euer Risiko sollte defensiv,
also moderat gewählt werden.

Ab 55 heißt es langsam Abschied von der Börse zu nehmen.
Dann verkauft ihr Schritt für Schritt eure Depot-Werte und haltet nur noch maximal 20 Prozent eures Geldvermögens in ETFs
und Aktien. Je älter ihr seid, umso konservativer investiert ihr.
Lebt ab 60 nach dem Motto: Cash is king.

Seid überdies jetzt besonders vorsichtig, wenn euch selbsternannte Vermögensberater ihre angeblich so supersicheren
Fonds andrehen möchten. Ihr habt ab Rentenbeginn so viel Freizeit! Genießt sie. Fahrt in den Urlaub, besucht eure Enkel, aber
haltet Abstand von schwankenden Börsenwerten. Passives Einkommen aus vermieteten Immobilien sowie festverzinste Anlagen sind für Rentner die beste Alternative zur Börse.

Und für alle gilt: Denkt bitte immer daran, schön fleißig und regelmäßig auf ein Tagesgeldkonto einzuzahlen, damit ihr ordentlich Cash-Rücklagen aufbaut.

Die Sache mit den Verlusten

Wer spekuliert, verliert. Auch ich habe diese Erfahrung machen dürfen. Darum rate ich euch zu ETFs auf einen Index. Sie helfen dabei, Fehler zu vermeiden. Fehler, die auf Emotionen wie Angst und Gier zurückzuführen sind. Index-ETFs sind zudem sehr breit gestreut, was euer Risiko enorm reduziert.

Was bedeutet das eigentlich – Risiko? Das könnt ihr euch am besten anhand der folgenden Grafik vorstellen. Es bedeutet die Wahrscheinlichkeit, dass ein Resultat anders ausfällt als erwartet – und zwar auf negative Weise. Bei der Geldanlage: die Wahrscheinlichkeit, dass ihr weniger herausbekommt, als ihr eingezahlt habt. Aber auch, dass ihr andere, bessere Anlagemöglichkeiten verpasst, weil euer Geld in einer schlechteren Anlage gebunden ist, wäre ein Risiko.

Ich mag Risiken trotzdem. Denn erstens gehen sie mit Chancen einher. Und zweitens lernen wir sehr viel über uns selbst, wenn wir etwas riskieren. Man darf es nur nicht übertreiben mit der Risikofreude.

Als Börsenanfängerin habe ich gute und schlechte Erfahrungen gemacht. Eine echte Bauchlandung machte ich beispielsweise mit der Portugal Telekom Aktie (wurde umbenannt in Pharol). Mein Verlust betrug mehr als 95 Prozent – um diesen Verlust wieder auszugleichen, hätte sich der Aktienkurs um mehr als 1.900 Prozent erholen müssen.

Mein Fehler war, diese Aktie bis zum absoluten Tiefpunkt zu halten – und dann zu verkaufen, als es ohnehin zu spät war. Aber der Ärger über den krassen Kursverfall war zu groß. Unterschätzt niemals den psychischen Druck, den ihr beim Aktienhandel erlebt. Und kaum hatte ich verkauft, erholte die Aktie sich und machte einen beachtlichen Kurssprung nach oben ...

Auch anhand der Fieberkurve von Aktionären kann man gut erkennen, wieso so viele Menschen mit Einzelaktien verlieren und mit langweiligen Produkten wie Index-ETFs erfolgreicher wären.

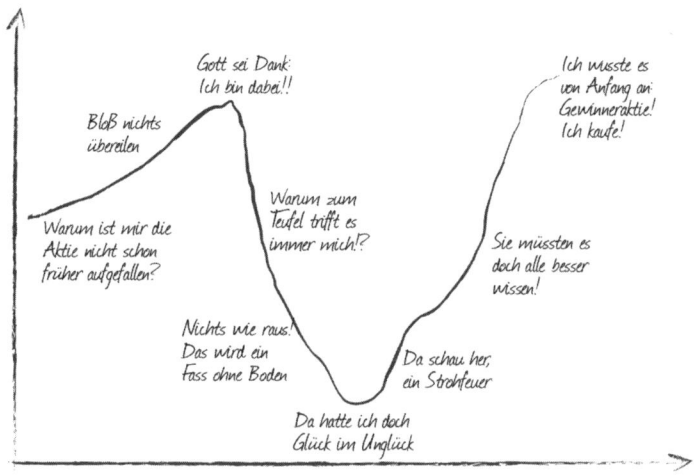

Abb. 46: Die Aktionärs-Fieberkurve, Quelle: Matthias Kröner, Stephan Czajkowski: Kümmer dich um dein Geld, sonst tun es andere, FBV, S. 108

Die folgende Tabelle zeigt, warum Aktien es schwer haben, Verluste wieder einzuholen:

Verlust in Prozent	Erholung in Prozent
10	11
20	25
30	43
40	67
50	100
60	150
70	233
80	400
90	900
95	1900

Tabelle 5: Warum Aktien es schwer haben, Verluste wieder einzuholen, Quelle: Wieland Arlt, Risiko- und Money-Management simplified, FBV, S.41

Interessant ist, dass bei einem Kurseinbruch von 50 Prozent ein Kurszuwachs von 100 Prozent erfolgen muss, damit der Aktionär keinen Verlust erleidet. Ihr denkt sicherlich, dass ein Verlust von bis zu 95 Prozent selten ist, oder? Er ist tatsächlich nicht die Regel. Aber man muss damit rechnen. Denkt an Nokia!

Erinnert ihr euch noch, wie viele Nokia-Handys es noch vor ein paar Jahren gab? Die Aktie verlor ausgehend von ihrem Allzeithoch bei 65,30 Euro im Jahr 2000 bis zu ihrem Tief im Jahr 2004 mehr als 86 Prozent ihres Wertes. Es folgte eine Erholung auf 28 Euro im Jahr 2007, bis sie schließlich auf 1,33 Euro im Jahr 2012 abstürzte. Fast 90 Prozent ihres Wertes waren vernichtet.

Die Allianz ist auch ein gutes Beispiel: Die Aktie ist erstens Teil des DAX – und zweitens verlor sie von ihrem Allzeithoch im Jahr

2000 bei 445 Euro bis zu ihrem Tief im Jahr 2008 bei 45 Euro 90 Prozent ihres Wertes.

Der Aktienindex DAX verlor innerhalb von nur drei Jahren auch immerhin 70 Prozent seines Wertes – von seinem Allzeithoch im Jahr 2000 mit 8.136 Punkten bis zu seinem Tief im Jahr 2003 mit 2.188 Punkten. Er erreichte aber schon 2007 ein neues Allzeithoch mit 8.151 Punkten. Nach nur vier Jahren schaffte es der DAX also, die erlittenen Verluste komplett auszugleichen. Dann kam das Jahr 2007 – und zack, eine weitere Krise, der DAX stürzte wieder 55 Prozent ab. Es dauerte bis 2013, bis er sich von dem Kurseinbruch wieder komplett erholt hatte. Aber er schaffte es.

Diese Beispiele zeigen, dass es eine Einzelaktie im Vergleich zu einem Index schwerer hat, aus Krisen wieder herauszukommen. Darum Vorsicht mit Einzelaktien. Als Basis für euren Vermögensaufbau sind sie ungeeignet. Wenn ihr schon einiges gespart habt, dann könnt ihr mit Aktien anfangen (später mehr dazu, wie viel Kapital ihr dafür haben solltet).

Auf jeden Fall müsst ihr mit Stop-Loss-Orders euer Risiko nach unten begrenzen. Denn man kann nicht in die Zukunft blicken und weiß nie, wann die Trendwende wieder erreicht wird. Ein eingesparter Verlust ist schließlich auch ein Gewinn. Mit einer Stop-Loss-Order ist es euch möglich, euer Risiko zu begrenzen – es ohne großen Aufwand zu managen.

Freiheit erobern!
Zum Denken, Investieren –
und für den Spaß am Leben

Generell gilt: Je höher euer Ausgangskapital ist, desto besser! Eine ausreichende Liquidität bildet die Grundvoraussetzung, um langfristig ein sehr hohes Ergebnis zu erzielen. Noch besser wird das Resultat sein, wenn ihr jeden Monat Geld beiseitelegt. Wenn ihr das tut, und es in Ruhe arbeiten lasst, könnt ihr nur gewinnen.

Finanzieller Erfolg entsteht durch wohlüberlegtes und entschlossenes Handeln plus Kontinuität. Und durch niedrige Kosten! Das bedeutet, dass derjenige gewinnt, dem bewusst ist, dass der Freude an dem schicken Neuwagen viele Stunden im Hamsterrad gegenüberstehen. Er weiß: Unüberlegter Konsum bedeutet, dass er seine Zeit gegen harte Arbeit eintauscht. Dieser Mensch wird bereit sein, sein Ausgabenverhalten freiwillig zu kontrollieren. Jeder beiseitegelegte Euro bedeutet einen weiteren Schritt in Richtung Unabhängigkeit vom Job.

Arbeiten ist prinzipiell nicht schlecht. Aber es macht doch am meisten Spaß, wenn man es aus eigenem Willen, also freiwillig macht. Die meisten Menschen allerdings gehen aus Zwang einer Arbeit nach, die ihnen keine Freude bereitet. Wer nur aufgrund von finanziellen Ängsten seine Arbeit verrichtet, fühlt sich schnell hilflos und ausgeliefert. Burn-out ist das Resultat: die Hamsterrad-Depression.

Wie hoch ihre monatlichen Rechnungen sind, wissen viele nicht. Sie wollen nicht darüber nachdenken aus Angst vor noch mehr

Frust. Stattdessen beschäftigen sie sich lieber damit, wie sie ihr hart verdientes Geld ausgeben können: Man schaut, wie es die anderen machen, und versucht es ihnen gleichzutun: Fährt regelmäßig in den Urlaub, trägt stolz die angesagten Klamotten, hat stets das neueste iPhone und geht mindestens einmal pro Woche schick essen.

Ein Vermögensberater hat mir den guten Tipp gegeben, ein separates Sparkonto zu führen. Dadurch schützt man sich vor sich selbst. Einfach einen monatlichen Dauerauftrag für Rücklagen auf dieses Konto einrichten – und PIN und TANs wegwerfen! So kommt man nur noch mit großem Aufwand an das Ersparte. Über einige Jahre bildet sich eine beachtliche Rücklage. Sparen, ohne es zu merken – und ohne den Zugriff auf die Rücklagen – klingt nicht schlecht, oder?

Ob ihr wirklich Schutz vor eurem eigenen unkontrollierten Ausgabenverhalten braucht, müsst ihr selbst beurteilen. Wenn es mit dem Sparen bisher trotz guter Vorsätze nicht klappt, ist die Antwort: ja. Wenn ihr noch Zweifel habt: Ich erinnere an den Freiheitsgedanken – wer sich bewusst ist, dass jeder Angestelltenjob, und sei er noch so gut bezahlt, nur ein vergoldetes Hamsterrad ist – der wird bereit sein, einen langfristigen Plan zu erstellen, um finanzielle Freiheit zu erlangen.

In einem Buch von Alex Düsseldorf Fischer habe ich ein einfaches Rechenbeispiel gefunden: 3.000 Euro Einnahmen bei 3.000 Euro Kosten bedeuten, dass man 100 Euro pro Tag einnehmen muss, um die laufenden Kosten zu decken. Wie könnt ihr euch in so einer Situation ein Stück finanzielle Freiheit erobern?

Eine Möglichkeit ist es, die laufenden Kosten zu senken. Sinken sie auf 1.000 Euro, habt ihr einen Freizeitgewinn von 20 Tagen. Denn ihr schafft es nun mit nur zehn Tagen Arbeit, eure Rechnungen zu bezahlen. Ihr könnt entweder einen hohen Teil eures Einkommens zurücklegen oder eure Arbeitszeit reduzieren.

Eine andere Möglichkeit, um sich die eigene Freiheit (und Freizeit!) zurückzuerobern, sind zusätzliche automatische Einnahmen. Beispielsweise durch eine monatliche Dividende. Oder indem ihr euer Gehalt nachverhandelt.

Fakt ist, dass der Leistungsdruck und Zwang, einer Vollzeitanstellung nachzugehen, mit sinkenden Kosten und/oder steigenden Einnahmen erheblich sinken. Denn ihr wisst, dass es euch problemlos möglich ist, eure Ausgaben zu decken. Jede Menge Freiraum entsteht! Zum Denken, Investieren und für alles, was euch Spaß macht.

Challenge 48: Findet heraus, wie ihr weniger arbeiten könnt:

Aufgabe 1:

Überlegt, wie hoch eure laufenden Kosten sind, einschließlich der Fixkosten. Hoffentlich liegen sie weit unter euren Einnahmen. Falls nicht, habt ihr ein großes Problem! Teilt eure monatlichen Ausgaben durch 30 Tage und ermittelt den Wert eures Arbeitstags.

Aufgabe 2:

Überlegt euch, wie ihr eure laufenden Kosten senken könnt. Wie viel Freizeit gewinnt ihr dadurch? Denkt dabei in Tagesschritten anhand des in Aufgabe 1 ermittelten Werts.

Drei Tricks für eine gesunde Finanzbasis

1. Schafft ausreichend Liquidität – bildet mehrere Rücklagen

Rücklage 1: Notfallrücklage – schützt vor Überraschungen:

Mit jedem monatlichen Gehaltseingang legt ihr einen von euch festgelegten Anteil zurück, beispielsweise auf ein Tagesgeldkonto (Zinsen lasst ihr bei Rücklage 1 unberücksichtigt).

Rücklage 2: Eiserne Rücklage – macht Sparen zur Obsession:

Mit jedem monatlichen Gehaltseingang legt ihr einen von euch festgelegten Anteil zurück, beispielsweise auf ein weiteres Tagesgeldkonto (Zinsen lasst ihr unberücksichtigt).

Rücklage 3: Investitionsrücklage – schafft Vermögen:

Mit jedem monatlichen Gehaltseingang legt ihr einen von euch festgelegten Anteil auf euer Verrechnungskonto. Wenn ihr einen Betrag von 1.000 Euro zusammengespart habt, kauft ihr euch Anteile, wie beispielsweise ETF, Fonds oder Aktien.

Mein persönliches Beispiel:

2.000 Euro Einnahmen
Minus 5 Prozent (= 100 Euro) Rücklage 1 für Notfall (Unvorhergesehenes, z.B. Waschmaschine)
Minus 5 Prozent (= 100 Euro) »eiserne« Rücklage 2 – meine Zwangsrücklage

Minus 5 Prozent (= 100 Euro) Rücklage 3 für Urlaub und Auto
Minus 5 Prozent (= 100 Euro) Rücklage 4 zum Investieren

20 Prozent (= 400 Euro) lege ich also monatlich beiseite. Ich habe außerdem das Ziel, meine Rücklagen langfristig zu erhöhen, indem ich mein Gehalt nachverhandele und/oder meine Kosten senke und/oder weitere finanzielle Standbeine schaffe (zum Beispiel durch meine Autorentätigkeit, durch Hörbücher oder indem ich eine Firma gründe).

Ist euch aufgefallen, dass meine Investitionsrücklage ganz unten steht? Falls ihr wenig Geld zur Verfügung habt, legt ihr zunächst nur Geld beiseite, um zu sparen. Erst ab einem gewissen Kapitalstock macht es Sinn, mit dem Investieren zu beginnen.

2. Macht euch ärmer, als ihr seid

Ich habe zwei getrennte Konten. Eins für Immobilienvorgänge und eins für meine allgemeinen laufenden Einnahmen und Ausgaben. Für meine Rücklagen habe ich wie gesagt Daueraufträge eingerichtet. Ich spare also automatisch und ohne darüber nachzudenken auf Tagesgeldkonten. Anders formuliert: Obwohl ich monatlich 2.000 Euro einnehme, habe ich nur 1.600 Euro zur Verfügung. Ich mache mich selbst ärmer, als ich bin – und siehe da, es ist kein Problem, mit 400 Euro weniger auszukommen!

Hätte ich mich nicht künstlich ärmer gemacht, wäre ich ständig in Versuchung, meine Ausgaben an meine Einnahmen von 2.000 Euro anzupassen. Und auch das wäre vermutlich kein Problem ... Also, bevor ihr euer komplettes Einkommen verprasst, rechnet euch lieber ärmer, als ihr seid:

Einnahmen
- Dauerauftrag Spareinlage

= verfügbares Einkommen

Und schon spart ihr euch jeden Monat ein Stück weiter Richtung Freiheit!

3. Unterscheidet Verbindlichkeiten von Vermögensgegenständen

In München, wo ich lebe, geben viele Frauen mehrere Hundert Euro für ihr Oktoberfest-Outfit aus. Es wird vielleicht zweimal getragen und hängt dann wieder ein Jahr im Schrank. Ein richtig hochwertiges Dirndl kostet sogar 1.500 Euro. Die Dinger verkaufen sich ebenfalls blendend. Das zeigt, dass viele Menschen jede Menge Geld haben, das sie nicht brauchen. Sie könnten es also gewinnbringend investieren. Aber sie werfen es zum Fenster hinaus, wie unter Zwang. Es ist auch ein Zwang, wenn auch ein eingebildeter: der Konsumzwang.

Sparer werden oft belächelt. Schließlich gibt es kaum Zinsen, das Ersparte wird von der Inflation aufgefressen. Und wer investiert, wird ebenfalls belächelt: Wie leichtsinnig – das ist doch viel zu gefährlich!

Dabei wissen die meisten gar nicht, was Investieren wirklich bedeutet. Wer Riester-Verträge oder selbstgenutzte Immobilien wegen der staatlichen Subventionen als Investition bezeichnet, liegt in der Regel falsch. Denn auch wenn man seine Ausgaben von der Steuer absetzen kann, und für jeden ausgegebenen Euro 30 Cent vom Finanzamt zurückerhält, sind das keine Investitionen. Sondern Verbindlichkeiten.

Eine Verbindlichkeit ist, wenn ihr zahlen müsst – aber wenig oder nichts dafür bekommt. Ein schlechtes Geschäft! Das von vielen Menschen ersehnte Eigenheim ist ein gutes Beispiel für eine Verbindlichkeit. Man zahlt es erstens selbst ab – und zweitens fressen die laufenden Kosten einen beachtlichen Anteil des Einkommens auf.

Ein fremdfinanziertes Mietobjekt hingegen ist eine Investition. Allerdings müssen die Mieteinnahmen die laufenden Ausgaben inklusive der Kreditraten decken.

ETFs, Aktien, Gold: Eure Anlageklassen im Detail

Anlageklasse 1: ETFs – Die Must-haves für Teamplayer

Die ETFs sind die Royals in der Finanzbranche.

Das bedeutet ein ETF für euch:

1. Freizeit, denn der Computer managt die Anlage
2. Vermögensbildung auf einfache Art
3. Die Möglichkeit, mit nur 50 Euro pro Monat Millionär zu werden (47 Jahre à 12 Prozent)
4. Inflationsschutz: Im Schnitt schafften DAX-ETFs bisher 8 Prozent Rendite pro Jahr
5. Eine optimale Streuung eures Risikos auf Aktienindizes
6. Risikoarme Geldanlage im Vergleich zu riskanteren Einzelaktien
7. Ein einfaches und verständliches Investment, da ihr einsehen könnt, welche Aktien im Index sind
8. Die günstigste Form des Investierens (zum Beispiel kein Ausgabeaufschlag)
9. Jährliche Kosten unter 1 Prozent (bei Fonds liegen sie über 1 Prozent)
10. Einmalkosten jeweils beim Kaufen und Verkaufen durch eure Direktbank
11. Ein Finanzprodukt, das bis vor nicht allzu langer Zeit für Kleinanleger gar nicht zugänglich war
12. Die Chance, kleine Beträge ab 25 Euro monatlich zu investieren
13. Wenig Aufwand, da ihr nur den ETF-Sparplan einrichtet

14. Flexibles Investment, da man jederzeit kaufen und verkaufen kann
15. Eine völlig ausreichende langfristige Geldanlage

Die Abkürzung ETF steht für Exchange Traded Fund, übersetzt börsengehandelte Fonds. Sie werden auch Indexfonds genannt. ETFs gehören zu den passiven Investments. Das bedeutet, ihr müsst euch nicht aktiv um sie kümmern. Ihr wählt sie lediglich aus und legt sie in euer so genanntes Depot, also euren Investmentwarenkorb.

Der erste allgemein zugängliche Indexfonds bezog sich auf den S&P 500. Sein Erfinder war der Gründer der Fondsgesellschaft Vanguard, John Bogle. Indexfonds waren ursprünglich institutionellen Investoren vorbehalten. Bogle hatte die geniale Idee, dieses Investment auch Kleinanlegern zugänglich zu machen. Seine Idee war, den Index mithilfe von Computern statt aktiven Fondsmanagern abzubilden.

Die Ergebnisse stellen aktiv verwaltete Fonds regelmäßig in den Schatten. Aktiv verwaltete Fonds sind mittlerweile ganz schön in Verruf gekommen. Denn wöchentlich kommen neue intransparente Produkte auf den Markt. Es ist sehr schwer geworden, den Überblick zu behalten. Für Kleinanleger ist der Bereich inzwischen ungeeignet.

Die Innovation des ETFs bestand darin, dass jeder an der Performance (Kursentwicklung) eines Index teilhaben kann. Beispielsweise am DAX. Das Investment war bislang relativ transparent. Man kennt die Unternehmen, die im Deutschen Aktienindex gelistet sind. Mit einem ETF sichert man sich Anteile an genau diesen Firmen und genießt ihre Wertentwicklung inklusive Dividendenzahlungen.

Leider macht sich auch hier Verkaufsdruck breit. Es kommen ETFs in den Markt, die weder transparent noch solide sind. Kunden können nicht nachvollziehen, was hinter dem Produkt steckt, das sie sich ins Depot legen. Beispielsweise gibt es inzwischen ETFs auf die Internetwährung Bitcoins. Goldman Sachs erfand einen ETF auf die »Top Picks« der größten Hedgefunds. Dass sich dahinter schlichtweg Zocker-Produkte verbergen, ahnt man bereits, wenn man den Namen liest. Ich rate euch dringend, bei der Wahl eines ETFs darauf zu achten, dass ihr den abgebildeten Index kennt.

DAX-ETFs gibt es für unter 0,10 Prozent Managementgebühr pro Jahr. Im Vergleich hierzu betragen die Kosten von Fonds jährlich zwischen 1,5 bis 2 Prozent. Ein Fondsmanager muss demnach mit seinem Fonds mehr als 2 Prozent Rendite erwirtschaften, um die gleiche Rendite wie ein ETF zu erzielen. Das schaffen Fondsmanager selten. Der Quantum Funds von George Soros mit seiner durchschnittlichen Rendite von über 25 Prozent ist eine echte Ausnahme.

Ab 1.1.2018 wird eine neue Regelung (InvStRefG) die Fonds noch unattraktiver machen. Zu den Verlierern zählen unter anderem Kleinsparer, deren Erträge unter den Steuerfreibetrag in Höhe von 801 Euro fallen. Denn der Zugriff durch den Fiskus erfolgt ab 2018 bereits im Fonds. Die Fonds-Sparer werden dann abkassiert, ohne es zu merken.

Dass es kinderleicht ist, einen aktiven Fondsmanager mit einem ETF-Depot zu schlagen, zeigt die Grafik von Morningstar: Das folgende Portfolio erzielte eine jährliche Rendite von 10,7 Prozent innerhalb der vergangenen fünf Jahre.

Name	ISIN	Gebühr		Wertentwicklung				Max. Verlust
		p.a.	seit 1.1.	1 Jahr	3 Jahre p.a.	5 Jahre p.a.	3 Jahre	
ETF-Portfolio*		0,37	3,91	8,57	9,37	10,68	-7,51	
Carmignac Patrimoine A	FR0010135103	1,68	1,93	3,71	5,11	4,32	-12,55	
Blackrock Global Allocation	LU0072462426	1,77	-0,19	5,76	8,98	9,38	-10,66	
Nordea Stable Return	LU0227384020	1,91	5,79	7,69	6,96	7,43	-2,92	
Flossbach Multiple Opport.	LU0323578657	1,68	3,85	13,12	9,07	10,57	-9,50	
Fidelity Euro Balanced	LU0052588471	1,4	-2,63	0,85	5,79	10,67	-9,59	

*) Zusammengesetzt aus zwei ETFs: 50 % iShares Euro Aggregate Bond (IE 00B3DKXQ41) und 50 % iShares MSCI World (IE00B0M62Q58), Daten per 30.9.2016

Tabelle 6: Ein einfaches ETF-Portfolio schlägt alle Konkurrenten, Quelle: Morningstar

Die Darstellung oben zeigt einen Mix aus Anleihen- und Aktien-ETFs. Ich selbst halte wenig von so vielen ETFs im Depot und bin der Meinung, dass zwei Aktien-ETFs im Depot für den Privatanleger ausreichend sind. Gerade von Bundesanleihen sollten langfristig orientierte Anleger derzeit wirklich die Finger lassen: Man investiert in eine vermeintlich sichere Anlageklasse, macht aber ziemlich sicher Verluste! Die Kombination von festen Mega-Niedrig- oder sogar Negativzinsen mit der sich abzeichnenden Inflation würde das angelegte Geld vernichten.

Ich rate also ausdrücklich zu Aktien-ETFs – unter der Voraussetzung, dass die ETFs hierzulande ausgegeben wurden. Eine Grundregel lautet: die ISIN–Nummer checken: Sie muss mit DE beginnen. Um ganz sicherzugehen, solltet ihr zusätzlich unter **www.bundesanzeiger.de** nachsehen, in welchem Land der ETF herausgegeben wurde. Gebt einfach im Such-Menü der Website den Namen des jeweiligen ETFs ein.

Noch ein Grund, wieso ihr auf das Herkunftsland des ETFs (Länderdomizil) achten solltet: Bei ausländischen thesaurierenden Fonds kommt es zu einer Doppelbesteuerung. Ihr zahlt beim Verkauf unter Umständen mehr Steuern – einmal im Inland und einmal im Ausland. Die zu viel gezahlten Steuern kann man sich zurückholen. Die meisten Leute sind aber zu faul und nehmen die Extrasteuern als Zusatzkosten in Kauf. Das mag okay sein, wenn der Kursverlauf diese Kosten locker übersteigt. Aber warum sich überhaupt in eine Situation bringen, in der man entweder zu viele Steuern zahlt oder sich mit zusätzlichen Formalitäten herumschlagen muss?

Die Dos and Don'ts zur »Bad-ETF-Day«-Vorsorge

Geeignet sind:

- ✓ ETFs, wenn ihr regelmäßig und langfristig, also > 5 Jahre investiert
- ✓ Physische ETFs: Sie bilden 1:1 einen Index ab (replizierend)
- ✓ ETFs, die vom Namen auf den Index schließen (zum Beispiel DAX-ETF mit weltweit bekannten Firmen wie Adidas, Allianz, BMW, Beiersdorf, Fresenius, Henkel, SAP)
- ✓ ETFs, um eure Emotionen zu kontrollieren. Man verliebt sich zu schnell in Einzelaktien
- ✓ Gängige Indizes mit gelisteten Firmen-Superstars, deren Namen man kennt. Zum Beispiel DAX, MDAX, SDAX, der große Europäische Index Euro STOXX600 oder der breite weltweite Index MSCI World
- ✓ Steuereinfache ETFs: Sie schütten Dividenden (Zinszahlungen) aus

Gefährlich sind:

✓ Ausländisch thesaurierende ETFs. Sie sind teuer und hinterhältig (Doppelbesteuerung!)
✓ Synthetische ETFs, denn sie sind riskant. Tappt nicht in die (Derivate-)Falle!
✓ ETFs, deren Namen zwar cool klingen, bei denen aber unklar bleibt, was sich dahinter verbirgt (zum Beispiel sind die ETF-Namen der obigen Morningstar-Grafik nicht transparent: Ich weiß nicht, welche Werte in den ETFs gelistet sind)
✓ ETFs, wenn ihr weniger als sagen wir acht Jahre bis zur Rente habt

Merkt euch diese Börsenweisheit: »Investiere nur in Aktien, deren Geschäft du verstehst.« Das gilt meiner Meinung nach auch für ETFs.

Denn alles, was verlockend nach hoher Rendite klingt, aber irgendwie unklar bleibt, birgt ein hohes Reinfallrisiko. Das gilt auch für Derivate (und auch die können sich hinter einem ETF verbergen). Bei Derivaten sind der Preis und seine Entwicklung vom Preis eines anderen Finanzproduktes (Basiswert) abhängig (zum Beispiel von einer Aktie oder von Rohstoffen). Ein Derivat ist eine Wette: Man setzt entweder auf fallende oder auf steigende Kurse.

Auch hinter einem ETF kann sich ein Derivat verbergen. Beispielsweise sind ETFs mit Swap-Bestandteilen typische Derivategeschäften. Unerfahrene Anleger, aber auch Fortgeschrittene, unterschätzen oft das hohe Risiko enormer Verluste. Auch wenn ihr an dieser Stelle noch immer nicht genau verstanden habt, was ein Derivat ist, merkt euch bitte Folgendes. Wer Derivate handelt, wettet – kurz gesagt: spekuliert. Eine vernünftige Vermögensanlage sind Derivate aus meiner Sicht für Privatanleger nicht.

So findet ihr ETFs, die mehr als einen Blick wert sind

Jetzt machen wir den Schnellcheck, welcher der vielen ETFs geeignet ist:

✓ Steuereinfach soll er sein
✓ Deutschland soll das Herkunftsland sein
✓ Er soll 1:1 seinen Index abbilden (replizierend)
✓ Und er soll ausschütten (also nicht thesaurieren, nicht die Dividende wiederanlegen)

<u>Challenge 49:</u> Probiert JustETF.com aus

www.justetf.com hilft bei der ETF-Suche. Filtert die Kriterien im Menü »ETF-Suche« wie folgt:

✓ Bei **www.justetf.com** wählt ihr zuerst eure Bank (zum Beispiel comdirect bank oder DAB Bank)
✓ Besser noch: Ihr sucht direkt auf der Website eurer Bank nach einem ETF
✓ Alter des ETFs (je älter, umso besser, wegen Info zum Kursverlauf)
✓ Ausschüttend
✓ Fonds größer als 500 Millionen Euro
✓ Replikationsmethode »vollständig«
✓ Fondsdomizil, also Herkunftsland, Deutschland beziehungsweise »inländisch« auswählen
✓ Indexwährung Euro
✓ Anlagetyp: Aktien
✓ Sparplan auswählen (manche ETFs lassen keinen Sparplan zu)
✓ Verwaltungsvergütung und/oder TER (Gesamtkostenverhältnis) unter 1 Prozent
✓ Fondsvolumen über 500 Millionen Euro

Ihr könnt allerdings auch einfach direkt auf der Website eurer Internetbank suchen. Mein Filter spuckt Folgendes aus, nachdem ich alle obigen Kriterien inklusive »Fondsdomizil Deutschland« eingegeben habe (es wird nur jeweils ein ETF pro Europäischem Aktienindex aufgelistet):

✓ iShares STOXX Europe 600 UCITS ETF (DE)
  (ISIN DE0002635307) und
✓ Deka MSCI Europe UCITS ETF (ISIN DE000ETFL284)

Und so gelangt ihr zur Entscheidung:

Die TER = Total Expense Ratio (= Gesamtkostenquote) sagt euch, wie hoch die jährlichen Kosten sind. Die Kennzahl ist beim iShares-ETF mit 0,2 Prozent niedriger als beim Deka-ETF mit 0,3 Prozent. Zudem bildet der iShares indexbedingt rund 100 Werte mehr ab als der Deka. Damit ist das Risiko auf mehr Werte gestreut.

Die Entscheidung fällt also auf den iShares, der mit über 4 Milliarden Euro Fondsgröße dazu auch noch erheblich größer ist als der Deka. Das macht den ETF langfristig zu einem geeigneten Investment, auch was die Handelbarkeit betrifft. Kleine ETFs mit geringem Handelsvolumen können einfach von einem größeren gekauft werden. Sie verschwinden in diesem Fall vom Börsenparkett. Ihr würdet dann einen neuen ETF erhalten – inklusive neuer Konditionen.

The winner is ...

Von wegen Qual der Wahl! Das war ja erstaunlich einfach. Ein Viertel der Welt sind mit dem **iShares STOXX Europe 600 UCITS** abgedeckt. Kostengünstig, steuereinfach und voll replizierend.

Die Rating-Agentur Morningstar empfiehlt, einmal im Jahr zu prüfen, welcher Wert sich besser entwickelt hat, und den besseren anschließend stärker zu gewichten. Damit ist gemeint, dass man mehr Anteile vom »besseren« ETF ins Depot holt und diesen primär nachkauft. Das kostet wenig Zeit und kaum Gebühren.

Dieser Kostenfaktor ist nicht zu vernachlässigen und ein wichtiger Grund, wieso Fonds bald der Vergangenheit angehören. Denn: Gerade langfristig machen sich auch Gebühren um die 2 Prozent bemerkbar. Erinnert ihr euch an mein Rentenbeispiel, bei dem ich euch die Wirkung einer kleinen Änderung der Inflationsrate gezeigt habe? Bei einem Anlagebetrag von 10.000 Euro sind das immerhin 2.000 Euro, die ihr in zehn Jahren an Gebühren zahlt. Bei 0,1 Prozent ETF-Gebühr sind das hingegen nur 100 Euro, die eure Rendite schmälern.

Das Beispiel zeigt, dass ETFs eine Rendite-Maschine sind. Aufgrund der hohen Konkurrenz von ETF-Produkten profitieren wir Anleger von günstigen Konditionen. Konzentriert euch auf wenige, einfach verständliche Index-ETFs, bei denen ihr die enthaltenen Firmen kennt. (S&P 500, MSCI World, den MDAX oder den DAX).

Hier macht ihr nichts falsch, denn diese breit aufgestellten Indizes haben die Big Player im »Warenkorb«: Große, international aufgestellte Firmen, deren Namen und Produkte weltweit verkauft werden. Ich finde, es reicht völlig aus, in einen DAX-ETF und einen Index auf den MSCI World zu investieren. Euer Depot ist damit sehr gut gestreut.

Natürlich ist auch ein ETF nicht risikolos. Niemand kann die Zukunft voraussagen. Jedoch sollte man als Investor unternehmerisch denken. Man erhält Anteile von international etablierten Firmen, die eine Gewinnerzielungsabsicht verfolgen. Ohne Unternehmen würde es kein Fernsehen geben, keine Smartphones, kein warmes Wasser, keine Heizung. Unternehmen sind der Motor für Wachstum und technischen Fortschritt. Ohne sie würde es uns nicht so gut gehen, wie es heute der Fall ist.

Natürlich fragt man sich, wie man sich gegen einen Börsencrash absichern kann. Das richtige Timing ist nicht einfach. Indem ihr eine Trailing-Stop-Loss-Order setzt, werden eure Wertpapiere bei starkem Kursabfall automatisch verkauft. »Trailing« bedeutet, dass die Prozentangabe mit steigendem Kurs angehoben wird. Dadurch nimmt man am positiven Kursverlauf teil und sichert sein Risiko nach unten ab.

ETFs – Reich werden leicht gemacht

Die Kosten von ETFs sind extrem niedrig. Aktiv gemanagte Fonds sind teurer als die von Computern gemanagten ETFs – weshalb diese so beliebt sind. Starinvestor Warren Buffett hat seiner Frau geraten, nach seinem Tod in einen ETF auf den S&P 500 Index zu investieren. Allerdings hat er auch gesagt, dass er persönlich Einzelaktien bevorzugt, weil er mit Einzelaktien höhere Renditen erwirtschaften kann.

Die folgende Tabelle zeigt euch, wie ihr mithilfe von beispielsweise ETFs mit nur 50 Euro im Monat Vermögen bilden könnt.

Anlagedauer	0,2 Prozent	1 Prozent	2 Prozent	4 Prozent	6 Prozent
1 Jahr	601 €	605 €	609 €	618 €	627 €
5 Jahre	3.014 €	6.068 €	3.138 €	3.281 €	3.430 €
10 Jahre	6.050 €	6.253 €	6.518 €	7.085 €	7.705 €
20 Jahre	12.191 €	12.991 €	14.082 €	16.606 €	19.670 €
30 Jahre	18.425 €	20.253 €	22.861 €	29.402 €	38.251 €
40 Jahre	24.753 €	28.077 €	33.049 €	46.598 €	67.108 €

Tabelle 7: Wie ihr mit dem Zinseszinseffekt Vermögen bilden könnt, Quelle: www.focus.de, »Reich in Rente mit 50 Euro«

Es ist ein weiterer wichtiger Vorteil von ETFs, dass ihr bereits ab 25 Euro monatlich in sie investieren könnt. Das heißt aber nicht, dass sie nur den Kleinanlegern vorbehalten sind. Auch Großinvestoren haben Interesse an diesem Investment. Die Konsequenz ist, dass die in den ETFs enthaltenen Aktien stärker schwanken, als sie es ohne ETFs täten. Warum?

Angenommen, ein Großinvestor verkauft seinen millionenschweren ETF-Anteil. Dann werden automatisch alle in seinem ETF-Anteil enthaltenen Aktien verkauft. Auch wenn eine Einzelaktie eine hervorragende Bilanz und exzellente Quartalszahlen aufweist und es nur Positives über sie zu berichten gibt, kann es aufgrund des ETF-Verkaufs durch den Großinvestor dazu kommen, dass der Kurs dieser Einzelaktie sinkt.

Kursbewegungen sind nichts anderes als die Konsequenz aus Käufen und Verkäufen. Kommt es zu einem Angebotsüberhang, sinkt der Preis und umgekehrt. Aufgrund der extremen Beliebtheit der ETFs und dem hohem Kauf- und Verkaufsvolumen leiden viele Einzelaktien heute unter höheren Schwankungen. ETFs haben also nicht nur Vorteile.

Denn ihr meidet zwar das Risiko von Einzelaktien, profitiert aber auch nicht im gleichen Maße wie ein Aktienbesitzer, wenn es gut läuft mit seinen Werten. Adidas ist ein gutes Beispiel: Die Aktie ist in den vergangenen fünf Jahren um über 160 Prozent gestiegen, dazu kommen die jährlichen Dividendenzahlungen. Der DAX schaffte im gleichen Zeitraum nur die halbe Rendite.

Und gerade für Investoren, die auf nachhaltige und ethische Werte achten, ist es schwierig, einen »guten« Index zu finden. Denn ihr kauft mit einem ETF Aktienanteile von vielen Firmen – also auch von solchen, die ihr nicht gut findet. Beispielsweise Anteile von Rüstungsfirmen, wie sie auch im DAX enthalten sind.

Hier findet ihr ethisch korrekte ETFs: **www.extra-funds.de**. Im Such-Menü gebt ihr »Nachhaltigkeit« ein.

Auch, wenn ihr meint, dass ein bestimmtes Geschäftsmodell keine Zukunft hat, kauft ihr mit einem ETF möglicherweise Aktienanteile von Unternehmen, die genau dieses veraltete Geschäftsmodell verfolgen. Nehmt die Krisenfirma RWE: Der Stromversorger verlor mit dem Ausstieg aus der Atomenergie mehr als 80 Prozent seines Börsenwertes.

Trotz dieser Nachteile sind ETFs unterm Strich die beste Empfehlung für Investoren ohne Börsenkenntnisse. Ihr könnt nichts falsch machen, und langfristig sind Index-Investments erfolgversprechend.

Stop-Loss nicht vergessen!

Wie schön wäre es, wenn man die nächste Krise sicher vorhersagen könnte! Dann könnte man dick in ETFs einsteigen: In der Krise sind die Kurse ganz unten, also braucht man nicht viel Geld, um Anteile zu erwerben. Und Indizes wie DAX, MDAX oder MSCI World haben es bisher trotz schwerster Finanzkrisen auf immer höhere Rekordstände geschafft. Langfristig verliefen ihre Kurse wie im Bilderbuch. Das macht sie attraktiv, denn wir Menschen projizieren die Vergangenheit auf die Zukunft: »Ist bisher immer so gekommen, wird auch in Zukunft so laufen«, denken wir.

Trotzdem solltet ihr immer einen Stop-Loss setzen. Die Order nennt man auch »good-till-cancelled« (GTC), denn ihr könnt die Order mit steigendem Kurs anpassen. Entweder ihr gebt die Verlustbegrenzung prozentual ein oder in Euro (= Chandelier Stop). Ein Trailing-Stop-Loss zieht die »Verlustgrenze« mit steigenden Kursen mit nach oben. Geniale Idee!

Ihr könnt damit langfristig nur gewinnen: Angenommen, ihr kauft eine Aktie bei 10 Euro pro Stück. Ihr setzt einen Stop-Loss bei 10 Prozent. Steigt die Aktie nun auf 14 Euro, seid ihr jetzt wunderbar gegen Verluste abgesichert, falls sie fällt. Erstens macht ihr keinen Verlust, da sie bei einem Sturz auf 12,60 Euro automatisch verkauft wird. Zweitens könnt ihr jetzt schon nur noch gewinnen.

Ich würde mit steigenden Kursen die prozentuale Stop-Vorgabe verringern, hier beispielsweise auf 6 Prozent. Dann fällt euer Gewinn noch höher aus, falls die Aktie einbricht.

Ein Stop-Loss ist die beste Versicherung gegen starke Verluste. Durch die Verlustbegrenzung werden eure Aktien bei plötzlichen Abstürzen automatisch verkauft, während die Kurse weiter fallen. Dieses Instrument ist sehr wichtig, denn es lässt keine Emotionen zu. Automatisierte Verkaufsentscheidungen mithilfe von Stop-Order-Eingaben sind ein wichtiger Schlüssel zum Erfolg. Ohne sie werdet ihr zum Zocken verleitet.

Ob Aktie oder ETF: Ich selbst setze meine Stop-Loss-Orders normalerweise bei 8 Prozent, denn ich handele nur große internationale Werte, so genannte Blue Chips, und breit aufgestellte ETFs. Meine Verluste sind dadurch unter Kontrolle.

Manche Aktien schwanken sehr heftig, andere verlaufen dagegen eher seitwärts. Bei stark schwankenden (= volatilen) Werten ist es nicht ratsam, 8 Prozent als Stop-Loss zu setzen. Hier sind 15 bis 20 Prozent besser. Die Kennzahl »Beta« misst die Schwankungen eines Werts im Vergleich zum breiten Markt, zum Beispiel im Vergleich zum DAX.

»Beta über 1« bedeutet, dass eine Aktie beispielsweise stärker schwankt als der Vergleichsmarkt. Sie ist volatiler und damit riskanter. Steigt der DAX um 10 Prozent und die Aktie nur um 5 Prozent, beträgt das Beta der Aktie weniger als 1. Sie ist wenig volatil. Ihr findet die Beta-Kennzahlen unter anderem auf Yahoo! Finance **www.finance.yahoo.com**

Angenommen, eine Aktie notiert bei 50 Euro. Seit Monaten schwankt sie zwischen 48 und 52 Euro. Eine Stop-Loss-Order bei 49 Euro zu setzen hat wenig Sinn. Denn wahrscheinlich würde die Aktie mit dieser Oder schon am selben Tag verkauft. Bei einem Beta über 1 ist es sinnvoller, den Stop-Loss bei 15 Prozent zu setzen.

Merkt euch: Sogenannte Blue-Chip-Aktien haben in der Regel ein geringes Beta (unter 1) und schwanken mit einem ähnlichen Beta wie der breite Markt (zum Beispiel der DAX). Kleinere Firmen (Small Caps, Mid Caps) hingegen schwanken in der Regel stärker. Ihr Beta liegt über 1.

Challenge 50: Geht auf www. finance.yahoo.com und sucht auch die Beta-Kennzahlen für drei DAX-Aktien heraus. Überlegt euch, wo ihr jeweils den Stop-Loss setzen würdet.

Mein Erfolgsrezept: Gewinne laufen lassen, Verluste begrenzen

Dos

- ✓ Stop-Loss-Orders sind ein Must-have (vor allem für Einsteiger). Sichert euch gegen massive unvorhergesehene Kurseinbrüche immer mit einer Stop-Loss-Order ab.
- ✓ Notiert euch das Datum der Order-Eingabe. Manche GTC-Orders verfallen nach 30 oder 60 Tagen – je nach Brokerbank. Ihr müsst sie dann erneuern.
- ✓ Prüft die Schwankung anhand der Kennzahl Beta. Das erleichtert es euch, den Stop-Kurs festzulegen.

Don'ts

- ✓ Ein Trade ohne Stop-Loss ist wie Heiraten ohne Ehevertrag. Hoffnung bringt an der Börse nichts – außer hohen Verlusten!

Die ETF-Steuerregel: Ende gut – alles gut

Es ist steuerlich am einfachsten, ausschüttende ETFs zu halten. Ihr müsst dann nicht selbst tätig werden: Die Depot-Bank führt die fälligen Steuern automatisch ab. Darüber hinaus empfehle ich euch, darauf zu achten, dass eure ETFs in Deutschland aufgelegt wurden. Ihr erkennt das an der ISIN. Sie sollte mit DE anfangen.

Wenn ihr einen ETF auswählt, müsst ihr auf das Kürzel achten: PR oder TR. Ihr könnt die Leistungen zweier ETFs nur vergleichen, wenn diese dasselbe Kürzel haben. Denn manche ETFs zeigen ihre Kursverläufe ohne Dividendenausschüttungen und andere mit an.

Thesaurierende ETFs behalten zudem die Dividenden ein, allein deswegen läuft ihr Kurs schon überdurchschnittlich. Man nennt thesaurierende ETFs auch Performance Index oder TR Index (T = Total Return). Denn die nicht ausgeschütteten Erträge werden gleich wieder angelegt.

Wichtige Index-Abkürzungen und was sie bedeuten

✓ PR (Price Return) steht für Preisindex. Der Index wird berechnet anhand der Kurse, aber ohne die Dividendenzahlungen.

✓ TR (Total Return) ist das Gegenteil. Angezeigt wird so ein Index beispielsweise wie folgt: DAX TR ETF. Zinsen und Dividendenzahlungen werden in den Index mit einberechnet. Dadurch ist der Kurs höher als im »normalen« PR-Index. Der DAX TR ETF steht dadurch mit seinem Kursverlauf im Vergleich besser da.

✓ NR bedeutet Net Return (manchmal sieht man auch: TRN = Total Return Net). Ein Beispiel ist ein ETF auf den MSCI World Index. Da wird die ausländische Quellensteuer abgezogen. Der Index berücksichtigt demnach eine Nettorendite.

Steuertipps

1. Steuereinfache ETFs schütten ihre Erträge aus

Der ETF-Anleger kann zwischen Produkten wählen, die in Deutschland oder im Ausland aufgelegt wurden. Folgendes gilt zu beachten: Werden die Erträge (Dividenden) an den Anleger regelmäßig ausgeschüttet oder im ETF oder Fondsvermögen wieder angelegt (thesauriert)? Wurde der ETF in Deutschland aufgelegt, greift die Besteuerung bei den Zinserträgen und Dividenden. Für den Anleger gibt es dann nichts zu tun, denn die Besteuerung erfolgt automatisch.

2. Steuerkomplizierte ETFs legen die Erträge wieder an (= thesaurierend)

Der Anleger muss bei den in Deutschland aufgelegten ETFs auch nicht tätig werden. Die Erträge werden zwar direkt wieder im (ETF-)Fondsvermögen angelegt, zum Geschäftsjahresende werden diese »ausschüttungsgleichen« Erträge aber ebenfalls automatisch vom Fonds versteuert. Beide Varianten gelten als »steuertransparent«. Denn die Erträge werden regelmäßig den deutschen Behörden gemeldet.

3. Auslands-ETFs sind steuerkompliziert und -intransparent

Im Ausland aufgelegte ETFs (ISIN beginnt nicht mit DE) sind steuerkompliziert und steuerintransparent. Wenn ein Fonds außerhalb Deutschlands (z.B. Irland oder Luxemburg) aufgelegt wurde, wird es kompliziert.

4. Auslands-ETFs mit Ausschüttung – meistens automatische Abführung

In der Regel werden bei ausschüttenden ETFs mit Sitz im Ausland die Erträge automatisch abgeführt. Es gibt aber auch Ausnahmen. Hier sollte man bei der Fondsgesellschaft oder den Besteuerungsunterlagen des Fonds im Bundesanzeiger genau nachsehen.

5. Auslands-ETFs mit Thesaurierung – am kompliziertesten

Die komplizierteste Form ist die des thesaurierenden ETFs mit Sitz im Ausland. Hier muss der Anleger in jedem Fall handeln. Die thesaurierten ausschüttungsgleichen Erträge sind in der Steuererklärung (in der Anlage KAP) anzugeben.

6. Physische ETFs reichen, synthetisch muss nicht sein

Merkt euch die Regel, dass physische Produkte für den Kleinanleger transparent und ausreichend sind. Damit ist gemeint, dass man bei einem ETF auf den DAX 1:1 den DAX in dem Wertpapier wiederfindet. Bei synthetischen Produkten können die einzelnen Aktien unterschiedlich gewichtet sein, da kauft man schnell die Katze im Sack und es können sich sogar Derivate in dem ETF verstecken. Mit synthetischen Produkten könnt ihr zum Spekulanten werden, ohne es zu merken.

Demo: So baut ihr ein Musterdepot und erstellt einen ETF-Sparplan

Viele Leser meines ersten Buches »Reichtum ist Frauensache« und meiner Artikel sowie Zuschauer meiner Vlogs haben mir geschrieben und mich gebeten zu erklären, wo man ein Musterdepot zusammenstellen kann, worauf man dabei achten sollte und wie so ein Musterdepot generell aussieht. Das zeige ich nun im Folgenden anhand einiger Screenshots.

<u>Challenge 51:</u> Was hier die Challenge ist? Geht in euer Depot und macht es mir nach!

Frage 1: Wo kann man ein Musterdepot einrichten?

Sobald ihr euch fürs Online-Banking angemeldet habt, findet ihr den Menüpunkt »Musterdepot« auf eurer Online-Banking-Seite. Bei meiner Direktbank (comdirect) liegt das Feld gleich neben der Suchfunktion mit dem Lupenzeichen. Alternativ geht ihr auf ariva.de und dort auf den Menüpunkt »Depot«.

Frage 2: Wie sieht ein (Muster-)Depot aus?

Nehmt maximal drei Werte auf eure Watchlist. Das ist die Liste mit euren favorisierten Aktien, ETFs oder Fonds.

(MD) Muster 3Oktober 2006									
Stück/ Nom.	Bezeichnung	WKN Typ Whg.	Akt. Kurs Diff. abs Diff. %	Wert in EUR Diff. abs Diff. %	Datum Zeit Börse	Kaufkurs in EUR Kaufdatum	Kaufwert in EUR	Limit + Limit -	Aktion
10	Boeing Co. Registered Shares DL 5 · Realtime · Notizen	850471 Aktie EUR	136,783 4,17 ↑ +3,14%	1.367,83 731,83 ↑ +115,07%	10.11.16 15:48:58 Frankfurt	63,60 03.10.06	636,00	--	Kauf Verkauf
20	XING AG Namens- Aktien o.N. · Realtime · Notizen	XNG888 Aktie EUR	189,848 2,00 ↗ +1,06%	3.796,96 2.996,96 ↑ +374,62%	10.11.16 09:33:09 Frankfurt	40,00 13.06.07	800,00	--	Kauf Verkauf
↳ Werte hinzufügen/bearbeiten ▼			Depotwert: Veränderung:	EUR 5.164,79 EUR 3.728,79 ↑ +259,67%			Kaufwert: EUR 1.436,00		

Aktualisieren

Abb. 47: Meine Watchlist, mein Musterdepot aus dem Jahr 2006, Quelle: comdirect.de

Fällt euch etwas auf? Das Ergebnis ist positiv und die Rendite beträgt über 250 Prozent. Nicht schlecht! Wer noch immer denkt, Aktien seien gefährlich, findet hier den besten Beweis, dass André Kostolany recht hatte mit seinem Rat: »Aktien kaufen, Schlafmittel nehmen und ein paar Jahre schlafen.« Irgendwann wacht ihr auf und freut euch über fette Gewinne.

Frage 3: Wie kann ich einen Wert suchen und auf meine Watchlist legen?

Gebt nun »DAX« im Menüpunkt »Kurssuche« ein. Es erscheint die Übersicht zum Deutschen Aktienindex.

Unter der Überschrift DAX-Performance-Index findet ihr den Hinweis »Gehen Sie zur Trefferliste, wenn Sie einen anderen Wert suchen.« Ihr werdet also automatisch zu weiteren Angeboten (beispielsweise ETFs oder Zertifikate) geführt.

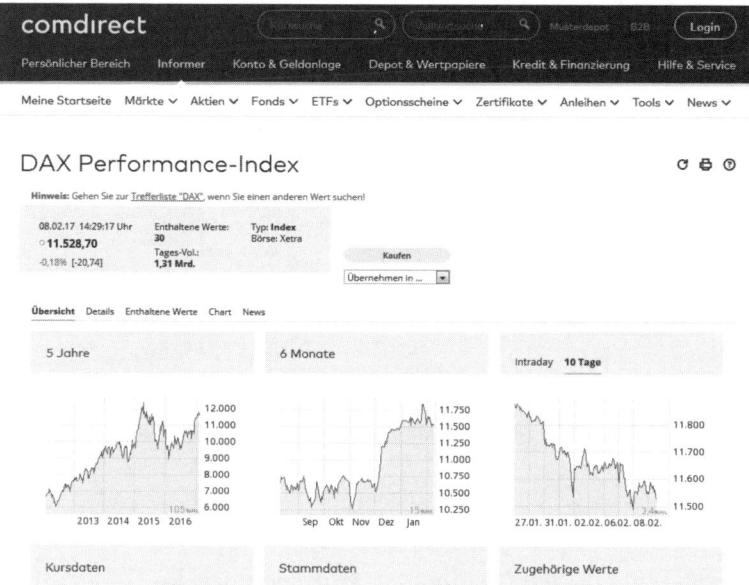

Abb. 48: Die Suche nach dem passenden DAX-ETF,
Quelle: comdirect.de

Achtet unbedingt auf den Typ des Wertpapiers! Ich sehe mir den
ETF etwas genauer an, indem ich auf die Wertpapier-Bezeichnung »ISHARES CORE DAX« klicke (siehe Abb. 49, Seite 252).
ISHARES ist übrigens die Bezeichnung der Firma, die den ETF
anbietet.

Achtet bitte auf die einzelnen Menüpunkte im folgenden Bild:
Klickt euch durch »Übersicht«, »Details« »Kennzahlen« und so
weiter. Ihr bekommt verschiedene interessante Analysen zu diesem Investment zu sehen.

ISHARES CORE DAX® UCITS ETF (DE)

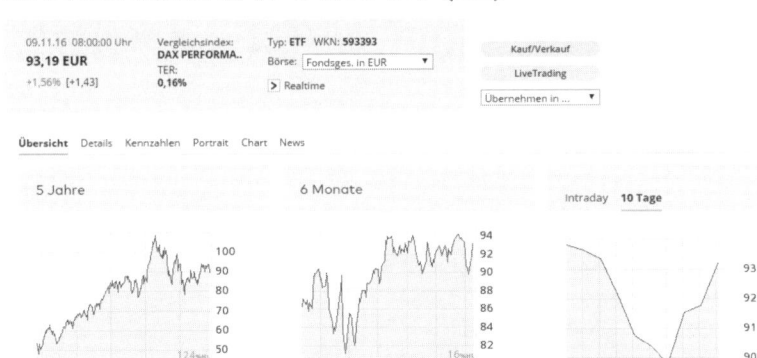

Abb. 49: Wie ihr einen Wert ins Musterdepot legt, Quelle: comdirect.de

Klickt nun auf den Menüpunkt »Übernehmen in …«. Es öffnet sich das erweiterte Menü und ihr klickt auf »Musterdepot«.

Nun könnt ihr ein neues Musterdepot erstellen. Nennt es beispielsweise »Meine Top-3-Aktien 2017«. Dann fügt noch eines hinzu und nennt es: »Meine Top-3-ETFs«.

Frage 4: Wie erkenne ich, ob sich der Wert langfristig gut entwickelt hat?

Klickt jetzt auf den Unterpunkt »Kennzahlen«. Folgendes Bild erscheint:

Es zeigt, dass nach fünf Jahren die Performance, also die Wertentwicklung in Euro, bei über 80 Prozent liegt. Das eingezahlte Kapital hätte sich somit fast verdoppelt. Eine Bestätigung der Aussage, dass der DAX langfristig eine super Rendite erwirtschaftet. Achtung: Ich gebe hiermit keine Kaufempfehlung ab, sondern möchte euch helfen, Ängste vor der Börse zu überwinden.

Aufgabe:

Legt euch ein Musterdepot an. Falls ihr bei eurer Bank keine Möglichkeit findet, könnt ihr auf dieser Website eines erstellen: **www.ariva.de/depot/**

Betrachten wir nun den Menüpunkt »Übersicht« etwas genauer. Achtet darauf, wo euer Investment aufgelegt wurde. Steuerlich seid ihr im Vorteil, wenn die ISIN, also die registrierte Wertpapierbezeichnung mit DE anfängt. Das Produkt wurde hierzulande aufgelegt und es fällt keine ausländische Quellensteuer an.

Achtet nun darauf, ob der ETF ausschüttend oder thesaurierend ist. Thesaurierende Produkte meide ich in der Regel. Sie legen die ausgeschütteten Erträge (Dividenden) automatisch wieder an, was dazu führt, dass man sie in der Steuererklärung ausweisen muss – das ist mir zu umständlich! Bei den ausschüttenden Fonds oder ETFs hingegen führt die Bank die Steuer automatisch ab.

Im Menüpunkt »Übersicht« findet ihr auch die verschiedenen Möglichkeiten, das Wertpapier zu handeln. Ab 25 Euro könnt ihr monatlich Anteile kaufen. Um die Gebühren gering zu halten, empfehle ich euch jedoch, euch halbjährlich für 500 Euro oder 1.000 Euro mit Wertpapieranteilen einzudecken.

Frage 5: Wie erstelle ich einen ETF-Sparplan und wie wähle ich die geeigneten Investments aus?

Schritt 1:

Im Menü eures Online-Depots findet ihr eine Wertpapiersuchmaschine. Hier könnt ihr einstellen, wonach ihr sucht. Deutsche Aktien? Ein ETF auf einen Index, zum Beispiel den DAX? Oder möchtet ihr wissen, welche Investments bei den Bankkunden am beliebtesten sind?

Ich empfehle euch den Filter wie folgt zu setzen:

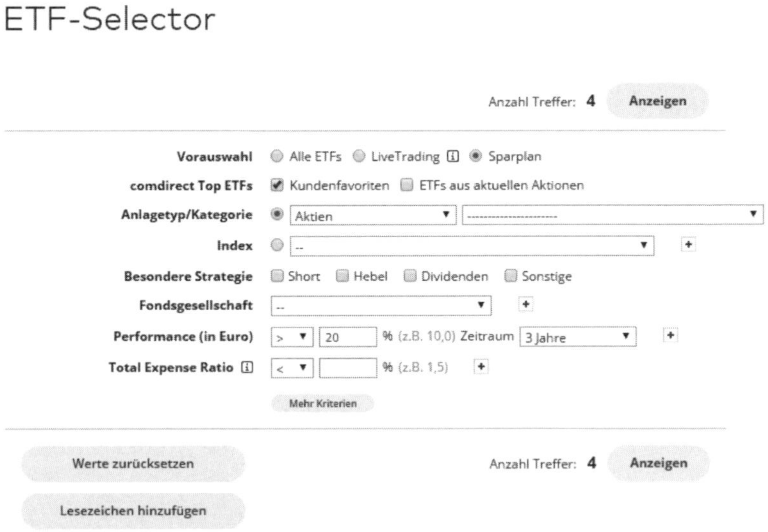

ETF-Selector

Abb. 50: Die Filterfunktion: Einfach und schnell entscheiden, Quelle: comdirect.de

Ihr seht, dass vier (Aktien-ETF-)Treffer angezeigt werden, bei denen ihr einen monatlichen Sparplan einrichten könnt.

Schritt 2:

Schauen wir nun, welche ETFs angezeigt werden. Achtet darauf, wie hoch das Handelsvolumen ist. Kauft immer Produkte mit einem sehr hohen Handelsvolumen (= Nachfrage), da sonst die Gefahr besteht, dass sie aufgrund zu geringer Nachfrage mit einem größeren ETF zusammengelegt werden – dadurch könnten sich die Konditionen (Gebühren) ändern.

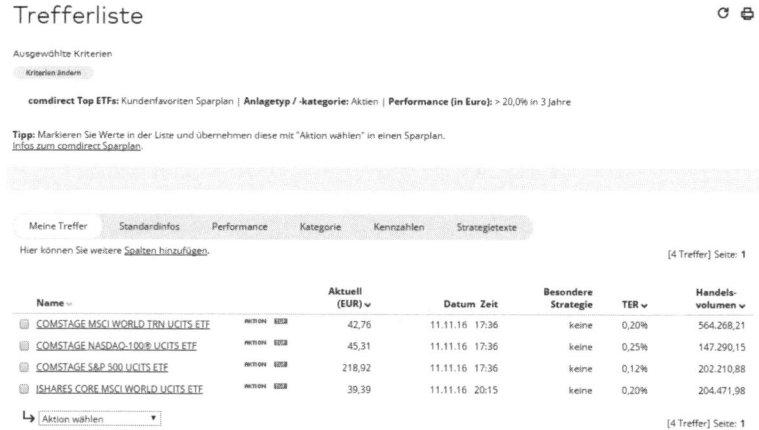

Abb. 51: Die Trefferliste-Analyse, Quelle: comdirect.de

Schritt 3:

Schaut euch nun für die einzelnen Werte genauer an, wie sie sich in den vergangenen drei bis fünf Jahren entwickelt haben. Wichtige Indizes wie DAX, NASDAQ oder S&P 500 haben sich bisher auch nach Finanzkrisen rasch wieder positiv entwickelt. Sie konnten plötzliche und unerwartet hohe Kursverluste nach nur wenigen Jahren wieder einholen. Einzelprodukte schnitten nach einschneidenden Events wie dem Platzen der New-Economy-Blase 2001 deutlich schlechter ab. Der Aktienkurs der Allianz AG ist ein Beispiel.

Schritt 4:

Um euch zu zeigen, wie einfach man einen ETF ins Depot legen kann, kaufe ich nun Anteile des oben angezeigten ETF COM-STAGE NASDAQ 100, WKN ETF011. Das Wertpapier ist zwar nicht in Deutschland aufgelegt, aber die steuerlichen Nachteile könnten von der hervorragenden Performance aufgefangen werden – vorausgesetzt, der bisherige Kurstrend setzt sich fort. Schaut euch die Performance an: Dieser ETF auf den amerikanischen NASDAQ Index hat in drei Jahren etwa 80 Prozent und in fünf Jahren mehr als 160 Prozent zugelegt. Vermögen bilden kann so einfach sein!

Schritt 5:

Ihr klickt auf den Button »Kaufen« und klickt nun auf »Weiter«.

Schritt 6:

Nun wähle ich die Order gemäß meinen Vorgaben. Wie gesagt: Ich rate euch, Anteile ab einem Mindestwert von 500 Euro, besser noch 1.000 Euro, zu kaufen, damit eure Gebühren (wie Transaktionsgebühren durch Kauf oder Verkauf) gering ausfallen. Ich teile nun 1.000 Euro durch den angezeigten Börsenkurs in Höhe von 45,353 Euro. So errechne ich die Stückzahl. Ich trage sie in das Feld »Stück/Nominale« ein.

Nun wähle ich den Börsenplatz »Stuttgart«. In der Regel sind die Kurse an den hierzulande verfügbaren Börsenplätzen ähnlich. Beachtet bitte, dass an den einzelnen Börsenplätzen auch Gebühren anfallen. Ob XETRA-Handel, Börse Stuttgart, Tradegate – alle haben leicht unterschiedliche Gebühren. 90 Prozent des Handels wird hierzulande über XETRA abgewickelt. Dort könnt ihr aber nur von 8:00 bis 17:30 Uhr handeln. Bei Tradegate geht das bis 22:00 Uhr.

Nun kommen wir zum Limit. Limit bedeutet, dass es eine Kursgrenze gibt, bis zu der ein Makler (= euer Depot-Anbieter) einen Verkauf oder Kauf ausführen darf. Sollte der Kurs über der Grenze (Kaufkurs) oder darunter (Verkaufskurs) liegen, wird die Order nicht ausgeführt. Es gibt auch die Möglichkeit, auf ein Limit zu verzichten. Wenn ihr die Option »Billigst« wählt, dann gebt ihr eine Kauforder ohne Limit, und zwar zum günstigsten am Markt herausgebildeten Kurs. »Bestens« bedeutet, dass ihr ohne Limit einen Auftrag zum Verkauf erteilt – zum höchstmöglichen Kurs. Ich möchte ohne Kurslimit kaufen und wähle darum »Billigst«.

Zum Schluss wähle ich »tagesgültig«, denn meine Strategie mit dieser Anlage ist, jeweils am 1. Tag des Monats in einen Sparplan einzuzahlen. Die Alternative wäre »ultimo«: Dann ist die Order im gesamten angegeben Monat gültig.

Online ordern, nicht telefonisch!

Gebt eure Orders immer online, nicht telefonisch. Als ich mich neulich im Zug mit einer Mitreisenden zum Thema Börsenhandel austauschte, erzählte sie mir, dass sie ihre Orders bisher telefonisch in Auftrag gegeben hatte. Aus irgendeinem Grund wurde eine Order nicht gemäß ihrer Vorgaben ausgeführt. Es kam zu einer Klage. Die telefonische Aufzeichnung des Verkaufsgesprächs wurde im Archiv der Bank nicht mehr aufgefunden.

Anlageklasse 2: Aktien – das Investment für Einzelkämpfer

In Deutschland besitzen nur sehr wenige Menschen Aktien. Dabei ist es eine einfache und leicht verständliche Geldanlage. Ich selbst habe Einzelaktien von international gut aufgestellten Firmen. Viele meiner Werte wie Facebook, Xing, Starbucks oder McDonald's schütten nicht nur regelmäßig Dividenden aus – ihr Kurs stieg bisher auch stärker als der des breiten Marktes, den ein Index (wie der DAX) abbildet. Für Einzelaktien muss man allerdings Mut mitbringen. Und die Bereitschaft zu lernen, wie man Firmen bewertet, wann ein guter Zeitpunkt zu kaufen ist – und wann nicht.

Was sind Aktien überhaupt?

Aktien sind Wertpapiere, die Anteile an einem Unternehmen darstellen. Aktionäre kaufen sozusagen Anteilsscheine und werden dadurch zu einem bestimmten Prozentsatz Miteigentümer.

Allen Aktionären gemeinsam gehört die Firma. Der Aktienkurs, also der Kaufpreis der Einzelaktien, bewegt sich ständig. Angebot und Nachfrage sind für die Kursbildung ausschlaggebend. Einmal im Jahr treffen sich die Aktionäre auf der Hauptversammlung und bestimmen über die Zukunft des Unternehmens. Die Stimmenanteile eines Aktionärs hängen von der Anzahl seiner Aktien ab. Einzelne Kleinaktionäre haben daher auf den Hauptversammlungen nur wenig zu melden. Der Besuch dieser Veranstaltungen ist auch nicht Pflicht, aber man sollte sich über die dort gefällten Beschlüsse informieren.

Durch den Aktienbesitz erhalten die Aktionäre unter anderem das Recht auf Gewinnausschüttung (Dividenden). Achtung: Sie werden nur fällig, wenn die Firma Gewinne macht. Aktionäre kaufen Aktien in Erwartung stabiler oder steigender Gewinne und damit regelmäßiger Dividendenausschüttungen und Kurssteigerungen.

Hier ein Rechenbeispiel:

Ihr kauft 100 Hugo-Boss-Aktien zum Kurs von 50 Euro für 5.000 Euro. Ihr erhaltet je Aktie eine Dividende von 2 Euro. Damit erhaltet ihr 200 Euro auf euer Verrechnungskonto. Der Kurs steigt zudem von 50 auf 60 Euro, wo ihr verkauft. Einschließlich Dividende habt ihr 1.200 Euro verdient. Das entspricht einer Rendite von 24 Prozent auf das eingesetzte Kapital in Höhe von 5.000 Euro.

Kauft Aktien – und nicht versehentlich Zertifikate!

Vorweg eine Warnung: Kauft niemals eine Aktie, deren Name mit dem Kürzel »A.D.R.« endet. Damit würdet ihr euch keine echte Aktie ins Depot holen, sondern ein Zertifikat. Ich lasse grundsätzlich die Finger von Zertifikaten, denn sie können hinterhältig sein.

Wo kann man günstig an der Börse traden?

Wer häufig an der Börse handeln will, sollte sich nach einer Bank mit geringen Gebühren umsehen. Hier eine Übersicht über günstige Anbieter, die keine jährlichen Depotgebühren verlangen:

Anbieter	Order-Kosten in € (Mind. preis)	Order-Transaktionskosten in € (Max. Preis)	Kosten für Depot mit 28.000 € Kurswert und 20 Orders in €[1]	Bei 2.000 € Kurswert	Bei 12.000 € Kurswert	Ges.
Flatex Bank	5	5	Pauschale	5	5	100
Onvista Bank	5	5	Pauschale	5	5	100
Benk	6,49	6,49	Pauschale	6,49	6,49	130
DAB Bank	4,95	29,95	0,25 Prozent[2]	5	29,95	140
ING DiBa	9,9	59,9	0,25 Prozent	9,9	30	218
DKB	10	25	2 Preisstufen[3]	10	25	200
comdirect	9,9	59,9	0,25 Prozent plus 4,90 €	9,9	34,9	238

[1] zehn Positionen im Depot, acht Käufe und Verkäufe von Aktien zu je 2.000 Euro, zwei Käufe und Verkäufe zu je 6.000 Euro

[2] Basisprovision

[3] ab einem Order-Volumen von 10.000 Euro gilt der höhere Preis

Tabelle 8: Günstige Broker im Vergleich, Quelle: Finanztest, Derivate Magazin 01/2016

Damit man nicht unnötig hohe Gebühren beim Investmentshopping zahlt, empfiehlt es sich, kleine Sparbeträge zunächst auf einen Betrag von beispielsweise 500 Euro anzusparen. Quartalsweise oder im Halbjahresrhythmus kauft man dann über einen Sparplan. Ideal ist zudem ein automatisierter (ETF- oder Aktien-)Sparplan, den man per Einmaleingabe bei der Bank einrichten kann. Einen aktuellen Überblick über den günstigsten Anbieter findet ihr hier: **www.ariva.de/online-broker-vergleich**

Warum Einzelaktien ein Investment für Fortgeschrittene sind

Einzelaktien bedeuten ein höheres Risiko als passiv gemanagte Fonds oder ETFs. Denn euer Investment besteht aus einem einzigen Wert – der Aktie – und nicht aus einem Mix mehrerer Beteiligungen wie es etwa bei einem DAX-ETF der Fall ist. Wenn die Aktiengesellschaft zum Beispiel eine Gewinnwarnung herausgibt, weil sie mit niedrigeren Gewinnen rechnet als zuvor angenommen, dann kann ihr Aktienkurs stark einbrechen.

Darum kauft ihr auch erst dann Einzelaktien, wenn ihr mit Cash-Notfallreserven und ETFs gut ausgestattet seid. Zudem müsst ihr vor dem Aktienkauf überlegen, wie viel Risiko ihr eingehen könnt – mit anderen Worten: Wie cool ihr bei Kursschwankungen bleiben könnt. Es gibt Menschen, die bleiben sehr relaxt, auch wenn die Kurse ihrer Investments einbrechen. Es ist, als säße man im Flugzeug und würde seltsame Geräusche hören. Manche stört das nicht, sie wissen, dass das zum Fliegen dazugehört (ich hingegen bekomme sofort Panik).

Vielleicht denkt ihr, dass ihr problemlos einen Verlust wegstecken könnt. Ich möchte euch warnen: Die meisten Menschen schmerzt ein Verlust weit mehr, als sie sich über einen Gewinn freuen.

Warum ich kein Fan von Chartanalyse bin

Stellt euch vor, ihr wüsstet, dass der Kurs der Starbucks-Aktie im Laufe der Woche um 40 Euro steigt. Ihr würdet sicher alles dafür tun, Geld zu beschaffen, um einen Riesengewinn einzufahren. Es gibt jedoch keine Möglichkeit, den Kursverlauf vorauszusagen: Die Zukunft ist und bleibt unbekannt. Mit der Charttechnik versuchen viele Trader, einer Vorhersage wenigstens näherzukommen.

Ein »Chart« ist der Kursverlauf. Er ergibt sich anhand des Order-Buchs – darin befinden sich alle Kauf- und Verkaufsaufträge des Börsentages, also Angebot und Nachfrage. Sie bestimmen den Kurs. Die Charttechnik analysiert Börsenkurse anhand bestimmter Muster und versucht, aus historischen Mustern den Kursverlauf vorauszusagen.

Die folgende Grafik ist ein Beispiel für eine Chartanalyse:

Abb. 52: Die Chartanalyse des DAX Performance Index 01-06/2016, Quelle: www.tradesignalonline.com

Alles so überladen hier ... Mein Rat: Verliert euch nicht im Deuten von Kurven, sondern lernt, die Geschäftsmodelle und Bilanzen der Unternehmen zu verstehen, deren Aktien euch interessieren! Wie das geht, erkläre ich euch noch.

Warum bin ich so skeptisch beim Thema Charts? Weil man damit prima die eigene Meinung bestärken kann. Je nachdem, wo man den Anfang eines Charts wählt, geht es entweder bergauf oder bergab. Beim Investieren kann uns der normale menschliche Drang, die eigene Meinung bestätigt zu sehen, hohe Verluste einbrocken.

Schaut euch also gern Charts an, aber verlasst euch nicht darauf. Informiert euch stattdessen gründlich: Lest Quartalsberichte, verfolgt Konferenz-Calls von Analysten (zum Beispiel über die Homepage der jeweiligen Firmenwebsite unter dem Menüpunkt Investor Relations) und analysiert die Bilanzen der Unternehmen, deren Aktien ihr ins Auge gefasst habt.

Depot bauen mit dem Kat€-Modell

Ich erinnere an das KAT€-Modell, das ich schon kurz vorgestellt habe:

K = Klarheit: Ihr müsst wissen, wo ihr steht und was eure Bedürfnisse sind.

A = Analyse: Durchleuchtet mögliche Investments ganz genau (ich zeige euch, wie).

T = Trends: Schaut euch um! Was finden die Menschen toll, was konsumieren sie?

E = Exit: Von Verlierern muss man sich trennen – und zwar rechtzeitig.

K wie Klarheit: Um das richtige Depot zusammenzustellen, müsst ihr euch selbst genau kennen. Habt ihr genug Notfallreserven und ETFs, um Einzelaktien hinzuzunehmen? Wenn ihr nicht sicher seid, schaut noch einmal in Kapitel »Drei Tricks für eine gesunde Finanzbasis« auf Seite 229. Welche Ziele verfolgt ihr mit euren Investments. Und wie sieht es mit eurer Risikofreude aus? Welche persönlichen Schwächen könnten euch gefährlich werden beim Investieren (macht dazu Challenge 55 auf Seite 301)?

A wie Analyse: Dazu kommen wir gleich detailliert. Ihr müsst lernen, Unternehmen zu verstehen. Indem ihr ihre Bilanzen analysiert, aber auch, indem ihr das Umfeld beobachtet.

T wie Trends: Lasst euch inspirieren! Eure eigenen Vorlieben und die der Menschen um euch herum können euch wichtige Anregungen für starke Investments geben. Welche Moden gibt es (und damit meine ich nicht nur Kleidung, sondern alle Konsumgüter)? Welche Lifestyles entwickeln sich – hierzulande und weltweit?

E wie Exit: Trotz aller Klarheit, gründlicher Analyse und einem gut entwickelten Gespür für Trends könnt ihr danebenliegen: Die eine oder andere Aktie entwickelt sich überhaupt nicht wie gedacht. Trennt euch rechtzeitig! Werft einen Blick auf Abb. 46 auf Seite 223, damit ihr versteht, was in eurer Psyche vorgeht, wenn ihr Aktien haltet. Ich erkläre euch auf Seite 298, wie ihr verhindert könnt, dass euer natürlicher Hang, an einmal getroffenen Entscheidungen festzuhalten, euch einen Strich durch eure Investmentrechnung macht.

Jetzt aber erst einmal zu A wie Analyse! Schauen wir den Unternehmen in die Karten.

Bilanzanalyse leicht gemacht

Bilanzanalyse???

Keine Panik! Auch das ist machbar. Und notwendig, wenn ihr mit Einzelaktien erfolgreich sein wollt.

In meinem letzten Vortrag fragte ich das Publikum, wer der Anwesenden technische Chartanalyse nutzte. Es meldeten sich viele. Daraufhin fragte ich, wer die Bilanzen seiner Investments gecheckt hatte. Niemand meldete sich. Meine dritte Frage war, wer beim Investieren unterm Strich Geld verloren hatte. Die Mehrheit hob die Hand.

Ich finde es schade, dass so viele Menschen sich entscheiden, den scheinbar einfacheren Weg zu gehen und Kurslinien zu interpretieren, statt Bilanzen zu lesen – obwohl auf diese Weise die Wahrscheinlichkeit von Verlusten hoch ist. Ich glaube, die meisten Menschen haben Angst vor Zahlen und damit auch vor Bilanzen. Das muss nicht sein!

Ich zeige euch im Folgenden, wie einfach es ist, ein Investment anhand von Kennzahlen zu bewerten. Damit lernt ihr zugleich, Vermögenswerte von Verbindlichkeiten zu unterscheiden.

Eine Bilanz wird zu einem Stichtag als Teil des Jahresabschlusses erstellt. Die Inventur bildet die Grundlage. Ziel ist es, dass beide Seiten der Bilanz, also Aktiva und Passiva, zum gleichen Ergebnis (= Bilanzsumme) kommen: Die Bilanz muss ausgeglichen sein. Und so sieht eine Bilanz aus:

Aktiva		Bilanz	Passiva
Gebäude	50.000,-	Eigenkapital	80.000,-
Fuhrpark	25.000,-	Hypotheken	30.000,-
BGA	15.000,-	Darlehen	10.000,-
Forderung	20.000,-	Verbindlichkeiten	12.000,-
Bankguthaben	17.000,-		
Kassenbestand	5.000,-		
	132.000,-		132.000,-

Abb. 53: Bilanz, Quelle: www.bildungsbibel.de

Links steht, was die Firma besitzt – kurz: wo das Geld steckt. Man sortiert alles von oben nach unten. Je schneller sich ein Besitz zu Geld machen lässt, desto weiter unten steht er. Die Kasse steht daher ganz unten. Auch Bankguthaben sind viel schneller in Cash umgewandelt als langfristige Besitztümer wie Sachanlagen (Grundstücke, Maschinen, Autos). Diese sind sozusagen der Klotz am Bein.

Rechts sieht man, wo das Geld herkommt (Eigen- und Fremdkapital). Das Kapital wird je nach Grad der Fälligkeit geordnet. Daher stehen Verbindlichkeiten aus Lieferungen und Leistungen ganz unten, weil die am schnellsten bezahlt werden müssen.

AKTIVA	EUR	EUR	EUR	Anfangsbilanz – zum 01.01.2013 / PASSIVA	EUR	EUR	EUR
				Nettovermögen			443.581
Vermögenswerte				Schulden			
A Betriebliches Vermögen				A Betriebliches Vermögen			
1 Arztpraxis				1 Arztpraxis			
a Vermögenswert	284.130	284.130	284.130	a Darlehen	72.130	72.130	72.130
B Vermietung und Verpachtung				B Vermietung und Verpachtung			
1 ETW vermietet				1 ETW vermietet			
a Objektwert	140.000	140.000		a Darlehen	95.700	95.700	
2 Sachwertfonds				2 Sachwertfonds			
a Beteiligung-Vermögenswert	75.000			a eigene Darlehen	100.000		
b Rückkaufwerte Lebensvers.	37.000	112.000	252.000			100.000	195.700
C Kapitalvermögen				C Kapitalvermögen			
1 Investmentfonds-Anteile		25.000	25.000				0
D Sonstige Vermögensgegenstände			0	D Sonstige Vermögensgegenstände			0
E Eigenheime				E Eigenheime			
1 Einfamilienhaus				1 Einfamilienhaus			
a Objektwert	280.000	280.000	280.000	a Darlehen	163.237	163.237	163.237
F Sonstiges Vermögen				F Sonstige Verbindlichkeiten			
1 Privates Liquiditätskonto		3.250					
2 Rückkaufwerte Lebensvers.		24.513					
3 Rückkaufwerte Rentenvers.		5.755	33.518				
Bruttovermögen			874.648	**Bruttovermögen**			874.648

Abb. 54: Beispiel-Bilanz eines Hausarztes, Quelle: privat

Fällt euch hier etwas auf? Das Häuschen im Grünen nicht nur links mit seinem Objektwert, sondern auch rechts unter Verbindlichkeiten aufgelistet – mit dem Darlehen. Ein auf Pump finanziertes Eigenheim ist kein Vermögensgegenstand, sondern zieht dem Bewohner Monat für Monat viel Geld aus der Tasche.

Die Gewinn- und Verlustrechnung (GuV)

Um ein Unternehmen zu bewerten, benötigt man neben der Bilanz die Gewinn- und Verlustrechnung (GuV). Die Bilanz analysiert einen Stichtag, die GuV einen Zeitraum (zum Beispiel ein Jahr).

Die GuV besteht aus Aufwandskonten und Ertragskonten. Warum nicht nur ein Konto für alles? Dann wären die vielen Geschäftsvorgänge zu unübersichtlich. Merkt euch: Aufwendungen mindern den betrieblichen Gewinn. Erträge hingegen steigern den Gewinn. Daher ist es gut, hohe Erträge und geringe Kosten zu haben.

Die GuV klingt kompliziert aufgrund merkwürdiger Wörter wie »operatives Vorsteuerergebnis«. Dahinter steckt nichts anderes als eine Gewinnart – der Gewinn vor Steuern. Letztlich ermittelt die GuV den Umsatz anhand einer einfachen Rechnung:

Umsatz
- Kosten
_____

= Gewinn

Das ist alles. Mehr müsst ihr nicht wissen. Kompliziert sieht es nur aus, weil es verschiedene Kostenarten gibt: Personalkosten, Miete, Strom, Steuern, Zinsen, Materialkosten und Abschreibungen und so weiter.

Wenn ihr das Bilanzierungsthema spannend findet, googelt WIGBIT (Wiki für gewerkschaftliche Bildungsarbeit). Auf der WIGBIT-Website findet ihr weitere Informationen (gebt »Gewinn und Verlustrechnung« ins Such-Menü ein).

GuV (einfach)

Umsatz
- Kosten
_____

= **Gewinn**

GuV (kompliziert)
Umsatz (Revenues)
- Materialkosten (Raw Material Costs)

= Bruttoergebnis (Gross Profit)
- Strom (Energy Costs)
- Miete (Rent)
- Personal (Personnel Costs)

= Betriebsergebnis (EBITDA – earnings before interest, tax, depreciation and amortization)
- Abschreibungen (Depreciation)

= operatives Vorsteuerergebnis (EBIT – earnings before interest, tax)
- Zinsen (Interest)

= Vorsteuerergebnis (EBT – earnings before tax)
- Steuern (Tax)

= **Jahresüberschuss (Net Profit)**

Mit Anglizismen klingt alles gleich viel komplizierter, als es ist.

Fundamentalanalyse für eure Aktien

Jetzt könnt ihr loslegen und Aktien bewerten! Die wichtigsten Kennzahlen tragt ihr hierzu Jahr für Jahr in eine Excel-Tabelle ein, um eure Einzelaktien optimal im Blick zu behalten. Geht es Firmen gut, seht ihr das an Kennzahlen wie der Eigenkapitalrendite oder dem Gewinn je Aktie.

Im Rahmen dieses Buches werde ich nur auf die Grundlagen eingehen. Diese Seite ist für die Vertiefung der Fundamentalanalyse sehr zu empfehlen: **www.value-research.net**

Für den Privatanleger sind Grundlagenkenntnisse völlig ausreichend – denn ihr sollt eure Zeit effektiv nutzen und euch nicht im Detail verlieren. Im Folgenden werde ich die GuV auf Englisch wiedergeben. Denn viele Geschäftsberichte sind auf Englisch geschrieben. Wenn euer Englisch nicht gut genug ist, um die GuVs zu verstehen, solltet ihr nur auf Einzelaktien setzen, deren Berichterstattung auf Deutsch veröffentlicht wird.

Schwitzt ihr schon?

Trainieren mit Fitness-Werten

Da dies ein sportliches Finanzbuch ist, schauen wir uns jetzt einmal Fitness-Werte wie Adidas, Nike und Under Armour an. Zunächst Adidas! Die Website **www.ariva.de** liefert hilfreiche Fakten zu vielen Werten.

Der Redakteur Andreas Deutsch schreibt dort Ende November 2016 zu adidas Group AG (WKN: A1EWWW), Adidas habe langfristig noch viel Potenzial: China entdecke den Fußball, in den USA hole der Sportartikelhersteller gerade mächtig auf. Jedoch sei die Adidas-Aktie im Peer-Group-Vergleich hoch bewertet, was sie anfällig mache. Die Erwartungen an Kasper Rorsted, den neuen Chef, seien sehr hoch. Erst im Laufe des nächsten Jahres werde man sehen, ob Rorsteds Maßnahmen zur Margensteigerung greifen würden.

So, so – in den USA holt Adidas also auf! Stimmt das denn? Schnell google ich Adidas USA und finde einen Slogan, der mir ins Auge sticht. »Your parents wore Adidas, we wore Nike, our kids wear Under Armour.« Diese Aussage macht mich nachdenklich. Da ist was dran! Wer das nicht glaubt, sollte in einer Großstadt in ein Fitnessstudio gehen oder U-Bahn fahren und sich umschauen, welche Klamotten die Jugendlichen tragen.

Das Beispiel zeigt: Analysten wissen zwar, wovon sie reden – aber eure Aufgabe ist es, ihre Aussagen zu hinterfragen und bildet euch eine eigene Meinung. Bei meiner Aktienauswahl spielt Charttechnik eine untergeordnete Rolle, aber zumindest sollte man prüfen, ob der Kurs im Ein- bis Drei-Jahreszeitraum gestiegen ist.

Das sportliche Depot

Die Fitnessindustrie hat sich einiges einfallen lassen, um die Menschen für Sport zu begeistern. Und sie war dabei erfolgreich: Immerhin stand sie innerhalb der letzten zehn Jahre dreimal besser da als der breite US-Index S&P 500. Die Kurse der 16 größten Sportartikelfirmen stiegen in diesem Zeitraum im Schnitt um 338 Prozent.

Das Internet hilft der Fitnessindustrie, ihre Botschaften zu verbreiten. Vor YouTube-Superstars kann sich weltweit niemand mehr retten. Und die haben alle etwas gemeinsam: Sie sehen verdammt gut aus! Denn sie trainieren regelmäßig. Das Publikum lernt von diesen Vorbildern, dass coole Leute sportlich sind. Was machen die Zuschauer? Kaufen erst einmal ein paar tolle Sportklamotten.

Ich glaube, dass das auch in Zukunft so sein wird. Denn die Welt ist kleiner geworden. Egal, in welchem Land wir leben, unser Lifestyle und unser Konsumverhalten werden sich immer ähnlicher. Auch in Schwellenländern auf dem Weg zur Industrienation entwickeln die Menschen Wünsche und Gewohnheiten, die uns in den reichen Ländern sehr bekannt vorkommen dürften.

Die beiden größten Fitnessunternehmen – Nike und Adidas – haben daher keinen Grund zur Sorge. Denn der heute rund 280 Milliarden Dollar große Sportartikelmarkt wird noch lange weiter wachsen. Dabei werden 90 Prozent aller in den USA gekauften Sportschuhe nicht ein einziges Mal beim Sport getragen. Es geht den Käufern also nicht darum, aktiv Sport zu machen. Sondern darum, am coolen sportlichen Lifestyle teilzuhaben.

Lernt Trends zu erkennen, dann fällt es euch leicht, Ideen für euer Depot zu finden! Wenn ihr an Sportmarken denkt – welche fällt euch als erste ein? Bei mir ist es Adidas. Also zeige ich euch anhand der Adidas AG, wie ich Schritt für Schritt entscheide, ob der Wert in mein Depot darf oder nicht.

Challenge 52: Findet raus, ob Adidas das Zeug zum Superstar hat

In dieser Challenge stelle ich acht Fragen und wir beantworten sie gemeinsam. Gefällt uns die Antwort, geben wir der Aktie einen Punkt, gefällt sie uns nicht, vergeben wir 0 Punkte. 0 Punkte vergeben wir, wenn uns die Kennzahlen nicht gefallen – aber auch, wenn wir uns bei einem Punkt nicht sicher sind.

Ich persönlich halte es so, dass ich bei zwei 0-Punkte-Bewertungen die Aktie nicht kaufe. Das ist meine Regel. Stellt eine eigene Regel auf, bei wie vielen 0-Punkte-Bewertungen eine Aktie bei euch aus dem Rennen ist.

Los geht's:

Gehe auf **www.ariva.de** und gebe Adidas ins Such-Menü (Lupensymbol) ein.

Es erscheinen zwei verschiedene Adidas-Aktien, eine davon endet mit Adidas A.D.R.

Wie gesagt: Holt euch niemals einen A.D.R.-Wert (American Depositary Receipt), denn dahinter verbirgt sich ein Zertifikat (= Schuldverschreibung, die von der Wertentwicklung anderer

Finanzprodukte abhängt). Die Risiken von Zertifikaten sind vor allem für Privatanleger schwer einzuschätzen!

Frage 1: Wie sieht der langfristige Kursverlauf seit 1996 aus?

Abb. 55: Der Kursverlauf der Adidas-Aktie seit 1996, Quelle: ariva.de

Nicht schlecht, oder? Man musste mit diesem Wert nichts anderes machen, als sich zurückzulehnen und entspannt zuzuschauen, wie er kontinuierlich gestiegen ist. Wie ihr seht, blieb die Aktie trotz der Krisenjahre 2000 und 2007 im Aufwärtstrend. Man sieht hier auch sehr gut, warum sich Krisen als optimaler Einstiegszeitpunkt herauskristallisieren können. Auch Kleinanleger können in Krisen Aktien so günstig erwerben, dass sie langfristig tolle Renditen erzielen.

Eure Bewertung? _____

(Meine Bewertung: 1 Punkt)

Frage 2: Wie sieht der Ein-Jahres-Chart aus?

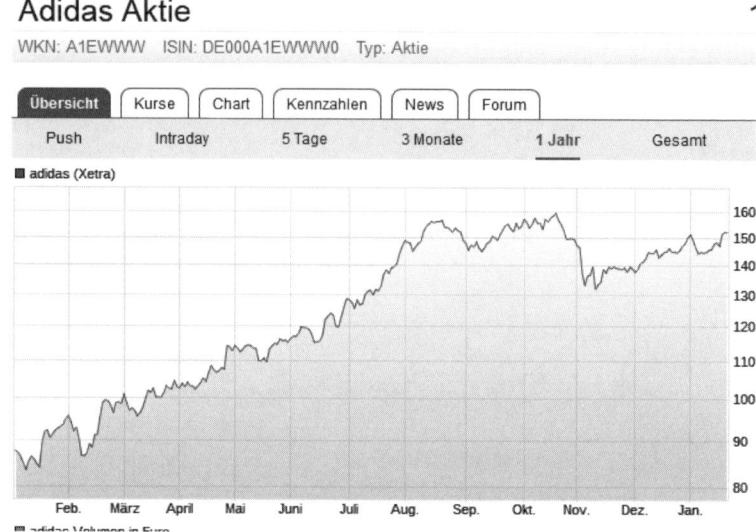

Abb. 56: Der Ein-Jahres-Chart von adidas, Quelle: ariva.de

Anstieg von 80 auf 160 Euro!

Eure Bewertung? _____

(Meine Bewertung: 1 Punkt)

Frage 3: Wie sieht der aktuelle Drei-Monats-Chart aus?

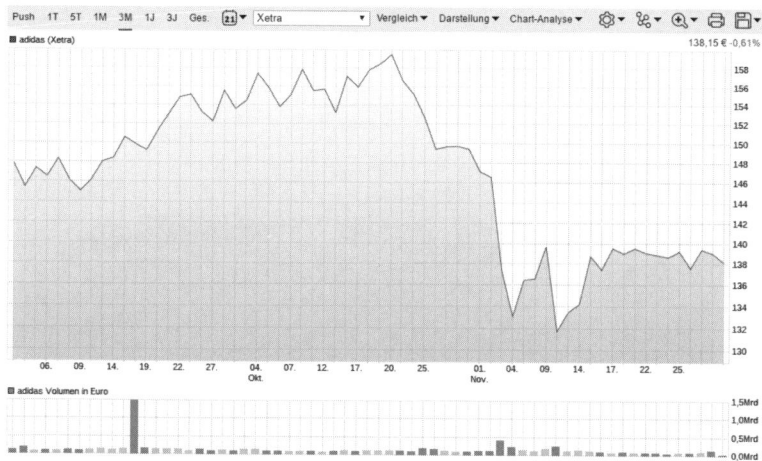

Abb. 57: Der Drei-Monats-Chart von adidas, Quelle: ariva.de

Stand Dezember 2016: Die Aktie erfuhr in den vergangenen Wochen einen leichten Dämpfer. Auffällig die lange rote Kerze im September. Rote Kerzen stehen für Verkäufe – grüne Kerzen zeigen Käufe. Nach dem starken Kursanstieg der vorangegangenen Monate ist es völlig normal, dass viele Anleger ihre Gewinne realisieren. Durch viele Verkäufe fällt der Kurs. Der Kursverlauf ist aktuell rückläufig. Man kann – in Anbetracht des langfristigen positiven Anstiegs – diesen Einbruch als günstige Möglichkeit sehen, Aktien zu erwerben. Allerdings werde ich mir zunächst noch die Bilanzkennzahlen ansehen. Mein Bauchgefühl murrt: Könnte die Story gelaufen sein – ist die Aktie jetzt überbewertet?

Eure Bewertung? _____

(Meine Bewertung: 0 Punkte)

Frage 4: Hat Adidas in den vergangenen zehn Jahren Dividende gezahlt und sie schrittweise erhöht?

Übersicht	Kurse	Chart	Kennzahlen	News	Forum

Handelsplätze	Times & Sales	Xetra Orderbuch	Historische Kurse	Historische Ereignisse

Bereinigungen: ☑ Splits

Dividenden & Splits zur Adidas Aktie			
Datum	Ereignis	Verhältnis	Betrag Info / Handelsplätze
13.05.16	Dividende		1,60 EUR
08.05.15	Dividende		1,50 EUR
09.05.14	Dividende		1,50 EUR
09.05.13	Dividende		1,35 EUR
11.05.12	Dividende		1,00 EUR
13.05.11	Dividende		0,80 EUR
07.05.10	Dividende		0,35 EUR
08.05.09	Dividende		0,50 EUR
09.05.08	Dividende		0,50 EUR
11.05.07	Dividende		0,42 EUR
06.06.06	Split	1:4	
12.05.06	Dividende		0,33 EUR
05.05.05	Dividende		0,33 EUR
14.05.04	Dividende		0,25 EUR
09.05.03	Dividende		0,25 EUR
09.05.02	Dividende		0,23 EUR
11.05.01	Dividende		0,12 EUR
12.05.00	Dividende		0,23 EUR
21.05.99	Dividende		0,21 EUR
04.01.99	Euro-Umstellung	0,51129	
08.05.98	Dividende		0,21 EUR
30.05.97	Dividende		0,14 EUR
31.05.96	Dividende		0,0320 EUR

Abb. 58: Dividendenpolitik von adidas, Quelle: ariva.de

Wie ihr die Dividendenzahlungen einsehen könnt? Ihr klickt auf **www.ariva.de** auf »Kurse«. Dann wählt ihr »Historische Ereignisse« aus. Das Ergebnis ist eindeutig. Super!

Dividenden plus steigende Kurse: Das ist für den Anleger wie Weihnachten und Geburtstag an einem Tag. Der Kurs der Adidas-Aktie ist seit 1996 um das 15-Fache gestiegen. Aus 10.000 Euro wären mit dieser Aktie mehr als 150.000 Euro geworden. Und das mit nur einer Kauforder im Jahr 1996! Geschätzter Zeitaufwand bei der Eingabe der Order: fünf Minuten.

Eure Bewertung? _____

(Meine Bewertung: 1 Punkt)

Frage 5 (a–c): Wie sieht die Bilanz aus?

	2011	2012	2013	2014	2015
Umsatz	13.322	14.883	14.492	14.534	16.915
Bruttoergebnis vom Umsatz	6.329	7.103	7.140	6.924	8.168
Operatives Ergebnis (EBIT)	953,00	920,00	1.202	883,00	1.059
Finanzergebnis	-84,00	-69,00	-68,00	-48,00	-20,00
Ergebnis vor Steuer (EBT)	869,00	851,00	1.134	835,00	1.039
Steuern auf Einkommen und Ertrag	261,00	327,00	344,00	271,00	353,00
Ergebnis nach Steuer	608,00	524,00	790,00	564,00	686,00
Minderheitenanteil	5,00	2,00	-3,00	-6,00	-6,00
Jahresüberschuss/ -fehlbetrag	613,00	526,00	787,00	490,00	634,00

Tabelle 9: GuV/Bilanz in Mio. Euro nach IFRS – Geschäftsjahresende: 31.12.

a) **Ist der Umsatz von 2011 bis 2015 gestiegen?** Ja.

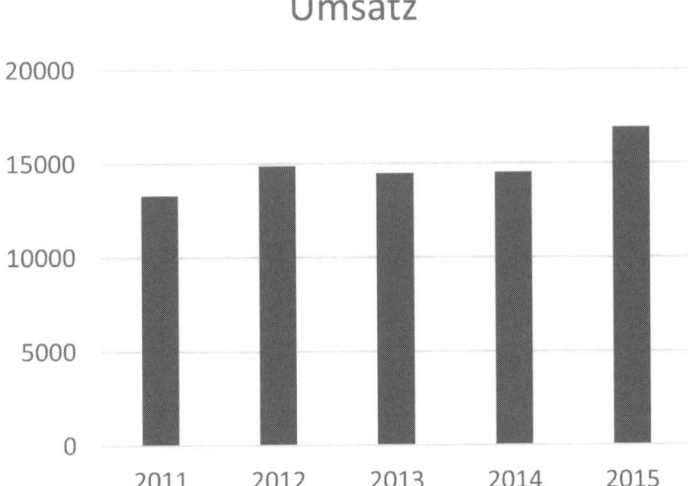

Abb. 59: GuV/Bilanz, Umsatz in Mio. Euro, Quelle: ariva.de

b) **Ist der Jahresüberschuss positiv?** Ja.

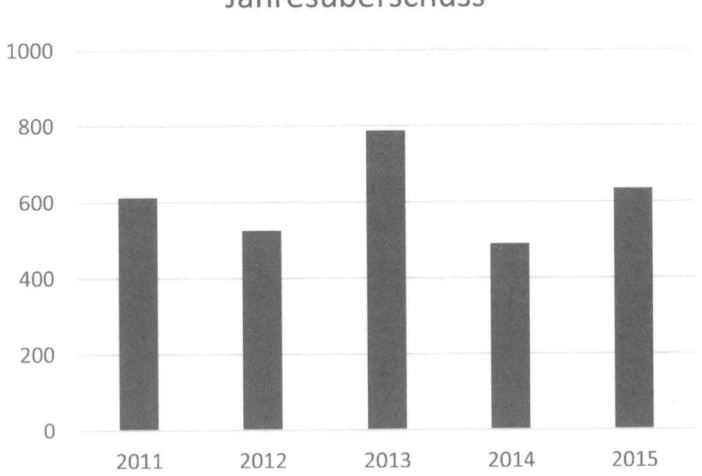

Abb. 60: GuV/Bilanz, Jahresüberschuss in Mio. Euro, Quelle: ariva.de

c) **Ist der Jahresüberschuss von 2011 bis 2015 gestiegen?** Ja. Klickt auf »Kennzahlen«. Achtung! Jetzt bitte nicht erschrecken. Schaut erst einmal auf die **Jahreszahlen** und dann, wie sich die Zahlen darunter entwickelt haben. Gut ist, wenn die Umsätze im Zeitverlauf steigen und die Kosten sinken.

Eure Bewertung? _____

(Meine Bewertung: 1 Punkt)

Frage 6: Wie sieht die Umsatzerwartung aus?

GuV/Bilanz in Mio. EUR nach IFRS - Geschäftsjahresende: 31.12.	2011	2012	2013	2014	2015
▸ Umsatz	13.322	14.883	14.492	14.534	16.915
Bruttoergebnis vom Umsatz	6.329	7.103	7.140	6.924	8.168
▸ Operatives Ergebnis (EBIT)	953,00	920,00	1.202	883,00	1.059
Finanzergebnis	-84,00	-69,00	-68,00	-48,00	-20,00
▸ Ergebnis vor Steuer (EBT)	869,00	851,00	1.134	835,00	1.039
Steuern auf Einkommen und Ertrag	261,00	327,00	344,00	271,00	353,00
Ergebnis nach Steuer	608,00	524,00	790,00	564,00	686,00
Minderheitenanteil	5,00	2,00	-3,00	-6,00	-6,00
▸ Jahresüberschuss/-fehlbetrag	613,00	526,00	787,00	490,00	634,00
Aktiva					
▸ Summe Umlaufvermögen	6.328	6.877	6.857	7.347	7.497
Summe Anlagevermögen (*)	4.909	4.774	4.742	5.070	5.846
▸ Summe Aktiva	11.237	11.651	11.599	12.417	13.343
Passiva					
Summe kurzfristiges Fremdkapital	4.338	4.374	4.732	4.378	5.364
Summe langfristiges Fremdkapital	1.771	1.986	1.386	2.422	2.332
▸ Summe Fremdkapital	6.109	6.360	6.118	6.800	7.696
Minderheitenanteil	-9,00	-13,00	-8,00	-7,00	-18,00
▸ Summe Eigenkapital	5.137	5.304	5.489	5.624	5.666
Summe Passiva	11.237	11.651	11.599	12.417	13.343

(*) und langfristige Vermögensgegenstände

Abb. 61: Bilanz/GuV, Quelle: ariva.de

Unterhalb der Bilanz-Kennzahlen der Einzelaktien findet ihr den Ausblick für die Firma. Hier steht: »Update 3.11.2016: Der Konzern erwartet, dass der Konzernumsatz im Jahr 2016 währungsbereinigt im hohen Zehnprozentbereich wachsen wird. Die Umsatzentwicklung wird von zweistelligem Wachstum in allen Regionen mit Ausnahme von Russland/GUS unterstützt werden. Für Russland/GUS wird ein Umsatzanstieg im mittleren einstelligen Bereich prognostiziert. Der Konzern geht davon aus, dass die Bruttomarge für das Geschäftsjahr 2016 zwischen 48,0% und 48,3% liegen wird (2015: 48,3%).«

Alles in allem bedeutet das ungebremstes Wachstum und damit hohes Potenzial für steigende Kurse.

Eure Bewertung? _____

(Meine Bewertung: 1 Punkt)

Frage 7 (a–d): Was ist mit den Kennzahlen zur Entwicklung von KGV, Dividendenrendite, ROI und Verschuldungsgrad?

Bewertung					
	2011	2012	2013	2014	2015
KGV (Kurs/Gewinn)	17,20	26,70	24,60	24,50	28,50
KUV (Kurs/Umsatz)	0,79	0,95	1,34	0,81	1,06
KBV (Kurs/Buchwert)	2,05	2,66	3,53	2,09	3,18
KCV (Kurs/Cashflow)	13,03	14,95	30,57	16,80	16,51
Dividendenrendite in %	1,99	2,01	1,62	2,60	1,78
Gewinnrendite in %	5,80	3,70	4,10	4,10	3,50
Eigenkapitalrendite in %	11,93	9,92	14,34	8,71	11,19
Umsatzrendite in %	4,60	3,53	5,43	3,37	3,75
Gesamtkapitalrendite in %	6,48	5,42	7,60	4,49	5,25
Return on Investment in %	5,46	4,51	6,79	3,95	4,75
Arbeitsintensität in %	56,31	59,02	59,12	59,17	56,19
Eigenkapitalquote in %	45,72	45,52	47,32	45,29	42,46
Fremdkapitalquote in %	54,28	54,48	52,68	54,71	57,54
Verschuldungsgrad in %	118,75	119,66	111,31	120,79	135,49
Working Capital in Mio EUR	1.990	2.503	2.125	2.969	2.133

Abb. 62: Bewertung, Quelle: ariva.de

a) **Hat sich das KGV (Kurs-Gewinn-Verhältnis) zum Vorjahr verbessert?** Ja.

b) **Ist die Dividendenrendite zum Vorjahr gestiegen?** Ja.

c) **Ist der Return on Investment (ROI) gestiegen?** Ja.

d) **Ist der Verschuldungsgrad gesunken?** Nein (Achtung bei starkem Schuldenanstieg! In diesem Fall ist der Verschuldungsgrad nur leicht gestiegen, das ist okay).

Eure Bewertung? _____

(Meine Bewertung: 1 Punkt)

Frage 8 (a–b): Wie sieht es mit der Kapitalausstattung aus?

Eigenkapitalquote in %	45,72	45,52	47,32	45,29	42,46
Fremdkapitalquote in %	54,28	54,48	52,68	54,71	57,54
Verschuldungsgrad in %	118,75	119,66	111,31	120,79	135,49

Tabelle 10: Kapitalausstattung, Quelle: ariva.de

a) **Liegt die Eigenkapitalquote über 20 Prozent?**
   Eigenkapitalquote = Eigenkapital geteilt durch Gesamtkapital: Firmen, die nicht genug Eigenkapital haben, müssen durch Fremdkapital das nötige Kleingeld auftreiben. Man nennt das auch »Eigenkapitalrentabilität hebeln« oder »Leverage«. Gefährlich ist ein hoher Fremdkapitalanteil. Wenn ein Unternehmen nur noch 10 Prozent Eigenkapitel hat (= 90 Prozent Fremdkapital), dann kann es schnell zu Zahlungsausfällen kommen. Ich kaufe daher keine Aktien mit sehr geringen Eigenkapitalquoten. 30 Prozent Eigenkapitalquote sind bei Industrieunternehmen nicht selten. Aufgrund der niedrigen Zinsen ist es für Firmen sehr günstig geworden, Fremdkapital aufzunehmen, bei vielen Firmen ist eine steigende Fremdkapitalquote zu verzeichnen. Diese Entwicklung sollte man unbedingt im Auge behalten! Weniger als 20 Prozent Eigenkapitelquote sollten es nicht sein. Die Eigenkapitalquote von Adidas liegt mit über 40 Prozent im grünen Bereich.

b) **Liegt der Verschuldungsgrad unter 200 Prozent?**
   Verschuldungsgrad = Fremdkapital dividiert durch Eigenkapital: Der Verschuldungsgrad zeigt an, wie viel Fremdkapital notwendig ist, um das notwendige Gesamtkapital zu erhalten. Ein Verschuldungsgrad von 100 Prozent bedeutet, dass 1 Euro Eigenkapital 1 Euro Fremdkapital gegenübersteht. Der Verschuldungsgrad sollte nicht mehr als 2:1 betragen – also nicht mehr als 200 Pro-

zent. Adidas liegt mit 135 Prozent im grünen Bereich. Wieso der Verschuldungsgrad wichtig ist für ein glückliches Aktionärsleben? Das ist wie mit der Wahl eines Ehepartners. Angenommen, ihr könnt euch nicht entscheiden, wen ihr heiraten sollt: Sebastian hat einen guten Job als Angestellter, einen Porsche, ein Haus – und jede Menge Schulden. Jürgen hingegen bekam seinen acht Jahre alten Mercedes damals von Mutti geschenkt, hat eine abbezahlte Wohnung und arbeitet als Beamter. Sebastian und Jürgen sind beide sehr nett und sehen verdammt gut aus. Für wen entscheidet ihr euch? Ich würde Jürgen heiraten. Er hat ein ruhiges Beamtenleben, einem romantischen Alltag steht also nichts im Wege. Sebastian hingegen hat mächtig Druck: Jeden Monat sind hohe Kreditraten fällig. Nervenzusammenbrüche und Burn-out-Episoden sind bei ihm sehr wahrscheinlich. Kein Spaß für die Partnerin!

Kennzahl	Berechnung	Zielwert
Eigenkapitalquote	Eigenkapital/Bilanzsumme	> 40 bis 50 %
Fremdkapitalquote	Fremdkapital/Bilanzsumme	< 40 bis 50 %
Verschuldungsgrad	Fremdkapital/Eigenkapital	< 200 %

Eure Bewertung? _____

(Meine Bewertung: 1 Punkt)

Weiter geht's mit Dividendenrendite, ROE und Gewinnrendite

Dividendenrendite in %	1,99	2,01	1,62	2,60	1,78
Gewinnrendite in %	5,80	3,70	4,10	4,10	3,50
Eigenkapitalrendite in %	11,93	9,92	14,34	8,71	11,19

Tabelle 11: Dividendenrendite, ROE und Gewinnrendite, Quelle: ariva.de

Kennzahl	Berechnung	Zielwert
Dividendenrendite	Dividende/aktueller Aktienkurs	< 3 %
Eigenkapitalrendite (ROE = Return on Equity)	Jahresüberschuss/ Eigenkapital	> 10 %
Gewinnrendite	Gewinn je Aktie/ aktueller Aktienkurs	Positiv, optimal > 3,5 %

Tabelle 12: Dividendenrendite, ROE und Gewinnrendite

Alle drei Zielwerte erreicht!

Eure Bewertung? _____

(Meine Bewertung: 1 Punkt)

Dividendenrendite = Dividende geteilt durch den aktuellen Aktienkurs

Die Dividendenrendite ist kein Zahlungsversprechen, sondern ein Wert, der sich aus dem Verhältnis von Dividende und Aktienkurs errechnet und sich daher täglich verändert. Eine hohe Dividendenrendite von 5 Prozent kann ein Indikator für eine unrentable Firma sein – denn erstens ist dies eine sehr hohe Dividende, die dazu führt, dass die Ausschüttungen mächtig an die Substanz gehen. Die Firma hat demnach weniger zum Investieren zur Verfügung. Das wird ihr Wachstum behindern. Zweitens sind hohe Dividendenrenditen oft das Ergebnis eines massiven Kurseinbruchs: Je niedriger der Kurs, desto höher ist die Dividendenrendite.

Achtet daher immer darauf, ob die Firma auch in der Vergangenheit regelmäßig Dividenden gezahlt hat und ob sich der Kursverlauf langfristig positiv entwickelt hat. Nachhaltige Dividendenzahlungen können sich stabilisierend auf den Kurs auswirken.

Eigenkapitalrendite (Return on Equity) = Jahresüberschuss geteilt durch Eigenkapital

Diese Kennzahl sagt aus, wie hoch das Eigenkapital verzinst wird. Man spricht auch von Risikoprämie, da die Eigentümer als Letztes aus der Konkursmasse bedient werden, falls die Firma pleitegeht. Die Verzinsung des Eigenkapitals muss also deutlich über der Verzinsung von Fremdkapital liegen. Die durchschnittliche Eigenkapitalrendite ist 15 Prozent. Alles darüber ist eine sehr gute Rendite. Bei Adidas ist die Eigenkapitalrendite mit 11 Prozent ausgewiesen und liegt somit im grünen Bereich.

Kurs-Gewinn-Verhältnis

Zunächst errechnet ihr das Kurs-Gewinn-Verhältnis: Aktienkurs geteilt durch Gewinn pro Aktie. Der Kurs der Adidas-Aktie notiert aktuell bei 137 Euro. Der Gewinn pro Aktie beträgt 5,19 Prozent. Ihr findet das unter den Bilanzkennzahlen unter der Bezeichnung »Ergebnis je Aktie (brutto)«.

	2011	2012	2013	2014	2015
Mio. Aktien im Umlauf (splitbereinigt)	209,20	209,22	209,22	204,33	200,20
Gezeichnetes Kapital	209,20	209,22	209,22	209,22	209,22
Ergebnis je Aktie (brutto)	4,15	4,07	5,42	4,09	5,19

Tabelle 13: Die Aktie, Angaben in Euro, Quelle: ariva.de

Den Kurs der Aktie (137) dividiert ihr durch den Gewinn pro Aktie, (5,19). Das Ergebnis ist der KGV: 26,4.

Ein KGV von 26,4 ist ein sehr hoher Wert. Je niedriger der KGV, desto günstiger die Aktie. Ein hoher KGV bedeutet also, dass die Aktie zurzeit teuer ist.

	2011	2012	2013	2014	2015
KGV (Kurs/Gewinn)	17,20	26,70	24,60	24,50	28,50

Tabelle 14: KGV, Quelle: ariva.de

Jetzt zur Gewinnrendite = Gewinn pro Aktie geteilt durch den aktuellen Aktienkurs

Die Gewinnrendite gibt die Verzinsung der Aktie an – man multipliziert die Kennzahl mit 100. Man vergleicht damit die Verzinsung von Alternativen, wie beispielsweise Anleihen oder einem Tagesgeldkonto. Die Kennzahl ist der Kehrwert des Kurs-Gewinn-Verhältnisses.

Und so ermittelt ihr die Gewinnrendite:

Zur Ermittlung der Gewinnrendite dreht ihr einfach das KGV um.

Gewinnrendite = 1/26 multipliziert mit 100 = 3,8 %

Weiter geht's mit der EBIT-Marge:

EBIT-Marge = (EBIT/Umsatz) multipliziert mit 100

Die EBIT-Marge gibt an, ob die Firma profitabel ist. EBIT ist die Abkürzung für »Earnings Before Interest and Tax«, also Gewinn vor Zinsen und Steuern. Die EBIT-Marge zeigt an, wie viel Gewinn ein Unternehmen nach Abzug der Kosten mit jedem verkauftem Produkt macht – prozentual gesehen. Je höher die Marge, desto rentabler ist die Firma und desto geringer ist das Risiko, dass sie pleitegeht. Gerade in wirtschaftlich schwierigen Zeiten, wenn aufgrund der schwachen Nachfrage die Umsätze einbrechen, sind hohe Margen wichtig, weil sie einen Puffer bilden. Je höher also diese Kennzahl ist, desto besser.

Die durchschnittliche EBIT-Marge unterscheidet sich von Branche zu Branche. Im Großhandel ist die Marge im Schnitt sehr gering, sie liegt nicht selten bei nur 2 Prozent. Im Maschinenbau hingegen sind die Margen recht hoch – um 20 Prozent.

Je mehr Kapital die Firmen einsetzen, desto mehr müssen sie verdienen. Daher gilt die Faustregel: Ein hoher Kapitaleinsatz verlangt nach hohen Margen.

	2011	2012	2013	2014	2015
Umsatz	13.322	14.883	14.492	14.534	16.915
Bruttoergebnis vom Umsatz	6.329	7.103	7.140	6.924	8.168
Operatives Ergebnis (EBIT)	953,00	920,00	1.202	883,00	1.059

Tabelle 15: GuV/Bilanz in Mio. Euro nach IFRS – Geschäftsjahresende: 31.12., Quelle: ariva.de

EBIT-Marge = 1.059/16.915 * 100 = 6,26 %

Kennzahl	Berechnung	Zielwert
KGV	Aktienkurs/Gewinn je Aktie	< 15 %
EBIT Marge	EBIT/Umsatz *100	> 10 %

Tabelle 16: Kurs-Gewinn-Verhältnis und EBIT-Marge

Eure Bewertung? _____

(Meine Bewertung: Adidas erhält auch hier 0 Punkte, da das KGV zu hoch ist und die EBIT-Marge unter 10 Prozent liegt. Die Aktie ist meiner Meinung nach zurzeit überbewertet. Sie konnte allein in den vergangenen fünf Jahren um 166 Prozent steigen (Stand

12/2016). Für mich sind die Unternehmensperspektiven bereits im Kurs eingepreist. Nach meiner aufgestellten Regel (zweimal 0 Punkte = nicht kaufen), werde ich die Aktie im Moment nicht ordern. Aber ich werde sie definitiv im Auge behalten.)

Müsst ihr euch wirklich bei jeder Aktie so viele Kennzahlen anschauen?

Nein. Ihr müsst nicht alles analysieren. Pickt euch die für euch wichtigsten Kennzahlen heraus und erstellt euer individuelles Bewertungssystem. Ich empfehle euch, den Fokus auf mindestens drei bis vier Kennzahlen zu legen, zum Beispiel die EBIT-Marge, die Kapitalrendite, das KGV sowie die Eigenkapitalquote.

Challenge 53: Analysiert einen Einzelwert eurer Wahl

Aufgabe 1)

Eure Aufgabe ist es nun, euch Gedanken über einen Einzelwert eurer Wahl zu machen. Überlegt, ob und warum diese Aktie langfristig Potenzial nach oben haben wird. Bedenkt dabei Wachstumsfaktoren wie Marktumfeld, Konkurrenz und Image. Notiert alles, was euch spontan einfällt. Erstellt nun ein Kurzprofil: Schreibt Fakten wie Produkte, Mitarbeiteranzahl, Produktionsstandorte und Umsatz auf.

Aufgabe 2)

Recherchiert anschließend wichtige Kennzahlen. Nutzt dabei Börsenportale wie beispielsweise **www.ariva.de** oder den Finanzbereich von Yahoo. Die folgende Tabelle soll euch die Entscheidungsfindung erleichtern.

	0 Punkte	1 Punkt
KGV aktuell	> 20	< 20
Kurs heute gegenüber vor 1 Jahr	Negativ	Positiv
Internationaler Marktführer unter Wettbewerbern (Nummer-1-Marke)	Nein	Ja
Bin ich begeistert von Firma und ihren Produkten?	Nein	Ja
Eigenkapitalquote	< 40 Prozent	> 40 Prozent
Punktestand		

Tabelle 17: Wichtige Kennzahlen

Starke Unternehmenszahlen sagen zwar nichts über die Zukunft aus, aber sie lassen auf eine starke Wettbewerbsfähigkeit schließen. Die Wahrscheinlichkeit, dass sich diese Unternehmen in stürmischen Zeiten oder Rezessionen besser schlagen als andere, ist hoch.

Ihr habt noch Fragen zu Kennzahlen und zu ihrer Bedeutung? Dann schaut einfach hier nach: **www.wertpapierdepot.net/ boersenlexikon/**. Ich finde diese Website sehr gelungen!

Euer Depot muss zu euch passen wie euer Outfit

»Wer auch immer gesagt hat, Geld könne Glück nicht kaufen, kannte wohl nicht die richtigen Geschäfte.«

Bo Derek

Meine fünf besten Schnäppchen, gefunden im Sommerschlussverkauf (2009–2012):

1. XING (gekauft 2009)
2. Facebook (2012)
3. Starbucks (2012)

4. McDonald's (2009)
5. Henkel (2010)

Wie könnte ich mein erstes Mal vergessen? Xing war der erste Wert, den ich in mein Depot genommen habe, zu einem Kurswert von 42 Euro. Heute notiert Xing über 160 Euro. Ein Depot-Diamant.

Meine Erfahrung lässt sich in dieser Formel zusammenfassen:

Intuition + Aufmerksamkeit für neue Trends + genaue Bewertung des Geschäftsmodells und des Umfeldes (der Konkurrenz) = gute Basis für die Aktienauswahl

Bei Xing war klar: Netzwerken ist ein entscheidender Karrierefaktor und wird es bleiben. Das Geschäftsmodell war erfolgversprechend – Werbeeinnahmen kombiniert mit zahlenden Nutzern. Online-Firmen haben zudem geringe Kosten, beispielsweise, weil sie keine teuren Vertriebsflächen benötigen.

Ein weiterer Meilenstein in meinem Aktionärsleben war die Facebook-Aktie. Auch sie kam vor noch nicht allzu langer Zeit an die Börse. Facebook ist eine international sehr beliebte, starke Marke. All diese Kennzeichen – sehr beliebt, international, starke Marke und innovationshungrig– waren für mich ausschlaggebend, warum ich Facebook unbedingt im Depot haben wollte.

Worüber ich mich hingegen heute ärgere, ist, dass ich nicht schon vor Jahren Aktien von Amazon und Hermès gekauft habe. Beide Werte haben sich vervielfacht. Der Kurs von Amazon hat sich seit 2001 mehr als versechzigfacht. Auch die Hermès-Aktie explodierte – genau wie die Auktionspreise der Kultprodukte des Luxuslabels, der Birkin- und Kelly-Bags. Die Hermès-Aktie hat sich seit dem Börsengang im Jahr 1994 mehr als versiebzigfacht und on top gab's noch fette Dividendenzahlungen.

Ich ärgere mich, dass ich diese Aktien nicht vor Jahren gekauft habe, obwohl ihr Erfolg vorhersehbar war. Beispiel Amazon: Ich bestelle dort seit einer gefühlten Ewigkeit Bücher, CDs, DVDs, Geschenke – kurz gesagt: eigentlich alles. Meine Intuition riet mir vor Jahren deutlich, Amazon-Aktien zu kaufen. Aber ich ließ mich ablenken und auf den einen oder anderen heißen Tipp von Freunden ein. Das war im Nachhinein ein Fehler.

Die Lehre daraus: Lasst euch niemals von anderen ablenken. Ihr selbst entscheidet, welche Werte in euer Depot gehören. Das ist genau wie bei der Partnerwahl. Auch hier solltet ihr allein entscheiden, welchen Menschen ihr an eurer Seite haben wollt – nicht eure Eltern oder eure Freunde, auch wenn sie sich manchmal ungefragt einmischen.

Kenne und liebe das Geschäftsmodell deiner Investments

Mein Mann und ich haben jeder ein auf unsere jeweilige Persönlichkeit zugeschnittenes Aktiendepot. Wir versuchen beide unsere Leidenschaften zu Investments zu machen. Das macht Spaß und ist erfolgversprechend: Ein Fan informiert sich gerne regelmäßig über die Neuigkeiten seiner Lieblingsmarke.

Hier liegt viel Potenzial für eine gute Investitionsstrategie: Kenne und liebe das Geschäftsmodell der Firmen, in die du investierst!

Mein Mann zockt regelmäßig PlayStation und kennt die Gaming-Industrie inzwischen sehr gut. Außerdem ist er Dauergast im Under-Armour-Online-Shop. Und er ist ein echter Whisky-Kenner, der sich regelmäßig auf Horst Lünings YouTube-Kanal über die besten Sorten informiert. Dementsprechend liegen in seinem Depot Werte wie Under Armour (WKN: A0HL4V) Suntory (WKN: A1WZT4) und Activision Blizzard (WKN: A0Q4K4).

Ich hingegen bin gern bei McDonald's (WKN: 856958) zu Gast – einerseits kann ich mich dort wieder wie ein Kind fühlen, andererseits kenne, mag und verstehe ich das Geschäftsmodell: Überall auf der Welt gibt es die gleichen Produkte superschnell und -günstig. Zudem hat das Unternehmen mehrere Standbeine, also nicht nur den Burger-Verkauf, sondern auch ein Immobiliengeschäft: Die Franchisenehmer zahlen eine sehr hohe Miete. McDonald's betreibt überdies eine exzellente Kurspflege, denn die Firma kauft eigene Aktien zurück. Und Dividende? Schüttet das Unternehmen auch mehrmals pro Jahr aus – nicht schlecht, oder?

Die einfachsten Investmentideen reichen völlig! Ihr braucht keine mysteriösen Firmen in eurem Depot. Wichtig ist, dass ihr die Unternehmen in ihrem aktuellen und zukünftigen Marktumfeld abschätzen könnt. Krisensichere Werte gewinnen langfristig. Mein Mann würde an dieser Stelle sagen: Gesoffen und gezockt wird immer.

Dos

- ✓ Konzentriert euch auf krisensichere Branchen und dort auf international aufgestellte Werte mit einem breiten Produktsortiment (Pharmaindustrie – zum Beispiel Roche, Lebensmittelindustrie – zum Beispiel Coca-Cola, Konsumgüterindustrie – zum Beispiel Henkel)
- ✓ Seid ihr ein langfristiger, sicherheitsorientierter und defensiver Anleger, sind Marktführer ein Must-have im Depot. Am Beispiel der Sportindustrie: Nike ist die Nummer eins.

Don'ts

- ✓ Finger weg von Firmen in zyklischen Branchen, die unter Krisen leiden (Fluggesellschaften, Automobilbranche, Textilbranche und Technologieunternehmen)

✓ Vorsicht bei der Bankenbranche und Airline-Industrie (hoher Verschuldungsgrad)

✓ Finger weg von Branchen wie Biotech, Energieversorgern und Telekommunikation: Der Preisverfall in den Geschäftsfelder Telefonie und Internet setzt die Telekommunikationsunternehmen unter Druck, die Energieversorger haben enorme Kosten, Biotech ist höchst spekulativ.

✓ Vorsicht vor Newslettern mit »heißen« Börsentipps

✓ Wenn ihr zum langfristigen, aber dennoch aggressiven und risikofreudigen Anlegertypus gehört, dann sind stark wachsende Aktien von Firmen interessant, die dem Marktführer »auf den Fersen sind«. Am Beispiel der Sportindustrie: Under Armour versucht Nike und Adidas den Rang abzulaufen.

Kein Geld für eine Birkin-Bag von Hermès? Kopf hoch! Holt euch doch den Jane- Birkin-Look! Den gibt's auch fürs Depot:

✓ Kurzes schwarzes Minikleid: gibt's bei Hermès International S.C.A., WKN: 886670

✓ Falsche Wimpern für den verführerischen Blick: gibt's bei Amazon.com, WKN: 906866

✓ Klassisches weißes T-Shirt: gibt's bei H&M Hennes & Mauritz AB, WKN: 872318

✓ Spitz zulaufende Ballerinas: gibt's bei Zalando AB, WKN: ZAL111

✓ Schmale Goldkette mit Anhänger: gibt's bei Cie Financière Richemont AG, WKN: A1W5CV

✓ Häkel-Minikleid: gibt's bei LVMH Moët Henn. L. Vuitton SE, WKN: 853292

Die Börsenprinzipien der Finanz-Diva

Bevor ihr euch jetzt ins Börsengeschehen stürzt: Räumt erst euren Finanzhaushalt auf! Bildet eine Reserve, damit ihr im Notfall (Jobverlust oder Burn-out) mindestens ein halbes Jahr, ohne zu arbeiten, über die Runden kommt. Investiert erst, wenn ihr mindestens 6.000 Euro, besser noch 10.000 Euro auf einem Tagesgeldkonto für Notfälle angespart habt. Diese lasst ihr unangetastet – siehe im Kapitel »Warum wir auf eine Katastrophe zusteuern« Challenge 40 auf Seite 192.

Falls ihr Konsumschulden habt, macht ab sofort Schluss mit dem Kaufen auf Pump. Lasst euch nicht länger von den Finanzierungsangeboten in der Werbung verleiten! Schulden wird man nur schwer los. Ihr braucht darum keine weiteren.

Challenge 54: Schulden sind teuer. Glaubt ihr nicht? Dann schaut euch einmal an, was die Finanzierungsangebote zum Beispiel von Möbel- und Autohäusern wirklich bedeuten: Der Preis, den ihr insgesamt zahlt, ist deutlich höher als der Normalpreis. Geht auf eine Online-Shopping-Seite und lest das Kleingedruckte in den Finanzierungsangeboten. Riechsalz bereithalten!

Auch Hochzeiten werden oft auf Pump finanziert. Nicht selten zahlen die Eheleute die Raten noch ab, wenn sie schon wieder geschieden sind.

Ein anderes Beispiel ist das geleaste Auto. »Leasing« klingt besser als »Kreditfinanzierung«. Aber wer alle zwei Jahre ein neues Auto zu einer monatlichen Schnäppchenrate à 400 Euro least und so sein ganzes Erwachsenenleben weitermacht – der hat nach 40 Jahren fast 200.000 Euro nur für die Leasingraten ausgegeben. Ein hoher Preis für das gute Gefühl, mit dem neuesten Modell herumzufahren.

Mir wird echt mulmig, wenn ich überlege, wie unbedacht viele von uns ihr Geld zum Fenster hinauswerfen. Euch kann das nicht passieren, wenn ihr euch an die Finanz-Diva-Prinzipien haltet. Das sind sie im Überblick:

✓ Setzt Ziele: Warum investiert ihr?

- ✓ Baut Schulden so schnell wie möglich ab und vermeidet neue
- ✓ Bildet erst Sparrücklagen, bevor ihr shoppen geht (auch an der Börse)
- ✓ Wählt die langfristige Strategie (fünf bis zehn Jahre) beim Investieren »Buy and Hold«
- ✓ Verteilt euer Geld auf mehrere Investments (Liquidität bilden und in ETFs und/oder Aktien investieren)
- ✓ Spekuliert nicht – und niemals, niemals auf Kredit
- ✓ Vermeidet Fehler: Eignet euch Wissen an und erstellt einen schriftlichen Plan
- ✓ Sucht euch einen Trading-Partner: Gemeinsam macht das Traden mehr Spaß

Dividende: Hier ist Mittelmaß top

So ein Extrageld zum Kursgewinn ist eine feine Sache. Darum solltet ihr bei der Auswahl eurer Aktien darauf achten, dass die Unternehmen schon viele Jahre Dividenden ausgeschüttet haben. Außerdem sollten diese kontinuierlich und moderat gestiegen sein – also von Ausschüttung zu Ausschüttung immer ein bisschen.

Warum immer nur ein bisschen? Bei Dividendenzahlungen, die deutlich höher sind als das, was in der jeweiligen Branche üblich ist, sollte man vorsichtig sein. Beispiele für solche auffällig hohen Dividenden sind Blueknight Energy Partners (8,92 Prozent), Onebeacon Insurance Group (5,44 Prozent) und Hugo Boss (4,73 Prozent), alles Stand 12/2016.

Was ist die Gefahr bei sehr hohen Dividendenzahlungen? Sie bergen das Risiko, dass sie die Firma auslaugen. Wenn diese deswegen zum Pleitekandidaten werden, stürzen die Kurse in den Keller – und ihr habt unter Umständen einen Totalverlust.

Portugal Telekom (jetzt: Pharol) ist ein Paradebeispiel für einen ehemaligen Top-Dividendenzahler. Die Aktionäre warteten nur darauf, dass die Firma wieder ihr hart verdientes Geld an sie verschenkte. Irgendwann stürzte sie ab auf 5 Cent pro Aktie.

Fielmann und Adidas hingegen sind sehr gute Beispiele von konsistenten und wachsenden Dividendenzahlern. So oder so ist die Dividende nur ein Faktor unter mehreren, wenn es um die Entscheidung geht, eine Aktie zu kaufen oder zu halten. Ihr solltet nicht nur auf die Dividendenzahlung warten, sondern auch vom langfristigen Wachstumspotenzial der Unternehmen überzeugt sein, in die ihr investiert.

Dividende: Zahltag

Die Aktionäre beschließen auf der Hauptversammlung, wie hoch die Dividende sein soll. Wenn sie keine Dividende beschließen, gibt es keine. Auch das kann durchaus passieren. Am Tag nach dem Beschluss auf der Hauptversammlung wird die Auszahlung veranlasst. Sie erscheint dann auf dem Verrechnungskonto eurer (Direkt-)Bank.

Wenn ihr nun auf den Kurs schaut, entdeckt ihr die Kürzel »XD« oder »exDiv«. Sie stehen für »Ex-Dividende« und bedeuten, dass die Dividendenauszahlung eingepreist wurde – und zwar in Form eines Kursabschlags. Der Kursabschlag ist so hoch wie die Dividende: Angenommen, der Kurs eurer Aktie beträgt am Tag der Hauptversammlung 100 Euro und die beschlossene Dividende 2 Euro je Aktie. Dann gibt es einen Kursabschlag um 2 Euro und der Kurs beträgt »exDiv« oder »XD« 98 Euro.

Deutsche Firmen schütten die Dividende in der Regel einmal im Jahr aus. In den USA hingegen ist es nicht selten, dass viermal pro Jahr und sogar monatlich ausgeschüttet wird. Bekannte Beispiele für regelmäßigen Dividendenzahler, die öfter als einmal im Jahr ausschütten, sind Coca-Cola und McDonald's.

Ein anderes Wort für lästig: ausländische Quellensteuer

In der Regel kümmert sich eure Depot-Bank um die Überweisung der deutschen Abgeltungsteuer (25 Prozent plus Soli, plus Kirchensteuer = 26,8 Prozent) ans Finanzamt. Ihr müsst diese Vorgänge also nicht separat in der Steuererklärung angeben.

Frustrierend wird es jedoch, wenn man sowohl die heimische Abgeltungsteuer als auch eine ausländische Quellensteuer zahlen muss. Die Depot-Bank rechnet die ausländische Steuer nur bis zu 15 Prozent an die Abgeltungsteuer an.

Die ausländische Quellensteuer kann einem Aktionär daher echt die Laune vermiesen. Habt ihr beispielsweise norwegische Titel im Depot, fallen 25 Prozent fürs norwegische Finanzamt an. 25 Prozent will der deutsche Staat, plus Soli, plus Kirchensteuer (=26,8 Prozent eurer Dividenden). Die 15 Prozent von den 25 Prozent Quellensteuern, die da angerechnet werden, muntern euch nicht wirklich auf.

Ihr könnt euren ausländischen Quellensteuerbetrag unter »shit happens« verbuchen. Aber dann nehmt ihr eine geringere Rendite nach Steuern in Kauf. Oder ihr versucht, euch das im Ausland zu viel bezahlte Steuergeld zurückzuholen. Dafür gibt es einen Weg; ich beschreibe ihn gleich. Allerdings braucht ihr unter Umständen gute Nerven. Denn oft reagieren die ausländischen Behörden langsam bis gar nicht.

So beantragt ihr eine Rückerstattung bei der ausländischen Finanzbehörde

1. Ihr stellt *keinen* Antrag auf Shielding Deduction, also auf vollständige Rückerstattung – denn das klingt zwar toll, ist aber nicht ratsam. Hier bekommt ihr vom deutschen Staat die Vollerstattung der Quellensteuer nicht anerkannt. Vergesst es also besser.

2. Ihr stellt einen Antrag auf Teilerstattung: Ihr braucht dafür zunächst eine Ansässigkeitsbescheinigung vom deutschen Staat, um zu belegen, dass ihr als Steuerzahler gemeldet seid. Das Formular findet ihr hier: **www.bzst.de**

3. Schreibt einen netten formlosen Brief an die Erstattungsbehörde im Ausland und packt den Dividendenbeleg (und Schokolade) dazu.

4. Ihr sucht die Adresse? **www.steuerliches-infocenter.de**

Im Folgenden noch eine Liste der verschiedenen Quellensteuersätze und Vereinbarungen mit ausländischen Finanzbehörden, wie mit der Quellensteuer verfahren wird. Vergleichsweise einfach ist es zum Beispiel mit den USA, Großbritannien und der Schweiz. Komplizierter wird es mit Ländern wie Italien, Spanien, Norwegen und Frankreich.

Land	Quellensteuer in Prozent
Großbritannien	0 (we have a winner!)
USA	30 Davon wird die Hälfte auf die deutsche Steuerschuld angerechnet, die andere Hälfte holt ihr euch zurück unter www.irs.gov
Schweiz	35 (Autsch)! Davon bekommt ihr 15 auf die heimische Steuerschuld angerechnet und 20 könnt ihr zurückholen
Japan	15
Norwegen	25 (Davon erhaltet ihr von eurer Depot-Bank nichts angerechnet) Verlangt nur eine Rückerstattung von 10 Prozent – und lasst die verbliebenen 15 Prozent Quellensteuer über die eigene Steuererklärung vom Finanzamt anrechnen)
Italien	26 (15 werden angerechnet, 11 müsst ihr innerhalb von 4 Jahren zurückfordern)
Spanien	21 (Voll auf deutsche Abgeltungsteuer anrechenbar)

Ein Steuerberater ist bei ausländischen Aktieninvestments auf jeden Fall hilfreich. Und wenn ihr euer Leben nicht unnötig kompliziert machen wollt: Kauft einfach deutsche Aktien oder einen ETF, der in Deutschland aufgelegt ist.

Werdet aus meinen Fehlern klug

An der Börse gewinnt nur eine Minderheit der Anleger – die Masse hingegen verliert. Wer das Gegenteil von dem tut, was die Masse macht, gewinnt. Was heißt das? Die Masse wird gesteuert von Emotionen wie Gier, Angst, zuweilen sogar Panik. Sie versucht, Langeweile zu vermeiden. Viele Anleger sind sogar im Griff der Börsensucht: Damit wird man weder an der Börse noch im Leben langfristig erfolgreich sein. Anfänger sind besonders gefährdet, in diese emotionalen Fallen zu geraten. Und dann wird's unangenehm – und unrentabel.

Woher ich das weiß? Ich habe selbst zwei der typischen Anfängerfehler gemacht. Ihr müsst sie nicht wiederholen. Schaut euch einfach meine Fehler, die ich euch gleich aufliste, genau an – und dann achtet darauf, ob ihr bei euch selbst erste Anzeichen derartigen Verhaltens erkennt. Falls ja – gegensteuern.

Fehler Nummer 1 – Suchtfaktor unterschätzen:

Risiken machen uns einerseits Angst. Doch wenn wir es wagen, sie einzugehen, dann kann es gut sein, dass wir nicht mehr genug davon bekommen können. Das Wort dafür: Nervenkitzel. Schritt für Schritt erhöht man die Risikodosis beim Investieren, damit der Nervenkitzel erhalten bleibt. Hier liegt ein Hauptgrund, wieso so viele Aktionäre hohe Verluste einfahren. Legt euch immer ein Risikobudget pro Einzelaktie zurecht! Ich habe beispielsweise maximal 4.000 Euro pro Einzelaktie investiert. Mehr nicht.

Eng verwandt mit dem Nervenkitzel des Risikos ist der Glücksrausch, der einen Menschen erfasst, wenn er mit seinen Entscheidungen recht gehabt hat. Der Begriff »Rausch« trifft es wirklich, denn es werden die gleichen Gehirnareale aktiviert wie beim Drogenkonsum. Man will dieses Gefühl unbedingt wieder haben und kann bald an nichts anderes mehr denken.

Im »Manager Magazin« habe ich gelesen, dass es keine börsensüchtigen Frauen gibt. Ich kann aus eigener Erfahrung sagen: Das stimmt nicht. Der Kick, den ich durch meine ersten Börsenerfolge bekam, war so enorm, dass ich mich ausschließlich aufs Traden konzentriert habe. Treffen mit Freunden konnte ich nicht mehr genießen: Sie langweilten mich, da sie meine Euphorie nicht verstanden.

Urlaub war eine Qual für mich. Ich erinnere mich an einen Ostseeausflug, an dem ich keinen Online-Zugang hatte und mir deswegen ein super Trade entging: Ich konnte einen Kursanstieg von 3 auf 30 Euro nicht mitnehmen und war ultraschlecht gelaunt. Das Zusammensein mit süchtigen Menschen macht keinen Spaß – das gilt auch für die Börsensucht. Daher wurde ich Monat für Monat isolierter. Das störte mich aber erst einmal nicht. So konnte ich mich ungestört der Börse widmen! Nachts lag ich wach im Bett und sehnte die Öffnung der Börsen am Morgen herbei. Es gab nichts Wichtigeres mehr für mich.

Ihr fragt euch vielleicht, wie ich es geschafft habe, meine Börsensucht loszuwerden. Die Antwort lautet: mit Hobbys und mit einer neuen Leidenschaft – Immobilien. Ich habe gezielt meinen Fokus auf andere neue Dinge gelegt. Das war auch dringend nötig. Denn wer süchtig ist nach Nervenkitzel und Erfolgsrausch, riskiert zu viel. Sein Geld – und sein Privatleben!

Fehler Nummer 2 – den Kick suchen:

Langfristig angelegt, bringen Aktien eine Top-Rendite. Das Problem ist, dass langfristige Anlagen unspektakulär sind. Und Menschen hassen Langeweile! Es ist wie in einer langjährigen Beziehung. Sie kann noch so harmonisch sein – nicht selten gehen Menschen nur deshalb fremd, weil sie sich nach etwas Spannung sehnen: Sie gehen ein Risiko ein, um einen Kick zu erleben.

An der Börse ist Langeweile ein wichtiger Grund, wieso viele Menschen erfolglos bleiben. Sie handeln zu oft, weil sie an der Börse Aufregung und Spannung suchen. Gerade Männer leben so ihren Spieltrieb aus. Wenn sie nicht gerade mit dem Smartphone spielen, zocken viele an der Konsole. So weit, so gut. Wenn sie aber das Traden an der Börse wie ein Spiel empfinden, dann wird ihnen das zum Verhängnis.

Das kann schnell passieren (übrigens auch Frauen!). Der Börsenhandel erscheint manchmal nicht ganz real – man sitzt vor dem PC und löst per Knopfdruck Aktionen aus. Da entsteht leicht das Gefühl, dass es nicht um Geld geht, sondern ums Gewinnen – also um ein Spiel.

Zudem neigen Menschen dazu, sich zu überschätzen. An der Börse bedeutet das: Sie sind überzeugt, dass sie den künftigen Kursverlauf richtig einschätzen können – und freuen sich schon im Voraus auf ihre fetten Gewinne. Irgendwann geht es nicht mehr um den Gewinn, sondern um die Vorfreude darauf. Die Gefahr: Man tradet in einer Tour, um immer auf einen Gewinn hinfiebern zu können.

Nicht gut! Denn erstens geht dabei die kühle Überlegung über Bord; ihr geht zu große Risiken ein. Zweitens kann euer Geld so nicht in Ruhe für euch arbeiten. Und drittens: Je mehr ihr handelt, desto mehr Gebühren und Steuern zahlt ihr – und verliert dadurch Geld.

Auch ich hielt die Langeweile an der Börse oft nicht aus und entschied mich mehrfach, »fremdzugehen«. Dabei habe ich mir gründlich die Finger verbrannt!

Meine fünf größten Börsensünden

1. Liquid Metal (es gab Gerüchte ... und dahinter steckte nichts als heiße Luft)
2. Portugal Telecom (die Hoffnung stirbt zuletzt – die Aktie fiel und fiel einfach ...)
3. Prairie West Oil (wurde vom Handel ausgesetzt. Sie war dann mal weg ... das Geld auch)
4. Sihuan Pharmaceuticals Holding (auch hier hatte ich einfach nur drauflosgezockt)
5. 3 Power Energy (ohne Worte)

Langeweile und Erfolg beim Investieren gehören zusammen. Merkt euch das.

Gier frisst Hirn

Das ist der größte Fehler von allen, sozusagen die Mutter aller Börsenfehler. Oder vielleicht besser: der Vater. Zocker-Produkte wie Derivate (Optionsscheine, Futures, CFDs) sind des Mannes liebstes Spielzeug an der Börse. Warum? Weil sie die Chance auf Riesengewinne versprechen – und weil viele Männer den Hals nicht voll bekommen und darum enorme Risiken eingehen. Während Frauen sich mit einem kleinen Vermögen durchaus zufrieden geben, träumen Männer von 1 Million Euro. Haben sie 1 Million, wollen sie bald 10.

Seid schlauer! Ich brauche keine Millionen, um frei zu sein. Und ihr braucht sie sicherlich auch nicht. Nehmt euer eigenes Leben als Maßstab. Angenommen, ihr wollt in 25 Jahren finanziell frei sein. Dann überlegt euch, welchen Betrag ihr im Jahr ausgebt. Multipliziert das Ergebnis mit 25. Dann wisst ihr, welchen Betrag ihr zu welcher Rendite 25 Jahre lang anlegen müsst.

Ich gebe im Jahr rund 20.000 Euro aus – das macht nach 25 Jahren etwa 500.000 Euro. 700 Euro muss ich demnach monatlich beiseitelegen bei 8 Prozent Rendite inklusive Dividenden. Der

DAX schaffte bisher im Durchschnitt eine jährliche Rendite von 8 Prozent. Ein ETF auf den DAX sollte es mir also ermöglichen, diesen Plan durchzuziehen. Tabelle 3 im Finanzbaby-Abschnitt auf Seite 159 zeigt euch, wie aus einem kleinen Betrag nach Jahren ein kleines Vermögen wird.

Challenge 55: Geht in euch

Das wird jetzt vielleicht ein bisschen unangenehm – bitte beschäftigt euch mit euren Schwachstellen. Nicht gleich mit allen. Gezielt mit denen, die euch bei euren Investments gefährlich werden könnten!

Zieht euch an einen ruhigen Ort zurück und geht in euch. Kennt ihr Gier aus eurem eigenen Leben? Wo haltet ihr Langeweile schlecht aus? Neigt ihr vielleicht auf dem einen oder anderen Gebiet ein ganz klein wenig zu Suchtverhalten?

Ich frage euch das nicht, damit ihr euch schlecht fühlt. Sondern, weil ihr umso erfolgreicher seid, je besser ihr euch kennt! Denn dann können eure Schwächen euch nicht so leicht kalt erwischen.

Frauen erzielen die bessere Rendite

Viele Studien belegen, dass Frauen die erfolgreicheren Investoren sind. Das hat verschiedene Gründe. Die wichtigsten sind ein funktionierendes Bauchgefühl, Vorsicht und Geduld.

Ich möchte euch am Beispiel eBay zeigen, wie das funktioniert mit dem weiblichen Bauchgefühl und der Vorsicht. Ihr habt auch einen eBay-Account, oder? Habt ihr schon einmal darüber nachgedacht, nicht nur mit dem Verkauf von gebrauchten Handtaschen, Klamotten, Schuhen oder Videospielen Geld zu verdienen, sondern auch mit der eBay-Aktie?

Ich überlege mir das seit Langem. Die Aktie steht schon Jahre auf meiner Watchlist. Aber ich bin vorsichtig. Denn ich bin mir nicht sicher, ob das Geschäftsmodell von eBay langfristig funktionieren und damit die Aktionäre überzeugen wird.

Hier die Gründe, die aus meiner Sicht gegen eBay sprechen:

- ✓ Amazon und Google (Alphabet) sind die beiden größten Nummern im Internetbusiness, nicht eBay.
- ✓ eBay wurde schon 1995 gegründet. Das ist im Internetzeitalter eine Ewigkeit her. Es hat jedoch nur 160 Millionen Kunden – ein Witz im Vergleich zur Größe der Amazon-Kundschaft.
- ✓ Der Internetflohmarkt eBay profitiert vom Provisionsgeschäft, muss nichts verschicken und nichts lagern. Amazon macht das Gleiche, ist dabei aber viel schneller in der Auslieferung.
- ✓ Ein wichtiges Nebengeschäft von eBay ist weggefallen – eBay musste auf Druck seines Großinvestors Carl Icahn den Bezahldienst PayPal an die Börse bringen. Das Resultat waren schrumpfende Umsätze.
- ✓ Aktuell versucht eBay sich zu retten, indem es sich bei Google ganz oben platziert. Das kostet.

Natürlich gibt es auch Positives über eBay zu berichten:

Wenigstens verdient eBay noch an seiner Tochterfirma, der Ticketbörse StubHub mit. Die Firma hat ordentlich Cash.

- ✓ Und offenbar geht's auch durch die bessere Google-Platzierung wieder bergauf mit den Umsätzen – um 6 Prozent stieg der Umsatz im zweiten Quartal 2016.
- ✓ Die Aktie legte in fünf Jahren über 200 Prozent zu.
- ✓ Derzeit notiert eBay auf einem Rekordhoch um die 28 Euro.

Der letzte Punkt ist schön für die alten Aktionäre, aber nicht für Neueinsteiger. Wie dem auch sei: Mein Bauchgefühl sagt mir, dass der eBay-Hype schon lange vorbei ist. Die Sache ist mir zu riskant. Ich lasse also lieber die Finger davon.

Nicht nur ich, auch viele andere Frauen legen ihr Geld langfristig und vorsichtig an. Das ist verständlich, denn sie verdienen weniger als Männer und können es sich noch weniger leisten, ihr Geld zu verspekulieren.

Die vorsichtige Anlagestrategie hat viele Vorteile: Das Geld kann in Ruhe arbeiten. Und da Frauen weniger traden, werden ihre Renditen nicht durch Gebühren und Steuern aufgefressen. Zudem sind Frauen in der Regel geduldiger. Ungeduld ist eine Eigenschaft, die zu schnellem, unüberlegtem Handeln führt – und damit ein hohes Risiko.

Challenge 56: Testet euren Ungeduldsfaktor

Wie ungeduldig seid ihr? Achtet mal darauf, wie lange es dauert, bis ihr auf WhatsApp-Nachrichten antwortet.

Sofort? 10 Punkte

In der nächsten Arbeitspause? 5 Punkte

In aller Ruhe nach dem Abendessen? 0 Punkte

Je weniger Punkte, desto geringer ist euer Ungeduldsfaktor. Und je geringer euer Ungeduldsfaktor, desto besser eure langfristigen Chancen an der Börse!

Challenge 57: Geduldsmuskeln trainieren!

Trainiert eure Geduld mit WhatsApp und anderen Messengern. Versucht euch anzugewöhnen, bis zum Abend zu warten, bevor ihr antwortet. So lernt ihr, euch nicht von der Technik zu schnellem und unüberlegtem Handeln verleiten zu lassen. Euer Depot wird euch dankbar sein.

Anlageklasse 3: Gold

Gold-Digger? Steh dazu!

Brexit, Italien-Finanzkrise, Skandalpolitik der EZB: Das alles hat auch etwas Positives. Der Goldpreis stieg endlich wieder. War auch Zeit: Der Preis hatte sich seit 2011 fast halbiert. Schön für alle, die Gold im Depot haben – wie viele deutsche Kleinanleger.

Ja, wir Deutschen sind echte Gold-Digger. Und ihr solltet euch überlegen, ob Gold auch für euch eine geeignete Investition ist. Wenn ihr mit Notfallreserve, ETFs und ein paar soliden Einzelaktien ausgestattet seid, wird es Zeit, über Gold nachzudenken. Dann habt ihr nämlich etwas zu verlieren.

Und die wichtigste Funktion von Gold im Depot ist die Absicherung in Krisenfällen.

Die Deutschen und ihr Lieblingsmetall

Die Deutschen lieben Gold – wir besitzen fast 4.000 Tonnen Goldschmuck, das sind 4,4 Prozent des gesamten Goldschmucks auf der Welt. Und wir horten 4.400 Tonnen Barren und Münzen – 13 Prozent der weltweiten Bestände. Damit haben die Bürger mehr Gold als die Bundesbank, die 3.400 Tonnen Goldreserven hat.

Woher kommt unsere Liebe zum Gold? Wir hatten in den vergangenen 100 Jahren eine Hyperinflation und sieben Währungsreformen. Also immer wieder finanzielle Unsicherheit und mehr oder minder totale Vernichtung von Barvermögen. Gold ist krisenfest – und nach diesen Umwälzungen haben wir großes Interesse an Sicherheit.

Hinzu kommt ein besonderer Aspekt der Nachkriegsgeschichte: Ende der 60er-Jahre kauften die USA großzügig bei der jungen deutschen Exportnation ein – und glichen die entstandenen Bilanzdefizite mit Gold aus. Seitdem hat Gold hierzulande einen exzellenten Ruf. Es war ein Teil unseres Wirtschaftswunders und verhalf uns zu Wohlstand.

Es gibt durchaus auch Argumente, die gegen Gold sprechen:

- ✓ In Panikjahren, wie zum Beispiel 2008 bis September 2011, stieg der Kurs aufgrund der Angst vor Banken- und Staatspleiten auf 1.900 US-Dollar. Sobald die Bedenken schwanden, fiel der Goldpreis jedoch wieder – bis auf 1.200 US-Dollar im Jahr 2015.
- ✓ Diese Kursschwankungen (auch Volatilität genannt) sind ein Grund, warum viele Großanleger ihre Goldbestände nach und nach aus dem Portfolio nehmen – was wiederum nicht gut für den Goldkurs ist.
- ✓ Gold bringt keine Zinsen, sondern verursacht Lagerkosten.
- ✓ Dividenden gibt's auch nicht.
- ✓ Gold wird in Dollar gehandelt, ein starker US-Dollar verteuert den Rohstoff außerhalb des Dollarraums.
- ✓ Spekulationen auf einen Zinsanstieg in den USA bremsen den Goldpreis sofort aus, weil Zinserträge andere Anlagen interessant machen.

Die Privatanleger lassen sich jedoch nicht vom Gold abbringen. Sie bauen ihre Goldbestände sogar noch aus. Auch in anderen Ländern ist die Goldnachfrage ungebremst. Die chinesische und die russische Zentralbank kaufen viel Gold. Und während der Hochzeitssaison ist der Rohstoff in Indien besonders beliebt.

Zieht euch warm an – mit Gold

Gold dient der Absicherung des Vermögens bei Katastrophen. Es bietet einen gewissen Schutz gegen Währungskrisen und Geldentwertung. Wie das funktioniert, erkläre ich gleich noch.

Ihr fragt euch jetzt, warum ich von Krisen rede, wo doch in Deutschland die Wirtschaft schon seit einigen Jahren rundläuft und von der Finanzkrise von 2008 nichts mehr zu spüren ist?

Nun: Wir sind keineswegs in Sicherheit. Erstens kennt keiner die Zukunft. Sie kann und wird Überraschungen bringen – und nicht nur positive.

Und zweitens sind die wirtschaftlichen Folgen der Finanzkrise keineswegs überwunden. Sie werden nur durch neue Schulden überdeckt. Wir haben eine krasse Staatsverschuldung, sowohl in Deutschland als auch international, und der Schuldenstand steigt ständig. Die Zentralbanken spülen seit Jahren billigstes Geld in die Märkte – das perfekte Rezept für die nächste Investment-Blase. Und nach jeder Blase kommt eine Krise.

Erst recht, wenn das Finanzsystem intransparent ist und die Banken massenweise hochspekulative Investments auf den Markt bringen. Sollte das nicht nach der Finanzkrise anders werden? Das ist leider nicht passiert. Der Finanzmarkt ist so unübersichtlich und in Teilen unseriös wie vor der Krise.

Hinzu kommt, dass die politische Zukunft der EU sehr unsicher ist. Ich sage nur: Brexit. Und die südeuropäischen EU-Mitglieder stolpern von einer Schulden- in die nächste Bankenkrise.

Ich möchte nicht den Teufel an die Wand malen, aber ich persönlich halte alles Mögliche für möglich, auch echte wirtschaftliche Horrorszenarien. Ich kann mir zum Beispiel vorstellen, dass es eine Situation geben könnte, in der man für Euro nichts mehr kaufen kann.

Und hier kommt Gold ins Spiel.

Gold, Falschgold und Gold-Finanzprodukte

Der Sinn eines Investments in Gold ist die Absicherung des Vermögens. Das bedeutet auch, dass ihr nicht alles auf eine Karte setzen solltet. Überlegt euch zuerst, wie viel Prozent eures Vermögens ihr in diesen Sachwert stecken wollt.

Denkt dabei nicht an Kursgewinne! Es wird welche geben (genau wie Verluste) – aber wenn ihr Gold kauft, weil ihr auf steigende Kurse hofft, seid ihr mit Spekulation beschäftigt und nicht mit der Absicherung eures Vermögens.

Es gibt drei Arten von Gold auf dem Markt:

✓ **Echtes (physisches) Gold:** Barren und Münzen sowie Goldschmuck (Schmuck ist aber keine Geldanlage).
✓ **Falschgold:** Ja, wirklich! Ihr müsst aufpassen. Die BWF-Stiftung beispielsweise hat mehr als 6.000 Kunden mit 4 Tonnen Falschgold beliefert. Ein Schaden in Höhe von 50 Millionen Euro, auf dem die Käufer sitzen geblieben sind. Achtet zu eurem Schutz auf das »London Bullion«-Echtheitszertifikat.
✓ **Gold-Finanzprodukte:** Zum Beispiel Goldminen-Aktien und Derivate wie Zertifikate. Dazu zählen beispielsweise auch die oft empfohlenen XETRA-Gold-Zertifikate (zum Beispiel ETC der Deutschen Börse, ISIN: DE000A0S9GB0).

Ihr kennt meine Meinung zu Zertifikaten: Bleiben lassen. XETRA-Gold-Zertifikate garantieren zwar einen Lieferanspruch auf physisches Gold und haben verschiedene Vorteile, wie etwa geringe Kosten und Steuerbefreiung nach einem Jahr Haltedauer. Falls aber der Emittent pleitegeht, droht Totalverlust. Unwahrscheinlich? Mag sein. Aber bei Gold geht es ja gerade um die Absicherung gegen den Worst Case.

Auch von Goldminen-Aktien rate ich ab. Bei vielen Minen-Aktien ist schwer zu sagen, wer sich dahinter verbirgt und ob es die Firmen überhaupt gibt. Ich bin da sehr skeptisch. Wenn ihr Interesse an Rohstoffinvestments habt, dann streut euer Risiko mit einem ETF, der sowohl in Gold als auch in Kupfer und Silber investiert, also breit aufgestellt ist. Einen guten Überblick über die verfügbaren Börsenwerte bekommt ihr, indem ihr »Mining« im Such-Menü eurer Bank eingebt. Für Rohstoff-ETFs gelten dieselben Regeln wie für alle anderen ETFs – also werft einfach noch einmal einen Blick ins Kapitel »Anlageklasse 1: ETFs« ab Seite 233.

Goldshopping

Bei physischen Investments ist die Wahl des richtigen Händlers superwichtig. Ihr wollt nicht übers Ohr gehauen werden. Die €URO AM SONNTAG veröffentlicht immer wieder Übersichten über die besten Edelmetallhändler. Die Finanzwochenzeitung erstellt die Bewertungen gemeinsam mit dem Deutschen Kundeninstitut (DKI).

Unter den Top-Instituten in der Rubrik Sicherheit und Transparenz fanden sich 2015 Anlagegold24 und Degussa Goldhandel mit der Bestnote »sehr gut«. Die beiden günstigsten Anbieter waren mit der Bewertung »sehr gut« jeweils Anlagegold24 und Heubach Edelmetalle. Alles in allem schnitt Degussa Goldhandel (wie bereits im Vorjahr) mit einer Gesamtpunktzahl von über 93 Punkten von maximal 100 am besten ab – in allen Testergebnissen: Preise, Konditionen, Sicherheit, Transparenz, Produktpalette und Service.

Ich selbst würde Gold nicht online kaufen, sondern mich am Standort direkt eindecken. Das ist in meinem Fall kostengünstig, da ich in München wohne. Degussa Goldhandel ist außer in

München auch in Hamburg, Nürnberg, Pforzheim, Stuttgart, Berlin und Frankfurt vertreten. Falls ihr einen weiten Anfahrtsweg zur Niederlassung des jeweiligen Händlers haben solltet, kann die Online-Bestellung natürlich eine Alternative sein.

So oder so schaut ihr euch zunächst an, welche Produkte der Händler zu welchen Preisen anbietet. Zunächst solltet ihr euch auf Gold konzentrieren – kein Silber. Übrigens muss auch ich beim Preis eines 1 Kilo schweren Goldbarrens ganz schön schlucken: im Wert von über 36.000 Euro! Kurz nach der Brexit-Abstimmung kostete das Kilo 40.000 Euro, im Oktober 2012 waren es sogar 45.000 Euro.

Challenge 58: Geht in die Bibliothek und schaut euch die Finanzzeitschriften an. Achtet auf Artikel über Gold. Schaut, ob ihr ein Goldhändler-/Ranking findet. Googelt Niederlassungen in eurer Nähe.

Produktname	Ankaufskurs in Euro	Verkaufskurs in Euro
Feingold Gramm	36,47	37,13
Feingold Gramm unverarbeitet	36,47	38,08
Feingold Gramm verarbeitet	36,47	39,56
1 oz Degussa Goldbarren	1.136,00	1.169,30
1 oz Kruegerrand Goldmuenze akt. Jahrgang	1.141,00	1.189,30
100 g Degussa Goldbarren – gegossen	3.646,00	3.739,50
1 kg Degussa Goldbarren	36.464,00	37.121,00
Schmuckschmelzware 18 Karat je Gramm	24,86	27,73
Schmuckschmelzware 14 Karat je Gramm	19,39	21,63
Schmuckschmelzware 8 Karat je Gramm	11,04	12,31

Tabelle 18: Referenzpreise GOLD in Euro vom Mittwoch, 23. November 2016, 13:00 Uhr, Quelle: www.degussa-goldhandel.de

Barren oder Münzen?

Ich bin ein großer Fan von Münzen. Man braucht nicht viel Geld, um eine Goldmünze zu kaufen. Ganz im Gegensatz zum Goldbarren! Außerdem gilt bei Gold die Regel: Barren hortet man, mit Münzen zahlt man. Das macht die Auswahl für mich noch einfacher: Ich kaufe Gold für den Notfall, also für den Fall, dass ich aufgrund einer Währungskrise für Euro nichts mehr kaufen kann. Da sind Münzen geeigneter.

Allerdings kaufe ich nur Goldmünzen, die als alternatives Zahlungsmittel anerkannt sind – es kommen hier zum Beispiel die kanadischen Maple Leaf oder die südafrikanischen Krügerrand-Münzen in Frage. Leider wissen das nur die wenigsten und kaufen Sammlermünzen, die zwar schön aussehen, aber für den Vermögenserhalt wenig geeignet sind. Alleine die Prägung einer Münze drückt den Gesamtwert. Münzen sind also teurer als Barren. Gerade hier liegt der Grund, wieso man auf die Regel von ausschließlich Münzen, die als alternatives Zahlungsmittel gelten, hinweist. Eine Feinunze Gold in Form von Krügerrand ist etwa 20 Euro teurer als in Form eines Goldbarrens.

Und was ist mit den Steuern?

Keine Angst, es wird nicht kompliziert. Es sei denn, ihr möchtet in Silber, Platin, Palladium, Rhodium, Kupfer oder in Granulate wie Iridium, Rhodium-Pulver und Ruthenium-Schwamm investieren. Bei Silberbarren kassiert der Staat 19 Prozent Mehrwertsteuer. Goldbarren dagegen sind von der Mehrwertsteuer befreit.

Auch bei Goldmünzen fällt keine Mehrwertsteuer an, wenn sie nach 1800 geprägt wurden und in ihrem Ursprungsland gesetzliches Zahlungsmittel sind oder waren. Zudem müssen sie einen Feingehalt von mindestens 900 Tausendstel aufweisen. Damit ihr keine Abgeltungsteuer zahlen müsst, solltet ihr die Münzen mindestens ein Jahr behalten.

Bei Silbermünzen (zum Beispiel China Panda) fallen 7 Prozent Mehrwertsteuer an – bei anderen Münzen 19 Prozent.

Da ich eher ungern Steuern zahle, ist die Antwort auf die Frage »Gold oder Silber« für mich daher klar: Gold!

Ein guter Platz für euren Schatz

Wenn ihr Gold in einem Versteck im Haus aufbewahrt, solltet ihr bedenken, dass Einbrecher findig sein können. Nutzt daher verschiedene Verstecke – allerdings besteht das Risiko, dass ihr selbst vergesst, wo ihr es versteckt habt. Das gilt besonders, wenn ihr es im Garten vergrabt. Erzählt am besten niemandem von eurem Schatz!

Ich kenne zwar niemanden, bei dem schon einmal eingebrochen wurde, aber dennoch würde ich ab einem kleinen Goldschatz mit einem Wert von über 5.000 Euro darüber nachdenken, ob ich ihn nicht besser in einem Tresor aufbewahren sollte.

Ihr selbst müsst entscheiden, ab welcher Summe ihr Bauchschmerzen habt, wenn ihr sie ungesichert daheim liegen habt. Jeder Mensch hat ein anderes Risikoempfinden.

Wenn ihr euch für einen Tresor entscheidet, haltet Rücksprache mit eurem Versicherungsagenten, welches Modell in Frage kommt. Die Anforderungen der einzelnen Versicherungsgesellschaften sind sehr unterschiedlich. Ein Tresor sollte unbedingt fest verankert werden, und zwar an einer unauffälligen Stelle in der Wohnung. Er ist kein Key Piece der Einrichtung!

Eure Versicherung muss den Wert eures Goldes dokumentieren. Ihr sendet die Kopie der Zahlungsbelege zu und macht zudem ein Foto. Auch das Echtheitszertifikat würde ich bei den Versicherungsunterlagen aufbewahren.

Hausratversicherungen gehören zu den Neuwertversicherungen. Daher bekommt ihr im Schadensfall den Wiederbeschaffungspreis zurückerstattet. Wenn ihr Gold zu einem geringen Preis gekauft habt, muss die Versicherung euch den Verlust zum aktuellen Marktpreis ersetzen.

Ab einer Größenordnung von über 100.000 Euro würde ich das Gold lieber in einem Bankschließfach deponieren.

Bankschließfächer sind jedoch nicht ganz billig. Und ihr müsst unbedingt klären, bis zu welcher Summe der Inhalt eures Schließfachs versichert ist. Möglicherweise braucht ihr eine zusätzliche Schließfachversicherung. Wie gesagt: Gold verursacht Kosten!

Bedenkt bitte auch, dass ihr im Falle einer Bankenpleite möglicherweise vorübergehend keinen Zugang zu eurem Schließfach habt. Ich empfehle daher, auf jeden Fall auch etwas Gold zuhause aufzubewahren.

Viele Anleger bunkern ihren Goldschatz in der Schweiz, deren Banken als besonders sicher und diskret gelten. Wenn ihr euer Gold im Ausland lagern wollt, ist die Schweiz sicherlich eine gute Wahl. Hauptsache, ihr bewahrt eure Werte nicht in diktatorisch regierten Ländern auf, denn diese sind unberechenbar. Ehe ihr euch verseht, hat sich der Präsident euren Goldschatz gekrallt.

Auch Verkäufer bieten die Möglichkeit, Gold einzulagern. Das ist relativ günstig. Degussa Goldhandel bietet beispielsweise einen Komplettservice an. Ihr findet ihn auf der Website des Degussa-Shops unter »Einlagerung«.

Bitte beachtet die Geschäftsbedingungen. §6 regelt beispielsweise die Versicherung (euer Gold ist voll versichert). Damit ihr ein Gefühl für die Zusatzkosten von Gold bekommt, hier die Liste der Kosten bei Degussa:

Einlagerung (Preise gelten pro Vorgang)	Preis pro Vorgang
Handling-Pauschale für die Einlagerung bei Käufen und die Einlieferung eigener Ware	19,00 EUR
Prüfungs- und Transportkosten bei der Einlieferung eigener Ware (pro Safebag)	65,45 EUR
Handling-Pauschale für den Empfänger von Lagergut bei Übereignung an Dritte	69,00 EUR

Tabelle 19: Preisübersicht Degussa

Metallart und Berechnungsgrundlage	Preis in EUR für 12 Monate
Gold und Platinmetalle je angefangene 100 Gramm	11,90 EUR
Silber je angefangene 1.000 Gramm	7,90 EUR

Tabelle 20: Verwahrung (einschließlich Versicherung)

Die Lagerkosten gelten stets für angefangene 100 bzw. 1.000 Gramm eingelagertem Edelmetall.

Auslagerung (Preise gelten pro Vorgang)	Preis pro Vorgang
Handling-Pauschale für die Auslagerung bei (Teil-)Verkauf an uns	19,00 EUR
Auslagerungs- und Verpackungskosten bei Verfügungen	69,00 EUR
Handling-Pauschale für den Abgebenden von Lagergut bei Übereignung an Dritte	69,00 EUR

Tabelle 21: Auslagerung, Quelle: www.degussa-goldhandel.de

Die genannten Preise gelten bis zu einem Gewicht von 100 Kilo beziehungsweise einem Warenwert bis zu 100.000 Euro. Bei der Auslagerung von Ware aus dem Degussa-Zollfreilager fallen zusätzlich Zoll-Anmeldekosten in Höhe von 65 Euro, die gesetzliche Mehrwertsteuer sowie gegebenenfalls weitere Fremdkosten und Gebühren an.

Berechnungsgrundlage	Preis pro Vorgang
bis Warenwert 15.000 EUR oder Gesamtgewicht 20 kg	39,00 EUR
bis Warenwert 30.000 EUR oder Gesamtgewicht 30 kg	59,00 EUR
bis Warenwert 50.000 EUR oder Gesamtgewicht 50 kg	99,00 EUR
bis Warenwert 100.000 EUR oder Gesamtgewicht 100 kg	189,00 EUR

Tabelle 22: Versandkosten bei Verfügungen

<u>Challenge 59:</u> Findet mindestens fünf Plätze in eurer Wohnung, an denen ihr kleine Goldschätze verstecken könnt

Wie hoch sollte der Goldanteil im Depot sein?

Seht euch jetzt den Verlauf des Goldpreises seit 1999 an:

Goldpreisentwicklung Dollar historisch: ab 1999

Abb. 63: Goldpreis, Quelle: Screenshot www.gold.de

Ganz schön volatil, oder? Doch das sollte euch nicht abschrecken. Beim Gold ist die Wertsicherung im Fall einer Krise das Anlageziel. Denn dann geht Gold durch die Decke.

Auch für Endzeitangsthasen wie mich ist Gold das beste Investment, um auch nachts gut schlafen zu können – was auch immer passieren sollte, ich habe ein Zahlungsmittel.

Experten raten in der Regel zu 10 bis 15 Prozent Gold im Depot. Ob das für euch passt, müsst ihr selbst entscheiden. Im Folgenden findet ihr drei Szenarios, die euch dabei helfen sollen:

Gold-Szenario Nummer 1:

Angenommen, ihr habt 10.000 Euro. Davon kauft ihr für 90 Prozent (= 9.000 Euro) Aktien. 10 Prozent (= 1.000 Euro) investiert ihr in Gold (ist nur ein Gedankenspiel!). Jetzt stellt euch vor, dass eine Krise euren Aktiendepot-Wert halbiert (9.000 Euro – 4.500 Euro) und den Goldpreis um 100 Prozent ansteigen lässt (1.000 Euro + 1.000 Euro). In diesem Fall sieht euer Depot wie folgt aus.

```
    4.500 Euro
+   2.000 Euro
_____
=   6.500 Euro
```

Euer Verlust beträgt 35 Prozent. Das im Depot befindliche Gold schafft es nicht, die Verluste der Aktien auszugleichen, obwohl wir einen großzügigen Zuwachs des Goldpreises um 100 Prozent angenommen haben.

Gold-Szenario Nummer 2:

Angenommen, ihr legt euch 20 Prozent des Rohstoffs Gold ins Depot. Wird das Ergebnis besser sein?

Bei 10.000 Euro sieht das Depot wie folgt aus: 80 Prozent (= 8.000 Euro) sind in der Aktienanlage investiert und 20 Prozent (= 2.000 Euro) in Gold. Wieder halbiert eine Krise euren Aktiendepot-Wert (8.000 Euro – 4.000 Euro) und lässt den Goldpreis um 100 Prozent ansteigen (2.000 Euro + 2.000 Euro).

```
    4.000 Euro (Aktiendepot-Wert halbiert)
+   4.000 Euro (Goldpreisverdopplung)
_____
=   8.000 Euro
```

Euer Verlust beträgt nun 20 Prozent. Auch hier war zu wenig Gold im Depot, um die Verluste der Aktien auszugleichen.

Gold-Szenario Nummer 3:

Menschen, die extreme Zukunftsangst haben und Währungen sehr pessimistisch gegenüberstehen, können mit Sachwerten wie Gold oder Immobilien viel für ihre Nerven tun. Dann sollte allerdings der Goldanteil im Depot weit über 20 Prozent betragen.

Angenommen, 50 Prozent eures 10.000-Euro-Depots besteht aus Gold, die andere Hälfte aus Aktien: 5.000 Euro in Gold, 5.000 Euro in Aktien. Die Krise kommt und halbiert wiederum euren Aktiendepot-Wert (5.000 Euro – 2.500 Euro) und lässt den Goldpreis um 100 Prozent ansteigen (5.000 Euro + 5.000 Euro). So sieht euer Depot dann aus:

2.500 Euro (Aktiendepot-Wert halbiert)
+ 10.000 Euro (Goldpreisverdopplung)

= 12.500 Euro

Jetzt habt ihr durch die Krise sogar eine Rendite von 25 Prozent.

Bedenkt immer, dass Gold keine Dividende abwirft und als Krisenwährung für den absoluten Worst Case gilt. Menschen, die Angst vor einer Hyperinflation haben oder vor Währungsreformen, sollten sich mehr als 20 Prozent Gold ins Depot holen.

Allerdings kann auch der Goldwert schwanken und ist schwer vorhersehbar. Es ist also rein spekulativ und notiert überdies in Dollar. Ihr geht damit ein Währungsrisiko ein. Gold konkurriert generell mit den nicht gedeckten Währungen. Das bedeutet, dass sich vor allem in Krisen viele Menschen in diesen Sachwert stürzen. Wenn Panik herrscht, führt diese zu einem beachtlichen Goldpreisanstieg.

<u>Challenge 60:</u> Macht den Goldtest.

Beantwortet folgende Fragen:

Ich würde nie auf der falschen Straßenseite Fahrradfahren:

☐ Stimmt! = 0 Punkte
☐ Wo ist das Problem? = 5 Punkte

Ich würde nie einen Pilotenschein machen:

☐ Stimmt! = 0 Punkte
☐ Wo ist das Problem? = 10 Punkte

Ich würde mich nie für das Astronautenprogramm der NASA bewerben:

☐ Stimmt! = 0 Punkte
☐ Wo ist das Problem? = 20 Punkte

Zählt eure Punkte zusammen – hier ist die Auswertung:

0-5 Punkte: Ihr seid supervorsichtig und könnt einen großen Goldanteil in eurem Depot zur Beruhigung eurer Nerven gut gebrauchen.

10-15 Punkte: Ihr habt ein normales Sicherheitsbedürfnis. Etwas Gold im Depot würde euch guttun. Aber ihr braucht nur einen kleinen Anteil, um ruhig schlafen zu können.

20-35 Punkte: Angst? Was ist das? Ihr braucht kein Gold im Depot. Aber ihr solltet aufpassen, dass ihr bei euren anderen Investments nicht zu risikofreudig werdet.

Die 18 wichtigsten Goldtipps

Gold eignet sich hervorragend zur Vorsorge für Krisenzeiten. Es kann vor Altersarmut, Inflation, Finanz- und Währungskrisen schützen. Aber der Goldkurs ist volatil: Nach Ausbruch der letzten Finanzkrise stieg er über mehrere Jahre auf fast 2.000 Dollar je Unze. Ab 2012 legte sich die Panik und der Preis halbierte sich.

Ihr solltet daher einiges beachten, damit ihr Freude an eurem Goldschatz habt:

1. Goldinvestments sind spekulativ: Der Preis notiert in Dollar. Das bedeutet, dass sich der Goldpreis in verschiedenen Währungen unterschiedlich entwickelt. Das kann sich sowohl zum Vor- als auch Nachteil der Anleger auswirken. Ein schwacher Dollar im Vergleich zum Euro: Gold ist für uns relativ billig. Das ist gut für den Kauf, schlecht für den Verkauf. Ein starker Dollar: Gold wird für uns teuer. Schlecht für den Kauf, gut für den Verkauf (aber wir wollen unser Gold ja gar nicht verkaufen ...).
2. Irgendwann wird die amerikanische Zentralbank, die FED, ihre Zinsen wieder anheben, der Dollarkurs wird steigen – dadurch wird Gold außerhalb des Dollarraums teurer (s. Punkt 1).
3. Es gibt viele schwarze Schafe – achtet also auf das »London Bullion«-Echtheitszertifikat.
4. Gold wirft keine Dividende oder Zinsen ab.
5. Degussa Goldhandel bekam von €URO AM SONNTAG und Deutsches Kundeninstitut Bestnoten.
6. 1 Kilo Gold kostet über 36.850 Euro – eine Feinunze etwa 1.215 Euro (Stand: 23.1.2017).
7. Physisches Gold aufzubewahren kostet Geld: Lagerkosten, Versicherung, Tresor, Schließfach.
8. Überlegt euch gut, wo ihr euer Gold aufbewahrt – und vergesst nicht, eine Versicherung abzuschließen.
9. Je größer der Barren, desto günstiger ist er für den Anleger.

10. Einen Barren kann man nicht stückchenweise verkaufen, sondern nur als Ganzes – Münzen sind einfacher zu handeln.

11. Gewinne (von Barren) sind nach einem Jahr Haltedauer von der Abgeltungsteuer befreit, bei einem Feingehalt von 0,995 fällt keine Mehrwertsteuer an.

12. Münzen sind teuer: Sie müssen geprägt werden – das schmälert die Rendite.

13. Die Regel sagt: Mit Münzen zahlt man – Barren hortet man (= Wertsicherung).

14. Holt euch lieber Münzen, mit denen man zahlen kann – zum Beispiel Krügerrand oder Maple Leaf.

15. Finger weg von seltenen Münzserien oder Sammlerstücken – es sei denn, ihr kennt euch sehr gut aus.

16. Münzen sind mehrwertsteuerfrei, wenn sie nach 1800 geprägt wurden, im Ursprungsland gesetzliches Zahlungsmittel sind oder Feingehalt von über 900 Tausendstel aufweisen.

17. Es gibt noch zahlreiche andere Rohstoffe, aber ich bevorzuge Gold. Bei Silberbarren beispielsweise fällt 19 Prozent Mehrwertsteuer an.

18. Gold ist langfristig eine Top-Anlage.

Auf der Ziellinie: Ihr seid nicht allein!

»The fact is, sometimes it's really hard to walk in a single woman's shoes. That's why we need really special ones now and then to make the walk a little more fun.«

Carrie Bradshaw

*D*amit ihr nicht das Gefühl habt, ihr seid die Einzigen, die sich mit der Kapitalanlage rumschlagen, habe ich ein paar Mädels gefragt, ob und wie sie fürs Alter vorsorgen.

Fragen wir Sabrina, ob sie schon über Vermögensplanung nachgedacht hat.

»Sparen macht echt keinen Spaß«

Name: Sabrina
Disziplin: Model und Bürokauffrau
Alter: 23
Größe: 1,68 m
Kontostand: 2.500 Euro
Verdienst: 1.500 Euro netto
Hobbys: Fotoshootings, Reisen, Shoppen
Meilenstein: Stipendium für einjährigen USA-Aufenthalt 2014
50 Euro pro Monat legt sie beiseite
3.500 Euro hat sie insgesamt gespart

»Sparen macht echt keinen Spaß, aber irgendwie muss man ja etwas zurücklegen. Bisher konnte ich bei meinen Eltern wohnen, bin so oft wie möglich gereist und habe immer im Jetzt gelebt. Ich finde es superwichtig, dass man viel unternimmt und viel von der Welt sieht. Über Geld will man sich doch noch gar keine Gedanken machen, wenn man jung ist.

Aktuell bin ich mitten im Umzug, meine erste Mietwohnung. Ich muss mir parallel dazu mal Gedanken über meine Zukunft machen. Gar nicht so einfach, aber sinnvoll.«

100 Euro will sie zusätzlich ab nächstes Jahr monatlich sparen. »Ich habe keine Ahnung, wie ich mein Geld anlegen soll. Ehrlich gesagt macht mir das Thema etwas Angst, da ich nichts falsch

machen will. Ich habe auch gar keine Lust, darüber nachzudenken. Aber ich will später niemals bereuen müssen, dass ich mich nicht um meine Finanzen gekümmert habe. Ich denke, ich bin auf dem richtigen Weg, jetzt – mit 23 – mit dem Sparen anzufangen, statt erst in 15 oder 20 Jahren. In was ich mein Gespartes investieren soll? Keine Ahnung. Ich werde wohl einen Bekannten fragen, was er mir empfiehlt.«

Sabrina macht es genau richtig! Indem sie Fragen stellt, verliert sie ihre Angst vorm Investieren. Hauptsache, sie hört nicht einfach auf ihren Bekannten, sondern macht sich ihre eigenen Gedanken. »Wenn es ums Geld geht, möchte ich so wenig Zeit wie möglich für die Geldanlage verschwenden. Ich suche eine Geldanlage, um die ich mich langfristig so gut wie nicht kümmern muss.«

Micro-Investing-Apps wie Acorns oder Money Box wären geeignet. Das bedeutet, dass sie automatisch einen kleinen Betrag investiert, ohne darüber nachzudenken. Das Prinzip ist einfach. Beim Bezahlen werden die Beträge aufgerundet und in einen Fonds investiert. Genial, oder? Darüber hinaus kann sie ihre 100 Euro aufteilen, indem sie in zwei ETFs einzahlt. Langfristig kommt da einiges zusammen.

Und sonst so? Sabrina macht 90 Minuten pro Woche Sport. »Ich hasse Sport, aber ich habe ganz gute DVDs daheim. Die Workouts dauern nicht lang, sind aber total effektiv.«

Sabrinas Ausgaben im Monat:

Miete: 800 Euro, Fixkosten: 20 Euro für Rechtsschutz- und Haftpflichtversicherung, 10 Euro Handy, 5 Euro Internet, Lebensmittel: 350 Euro, Kosmetik: 100 Euro, Transport/öffentliche Verkehrsmittel: 50 Euro, Reisen: jährlich ca. 2.500 Euro, Restaurant/Ausgehen: 200 Euro, Kleidung: 90 Euro

Befragen wir nun Sophie zu Themen wie Finanzen, Fitness und Essen:

»Früh in Rente zu gehen, ist eins meiner Ziele.«

Name: Sophie
Disziplin: Führungskraft und Fitnesstrainerin
Alter: 30
Größe: 1,70 m
Verdienst: 4.500 Euro netto
Hobbys: Fitness, Reisen, Kochen, Klettern
Erfolge: Masterabschluss seit 2015 (Internationale Wirtschaftswissenschaften)

500 Euro pro Monat legt sie seit ihrem Berufseinstieg vor vier Jahren beiseite. Ihr Arbeitgeber zahlt für sie außerdem in eine Zusatzrentenversicherung ein. »Es geht nicht darum, wie viel man zur Seite legt, sondern dass man es tut.« Für die 30-Jährige ist diese Herausforderung eine einfache Hürde, die jeder nehmen sollte. Geldanlage ist ein Langzeitprojekt. »Man muss nicht schnell lernen, aber man muss immer lernen.«

30.000 Euro hat sie insgesamt gespart. » Ich weiß nicht mehr, wann ich genau mit dem Sparen angefangen habe. Klar war aber früh, dass ich nicht ewig arbeiten will, sondern mein Leben genießen mag. Früh in Rente zu gehen, ist eins meiner Ziele.«

4 Prozent Rendite schafft sie jährlich. Nicht schlecht, oder? »Beim Anlegen geht es nicht darum, hohe Risiken einzugehen.« Risiken minimiert sie durch ein breit gestreutes Depot.

40 Minuten pro Woche verfolgt sie die News. »Ich surfe abends täglich, lese auch mal die Wirtschaftsnachrichten. Schon durch Lesen der Überschriften erhält man einen guten Überblick über das aktuelle Geschehen.«

Ernährung: »Kochen ist meine größte Leidenschaft.« Fünf Mahlzeiten empfiehlt Sophie, bestehend aus drei Hauptmahlzeiten und zwei kleinen Snacks wie Mandeln oder Gemüsesaft in Form eines Smoothies. »Für eine tolle Figur esse ich viel Gemüse, Reis und Früchte. Um besser zu werden, müsst ihr auf euren Körper hören. Das bedeutet ein leichtes Frühstück, ein üppiges Mittagessen und ein leichtes Abendessen, zwischendurch ein Smoothie. So bekommt euer Körper den ganzen Tag wertvolle Nährstoffe serviert.«

3 × 3 Übungen pro Tag reichen völlig, sagt Sophie: »Egal, ob morgens, mittags oder abends: 10 Kniebeuge, 10 Liegestütze auf den Knien und 10 Sit-ups geben euch nicht nur Energie für den Tag, sondern auch eine Top-Figur.«

Sophies Ausgaben im Monat:

Miete: 1.000 Euro, Fixkosten: 90 Euro für Berufsunfähigkeit; Zahnzusatz-, Rechtsschutz- und Haftpflichtversicherung, Lebensmittel: 500 Euro, Kosmetik: 60 Euro, Transport/öffentliche Verkehrsmittel: 40 Euro, Reisen: jährlich ca. 4.500 Euro, Restaurant/Ausgehen: 100 Euro, Kleidung: 250 Euro

Auch Darya möchte ich euch vorstellen:

Name: Darya
Disziplin: Beraterin
Alter: 29
Größe: 1,70 m
Verdienst: 2.500 Euro netto
Monatliches Sparziel: 800 Euro
Insgesamt gespartes Geld: rund 20.000 Euro
Hobbys: Reisen, Soziales Engagement
Meilenstein: 4-Tage-Woche ab dem Jahr 2017

Daryas Ausgaben im Monat:

800 Euro Miete, 70 Euro Berufsunfähigkeitsversicherung inklusive Lebensversicherung, 25 Euro Handyvertrag, 400 Euro Essen, 405 Euro Sonstiges (Geschenke, Ausgehen, Zugfahrten, Klamotten, Spenden ...), jährliche Ausgaben für Reisen: 3.000–5.000 Euro (sehr hoch, ich weiß, aber das ist mir wichtig)

»Ich habe erst vor anderthalb Jahren systematisch angefangen zu sparen. Davor habe ich immer das beiseitegelegt, was von meinen monatlichen Ausgaben übrig war – ziemlich blöd eigentlich, denn sonst hätte ich bis jetzt sicherlich mehr gespart. Ich habe in den vergangenen Jahren immer wieder mein Geld in Aktien angelegt, aber auch seit etwa sechs Monaten erarbeite ich mir eine Systematik. Am Anfang habe ich natürlich die klassischen Anfängerfehler gemacht und Aktien bei steigenden Preisen gekauft. So liegen bei mir nun auch einige Aktien in einem hohen Minus. Da ich das Geld aber momentan nicht brauche, warte ich einfach, bis die Kurse steigen.«

»Jetzt versuche ich Aktien zu kaufen, wenn die Kurse gefallen sind. Ich investiere momentan in die unterschiedlichsten Aktien, aber ich möchte mir in nächster Zeit ein etwas geschärftes Portfolio aufbauen. In den letzten Monaten habe ich immer mal wieder kleinere Gewinne bei meinen Investitionen gemacht. Beim Verkaufen der Aktien bin ich risikoscheu, ich warte nicht, bis die Kurse auf ein maximales Niveau steigen, sondern verkaufe, sobald ich einen in meinen Augen angemessenen Gewinn gemacht habe. Des Weiteren habe ich in letzter Zeit meine Ausgaben überprüft und versuche, diese einzuschränken. So hoffe ich, dass ich weitere 50 Euro im Monat einsparen kann.«

Und weiter geht's mit Susanne: Darf ich vorstellen?

»Hätte ich das, was Douglas & Co. an mir verdient haben, in Aktien investiert ...!«

Name: Susanne
Disziplin: Rechtsanwaltsassistentin
Alter: 52 Jahre
Größe: 1,62 cm
Hobbys: Kochen, Italien, Wohnen; ich liebe ein schönes Zuhause
Einnahmen: 1.300 netto
Meilenstein: Geburt und Erziehung meiner zwei Kinder (alleinerziehend), meine Umschulung während dieser harten Zeit neben meiner Vollzeittätigkeit; bin nur absolut notwendige Abhängigkeiten eingegangen

Zwei klassische Sparverträge zählen zu Susannes privater Altersvorsorge. Einer davon auf Rentenzusatzbasis oder wahlweise einmaliger Gesamtsumme – eventuell mit »attraktiver« Überschussbeteiligung. »Im Jahr 2000 war das wahrscheinlich State of the Art. Aufgrund meiner damaligen Lebenssituation blieb für Rücklagen oder gar Investitionen eigentlich nichts übrig. Die knapp 100 Euro Beiträge für beide Versicherungen habe ich mir vom Munde abgespart. Mittlerweile ist mein Nachwuchs längst flügge, ich habe einen tollen Partner, fast gar keine Ausgaben mehr und arbeite daher weniger. Natürlich verdiene ich somit auch weniger, aber das ist es mir wert. Trotzdem fange ich jetzt finanziell noch einmal an und werde meine kleine Rücklage mindestens verzehnfachen!!! Das ist das Ziel.«

Sport: »Ich war sage und schreibe 25 Jahre lang ein und demselben Fitnessclub treu (damals hieß es noch »Sportstudio«). Meine Kinder sind dort zum Teil aufgewachsen. Ich habe die klassischen Kurse besucht und jede Phase eines Mitglieds durchlebt.

Von zweimal die Woche Training über siebenmal die Woche (direkt manisch, während einer sehr schwierigen Lebensphase) bis hin zum beitragspendenden Mitglied. Mein Körper hat es mir gedankt und tut es noch. Neuerdings trainiere ich daheim mit New Moove online über mein Smart-TV. Die Auswahl an Kursen ist enorm und es macht mir Spaß. Meine Figur hat sich meinem Alter und meinem Trainingsaufwand angepasst, will heißen: Ich trage nicht mehr Größe 36/38 und das ist auch gut so.«

Lifestyle: »Meine Lebensqualität heute ist, gemessen an der Qualität in meinen Dreißigern, weitaus angenehmer. Ich muss nicht mehr strampeln, habe mit meinem Partner endlich einen Mann an meiner Seite, mit dem ich tatsächlich ein Wir lebe. Das ist für mich wahrer Reichtum.«

Geld: »Dennoch möchte ich finanziell unabhängig bleiben. Ich definiere mich nach wie vor über mich, möchte im Falle eines Falles sofort finanziell einsatzbereit sein, sei es bei einem eventuell notwendig werdenden Neuanfang oder aber im Alter.«

Any Regrets? »Auch Mode und Kosmetik machen mir unglaublich viel Spaß; hätte ich das, was Douglas & Co. im Laufe meines Lebens an mir verdient haben, in Aktien investiert ... Ach ja, träumen ist soooo schön!«

Susannes Depot:

Susanne wendet nach einem Kassensturz jetzt rund 400 Euro für ihre Altersvorsorge auf. Sie spart in einen ETF MSCI World und hat sich ein Depot eingerichtet, zum Teil mit Blue-Chip-Aktien. Das sind Standardwerte mit sehr hohem Börsenwert – kurz: umsatzstarke Aktien großer internationaler Unternehmen, die hoffentlich nette Dividenden bringen. Außerdem hat sie mit einer einmaligen Einlage in einen ETF auf den NASDAQ investiert. Darüber hinaus erarbeitet sich Susanne weiteres Aktien-Know-how, um ihren Vermögensaufbau in den kommenden Jahren zu optimieren.

Weiter so!

So, ihr Lieben, das war's! Wenn ihr alle Tipps befolgt habt, seid ihr jetzt schon deutlich fitter als zuvor – und auf dem besten Weg zu eurem persönlichen Reichtums-Ziel.

Dieses Buch habe ich für euch geschrieben, damit ihr eure Zukunftsängste in den Griff bekommt. Ihr denkt vielleicht, dass die Angst noch immer tief in euch sitzt. Das wäre nicht schlimm. Angst macht uns vorsichtig. Angst ist etwas Gutes. Aber ihr müsst sie kontrollieren – nicht andersherum! Damit meine ich, dass eure Angst euch niemals am Handeln hindern darf.

Denn ihr müsst handeln, um auf das Unvorhergesehene vorbereitet zu sein. Dann wird es euch nicht als böse Überraschung begegnen, sondern es wird euch eine Herausforderung bieten, an der ihr wachsen könnt.

Es braucht Zeit, um herauszufinden, was man vom Leben will und welchen Sinn es stiftet. Ich hoffe, dass es mir gelungen ist, euch Optimismus und viel Mut zu schenken. Mein Ziel ist erreicht, wenn ihr gelassener durchs Leben geht, sorgenfreier und unbekümmerter. Gebt ihr mir recht, wenn ich sage: Älter werden ist gar nicht so schlimm?

Bleibt finanziell im Training und schaut ab und zu bei **www.finanzdiva.de** vorbei. Abonniert auch meinen YouTube-Kanal. Ich stelle regelmäßig neue Videos mit Finanztipps online. Wenn ihr Fragen habt, schreibt mir bitte oder postet einen Kommentar. Ich beantworte Fragen entweder direkt oder nutze sie als Anregung für einen meiner nächsten Videos oder Blog-Posts.

Im Folgenden findet ihr noch einen Quickstart über meine Lieblings-Challenges als Drei-Wochen-Plan. Ich wünsche Euch ganz viel Spaß beim Gutaussehen und Reichwerden!

Meine 21-Tage-Lieblings-Challenges: Der Drei-Wochen-Quickstart

Woche 1

	Aufbruchstimmung	Kontostandbooster	Wow-Momente
Samstag	Ab heute: No Smoking & Shoppen mit Liste	Ab heute: bar zahlen	30 Minuten: Gedanken-Liste
Sonntag	Der Freunde-Check: Top-3 für Mittwoch einladen	Kassensturz: Geldschlupflöcher-Liste	50-Shades-Pause: Fachbuch bestellen (Kommunikation, Motivation, NLP oder Verkaufen)
Montag	Bauch-Beine-Po: Liegestütz (auf Knien) 3×5, Kniebeugen 3×10	60-Euro-Wochen-Ausgabenlimit	Abends: 20 Minuten schnell spazieren gehen
Dienstag	Ab heute: frühstücken – lindarella.de für Rezeptideen checken	Ab heute: Online-Shopping-Verbot	Fit-Test: Notiert euer Ergebnis unten
Mittwoch	Ab heute: mehr Zuhören, weniger reden	Sparen, sparen …: bei PayPal Krempelkonto einrichten	Social Cooking statt Social-Media-Agenda: (Trainings-)Partnersuche
Donnerstag	YouTube-Webinar: Channel »5 Ideen«	Sparschwein streicheln (gerne auch füttern)	Fernseh-Pause: Träume-Liste erstellen
Freitag	Bauch-Beine-Po: Liegestütz (auf Knien) 3×5, Kniebeugen 3×10	eBay-Account einrichten	Ausdauertraining: Sauna

Liegestütz auf Knien	Kniebeuge

Bergsteiger	Plank mit Beinheben

Seitstütz mit Knieheben

Übung	Test 1/Anzahl	Test 2/Anzahl	Test 3/Anzahl
1. Liegestütz auf Knien			
2. Kniebeuge			
3. Bergsteiger			
4. Plank mit Beinheben			
5. Seitstütz mit Knieheben			

Erstens: Warm-up. Zweitens: Fünf-Minuten-Fit-Test (1 Minute Übung, dann 1 Minute Pause). Nach jeder Übung notiert ihr euer Ergebnis. Macht (Trink- und Bewegungs-)Pausen, wenn notwendig. Und drittens: Bei Einschränkungen (Diabetes, Schmerzen) KEINEN Fit-Test durchführen – vorher Arzt konsultieren.

Woche 2

	Aufbruchstimmung	Kontostandbooster	Wow-Momente
Samstag	Trennt euch: Schubladen ausmisten	Krempel bei eBay einstellen	Abends: Ausdauertraining: Sauna
Sonntag	Klamotten-Selfie: Lookbook erstellen	Sparschwein füttern	Auszeit: Kein WhatsApp & Social Media
Montag	Ab heute: Kaffee- und Koffeinpause Abends: Joggen (15 Minuten)	65-Euro-Wochen-Ausgabenlimit	Massage
Dienstag	Bauch-Beine-Po: Liegestütz (auf Knien) 3×5, Kniebeugen 3×10	Versicherungs-Check: radikal ausmisten	Stärken-Liste
Mittwoch	Kühlschrank-Check Ab heute: Fast-Food-Verbot	YouTube-Webinar auf Channels Talerbox oder Finanzdiva ☺	Mach mal Yoga!
Donnerstag	Frisches Obst und Gemüse einkaufen	Abo-Check (Netflix, …): radikal ausmisten	Schwimmen
Freitag	Abends: Angst-Liste erstellen	Gehalts-Check: Termin mit Chef vereinbaren	Ausdauertraining: Sauna
YE$ YOU CAN!			

Woche 3

	Aufbruchstimmung	Kontostandbooster	Wow-Momente
Samstag	Ab heute H2O: Kein Alkohol, keine Limonade	Video-Selfie 1: Stellt euch vor. Nennt Stärken und Schwächen	Ausdauertraining: Sauna
Sonntag	Wandern	Gehalts-Check mit YouTube-Channel Pink University	(Handy-)Auszeit: Familientag
Montag	Seilspringen (5 Minuten) und danach 10 Minuten Bauch-Beine-Po	70-Euro-Wochen-Ausgabenlimit	Fünf-Jahres-Plan notieren
Dienstag	Spende für guten Zweck (Unicef oder SOS Kinderdorf)	Video-Selfie 2: Trainiert eine Gehaltsverhandlung	Auf YouTube Vorbild suchen
Mittwoch	Kompliment verschenken	Zehn-Minuten-Quick-Check Finanzen: www.ariva.de	Serienabend mit Freunden
Donnerstag	Morgens: Fit-Test	Musterdepot einrichten mit 2 ETFs und 3 Aktien	Kinotag: Lade jemand ein
Freitag	Schwimmen	Zielsparen: Jahresausgaben × 25	Ausdauertraining: Sauna

Respekt! Ihr befindet euch auf der Zielgeraden und habt Stärke bewiesen. Ab jetzt gilt: Weiter so ...

Danke!

Was wäre ein Finanz-Diva-Buch ohne die vielen genialen Gastbeiträge und brillanten Köpfe, die sich als wichtige Ratgeber, Korrekturleser und Kritiker zur Verfügung stellen.

Mein herzlicher Dank gilt Georg & Team vom FinanzBuch Verlag, dem Finanzbaby, Xandi, Kathrin Schirmer | *Kommunikation*, DividendenAdel-Gründer Christian W. Röhl, Martin Utschneider bei der Donner & Reuschel Bank, Nick Martin, Strength Coach & Heilpraktiker (i.A.) Christoph Müller, Photogenika – Fotostudio im Westend, meinem Videoproduzenten Martin Dölger, meinem Motivationscoach Karsten Klepper, Darya, Susanne, Denis sowie allen, die an den Finanz-Diva-Büchern mitgearbeitet haben!

Ich bedanke mich bei allen Mitwirkenden für ihre Zeit, Geduld und freundliche Unterstützung. Ein besonderer Dank geht an die comdirect bank sowie ariva.de, deren Bildmaterial ich verwenden durfte.

Habt ihr Lust auf noch mehr Finanz-Workout? Dann schaut auf **finanzdiva.de** vorbei oder besucht mich auf **facebook.com/finanzdiva**. Dort findet ihr auch weitere Bilder (ein herzliches Dankeschön geht ebenso an Nina Ennen bei Adidas, die mir ein wunderschönes Outfit zur Verfügung gestellt hat).

Anhang

Hier kommt die Auflösung zum Quiz von Seite 188: Richtig oder falsch?

Lesbische Frauen verdienen mehr als heterosexuelle Frauen.

☑ Richtig
☐ Falsch

Homosexuelle Männer verdienen weniger als heterosexuelle Männer.

☑ Richtig
☐ Falsch

Wer mehr als 30.000 Euro netto im Jahr verdient, gehört zum reichsten Prozent der Weltbevölkerung.

☑ Richtig
☐ Falsch

Lesetipps

Tutorial für Anfänger:

http://www.aktien-fuer-anfaenger.de/

Bücher, die ich weiterempfehlen möchte:

Paul Arden: Es kommt nicht darauf an, wer Du bist, sondern wer Du sein willst

Sheryl Sandberg: Lean In: Frauen und der Wille zum Erfolg

Oprah Winfrey: Was ich vom Leben gelernt habe

Tim Ferriss: Die 4-Stunden-Woche

Martin Limbeck: Nicht gekauft hat er schon

Thorsten Otto: Die richtigen Worte finden: Ein Radiomoderator erklärt, wie Sie mit jedem jederzeit gute Gespräche führen können

FUCK: Das ultimative Fluch- und Schimpfmalbuch für Erwachsene

Dr. Med. Anne Fleck, Su Vössing: Die 50 gesündesten 10-Minuten-Rezepte

Gero Teufert: Techniken der Schlagfertigkeit für Dummies: Das Pocketbuch

Über die Autorin

Katja Eckardt ist studierte Betriebs- und Volkswirtin. Ihre Leidenschaft fürs Investieren macht sie mit ihren Büchern zu Hobby und Beruf. Ihr Ziel ist es, Frauen finanziell weiterzubilden und zu motivieren. Sie sollen sich aktiv eine unabhängige Zukunft aufbauen, indem sie die Angst vor Finanzthemen verlieren. Verständlich und spannend bereitet sie die einzelnen Themen zu einer unterhaltsamen Lektüre auf. Frauen sollen der Armutsfalle endlich entkommen und zu Reichtum gelangen. Im FinanzBuch Verlag ist von ihr bereits *Reichtum ist Frauensache* erschienen.

Reichtum ist Frauensache

Katja Eckardt

Charmant, witzig, ein kleines bisschen dreist, aber immer sympathisch, weiß Katja Eckardt, dass ihr ganz entspannt reich werden könnt. In diesem Buch erfahrt ihr, wie der Weg zu Reichtum mit dem ultimativen Low-Stress-Plan viel leichter ist, als frau denkt. Denn Frauen investieren anders, meist sogar besser als Männer – und das ist auch gut so!
Es braucht also weder einen Banküberfall noch reich zu heiraten oder einen Lotto-Gewinn, um seine eigenen Träume zu verwirklichen. Stattdessen zeigt die Autorin, wie ihr euch gezielt mit Hilfe von Aktien, Immobilien oder als Unternehmerin ein kleines Vermögen aufbaut. Das Buch ist ein Aufruf an alle Frauen: Werdet endlich reich!

256 Seiten | Klappenbroschur | 16,99 € (D) | ISBN 978-3-89879-950-8

Tools der Titanen

Tim Ferriss

»In den letzten zwei Jahren habe ich beinahe 200 Welt-
klasse-Performer interviewt. Die Bandbreite der Gäste reicht
von Stars (Jamie Foxx, Arnold Schwarzenegger) und Top-
athleten bis hin zu legendären Kommandanten von Spezial-
einheiten und sogar Schwarzmarkt-Biochemikern. Viele
meiner Gäste akzeptierten erstmals in ihrer Karriere ein Zwei-
bis-drei-Stunden-Interview. Dieses Buch enthält unverzicht-
bare Tools, Taktiken und Insiderwissen, die anderswo nicht zu
finden sind, außerdem neue Tipps von früheren Gästen und
Lebensweisheiten neuer Gäste, die du noch nicht kennst.«

736 Seiten | Hardcover | 29,99 € (D) | ISBN 978-3-95972-046-5

Rich Dad Poor Dad

Robert T. Kiyosaki

Warum bleiben die Reichen reich und die Armen arm? Weil die Reichen ihren Kindern beibringen, wie sie mit Geld umgehen müssen, und die anderen nicht! Die meisten Angestellten verbringen im Laufe ihrer Ausbildung lieber Jahr um Jahr in Schule und Universität, wo sie nichts über Geld lernen, statt selbst erfolgreich zu werden.

Robert T. Kiyosaki hatte in seiner Jugend einen »Rich Dad« und einen »Poor Dad«. Nachdem er die Ratschläge des Ersteren beherzigt hatte, konnte er sich mit 47 Jahren zur Ruhe setzen. Er hatte gelernt, Geld für sich arbeiten zu lassen, statt andersherum. In *Rich Dad Poor Dad* teilt er sein Wissen und zeigt, wie jeder erfolgreich sein kann.

240 Seiten | Softcover | 14,99 € (D) | ISBN 978-3-89879-882-2

Cashflow Quadrant: Rich Dad Poor Dad

Robert T. Kiyosaki

CASHFLOW® Quadrant, der zweite Teil des Bestsellers *Rich Dad Poor Dad* von Robert T. Kiyosaki, deckt auf, warum manche Menschen weniger arbeiten, mehr Geld verdienen, weniger Steuern zahlen und sich finanziell sicherer fühlen als andere.

Statt, wie die meisten Angestellten, nur von einem Job zum nächsten zu wechseln, rät Robert T. Kiyosaki, die finanzielle Unabhängigkeit zu suchen und Geld für sich arbeiten zu lassen – als Investor. Dieses Buch beantwortet die wichtigsten Fragen zur finanziellen Freiheit und hilft dabei, in einer Welt des immer stärkeren Wandels tiefgreifende berufliche und finanzielle Veränderungen vorzunehmen.

352 Seiten | Hardcover | 24,99 € (D) | ISBN 978-3-89879-883-9

Kümmer Dich um Dein Geld, sonst tun es andere

Matthias Kröner | Stephan Czajkowski

Die Finanzkrise hat uns schmerzlich vor Augen geführt, dass die eigene Beschäftigung mit Geld ohne Alternative ist: Kümmer dich um dein Geld – sonst tun es andere! Und zwar nicht so, wie man das gerne möchte. Dabei sind 15 Minuten Zeit in der Woche und eine Internetverbindung alles, was man für einen vernünftigen Umgang mit den persönlichen Finanzen braucht. Matthias Kröner, Top-Experte im Bereich Online-Banking, weiß, wie es geht. In seinem Buch erklärt er die Dos und Don'ts des persönlichen Umgangs mit Geld ohne Finanzkauderwelsch. Mit diesem Buch wird jeder zu seiner eigenen Bank und erhält die volle Kontrolle über sein Geld zurück.

320 Seiten | Softcover | 14,99 € (D) | ISBN 978-3-89879-795-5

Cool bleiben und Dividenden kassieren

Christian W. Röhl | Werner H. Heussinger

Wer eine Aktie besitzt und dafür regelmäßig – noch dazu oft jährlich steigende – Dividenden kassiert, für den spielt es keine Rolle, ob die Aktie an der Börse unterschiedlich bewertet ist – solange er sie nicht verkaufen möchte. Noch dazu fallen bei einer Aktie keine Unterhalts- oder Instandhaltungskosten an.

Anhand von zahlreichen Praxis-Beispielen aus ihrer über 20-jährigen Erfahrung als Investoren, Unternehmer und TV-Experten zeigen Christian W. Röhl und Werner H. Heussinger, warum Aktien sicherer sind als Festgeld, wie Anleger auch turbulente Börsenphasen entspannt überstehen und wie man Schritt für Schritt die besten Aktien auswählt.

256 Seiten | Klappenbroschur | 16,99 € (D) | ISBN 978-3-89879-957-7

1 x Rente bitte! Die große Portion!

Sebastian Tonn

EINE STUNDE! Eine Stunde genügt, um dieses Buch durchzulesen UND zu verstehen. Nehmen Sie sich die Zeit! Danach haben Sie das nötige Grundwissen und ein einfaches Rezept an der Hand, mit dem Sie langfristig solide, renditestark und kostengünstig Geld anlegen und für später vorsorgen können. Ich werde Ihnen zeigen, dass Sie in der Lage sind, Ihre Geldanlage beziehungsweise Altersvorsorge in die eigenen Hände zu nehmen, warum Sie den Finanzberater links liegen lassen können und wie Sie dies mit einem einfachen aktienbasierten Vorsorgemodell ohne Vorkenntnisse und teure Berater oder Vermittler schaffen.

96 Seiten | Softcover | 9,99 € (D) | ISBN 978-3-89879-972-0

Money

Tony Robbins

Mehr als 10 Jahre sind seit seiner letzten Veröffentlichung in Deutschland vergangen, jetzt meldet sich Anthony Robbins zurück. Als Personal Trainer beriet er Persönlichkeiten wie Bill Clinton und Serena Williams sowie ein weltweites Millionenpublikum, nun widmet er seine Aufmerksamkeit den Finanzen. Basierend auf umfangreichen Recherchen und Interviews mit mehr als 50 Starinvestoren, wie Warren Buffett oder Star-Hedgefondsmanager Carl Icahn, hat Robbins die besten Strategien für die private finanzielle Absicherung entwickelt. Sein Werk bündelt die Expertise erfolgreicher Finanzmarktakteure und seine Beratungserfahrung.

672 Seiten | Hardcover | 24,99 € (D) | ISBN 978-3-89879-914-0

55 Gründe, Trader zu werden

Wieland Arlt

Trader ist der beste Beruf der Welt und FBV-Erfolgsautor
Wieland Arlt zeigt, warum es 55 gute Gründe gibt, selbst
Händler zu werden. Trader haben nicht nur die Freiheit, das
WANN, WO und WIE ihrer Arbeit selbst zu bestimmen,
sondern sind auch unabhängig von Vorgesetzten und sogar
den Aktienmärkten. Denn gute Trader verdienen in jeder
Marktphase Geld. Ob als Zusatzeinkommen oder Fulltime-
Job – JEDER kann Trader werden und vieles spricht dafür:
Ganz einfach selbst Trader werden!

ca. 200 Seiten | Hardcover | 19,99 € (D) | ISBN 978-3-95972-014-4